慈善事业管理系列教材

公益慈善项目管理

Charity Project Management

（第二版）

主编 李 健

西安交通大学出版社
XI'AN JIAOTONG UNIVERSITY PRESS

图书在版编目（CIP）数据

公益慈善项目管理 / 李健主编. ——2 版. ——西安：
西安交通大学出版社，2025.6. ——ISBN 978 - 7 - 5693
- 4014 - 3

Ⅰ. C913.7

中国国家版本馆 CIP 数据核字第 20257H97E6 号

书　　名	公益慈善项目管理（第二版）
	GONGYI CISHAN XIANGMU GUANLI(DI - ER BAN)
主　　编	李　健
责任编辑	郭　剑
责任校对	李逢国
封面设计	任加盟

出版发行	西安交通大学出版社
	（西安市兴庆南路 1 号　邮政编码 710048）
网　　址	http://www. xjtupress. com
电　　话	（029）82668357　82667874（市场营销中心）
	（029）82668315（总编办）
传　　真	（029）82668280
印　　刷	西安五星印刷有限公司

开　　本	787mm×1092mm　1/16	印张　14.375	字数　355 千字

版次印次　2025 年 6 月第 1 版　　2025 年 6 月第 1 次印刷

书　　号　ISBN 978 - 7 - 5693 - 4014 - 3

定　　价　45.00 元

编　委　会

丛书主编：

李　健　北京航空航天大学公共管理学院教授、博士生导师

编委会成员：

邓国胜　清华大学公共管理学院教授、博士生导师

张长东　北京大学政府管理学院教授、博士生导师

刘　伟　中国人民大学公共管理学院教授、博士生导师

陶传进　北京师范大学社会学院教授、博士生导师

徐家良　上海交通大学国际与公共事务学院教授、博士生导师

苗　青　浙江大学公共管理学院教授、博士生导师

彭小兵　重庆大学公共管理学院教授、博士生导师

杨光飞　南京师范大学社会与发展学院教授、博士生导师

周慧泉　南京师范大学新闻与传播学院教授、博士生导师

陈东利　上海理工大学马克思主义学院副教授

何乃柱　广西师范大学政治与公共管理学院副教授

张晓青　中国慈善联合会副秘书长

总　序

　　慈善事业作为现代社会治理体系的重要组成部分,正在全球范围内经历着从传统救济模式向专业化、科学化方向发展的深刻转型。在中国特色社会主义新时代背景下,慈善事业不仅肩负着推动共同富裕、促进社会公平的重要使命,更成为培养社会责任、传递人文关怀的重要载体。随着《中华人民共和国慈善法》的修订完善和第三次分配机制的深入推进,我国慈善事业迎来了前所未有的发展机遇,同时也面临着专业化人才短缺的严峻挑战。作为一套系统性的慈善事业管理专业教材,本丛书的编纂出版恰逢其时。我们深知,慈善事业的高质量发展不仅需要热情与爱心,更需要专业的知识体系和科学的管理方法。这套教材的编写,正是为了填补我国慈善管理专业教育的空白,为培养新时代慈善事业管理人才提供系统化的知识框架和实践指导。

　　本套教材以习近平新时代中国特色社会主义思想为指导,深入贯彻习近平总书记关于慈善工作的重要论述,坚持理论联系实际的基本原则,突出以下特色:

　　体系完整性:以"慈善事业管理"为核心,系统梳理国内外慈善领域的理论成果与实践经验,涵盖慈善组织治理、项目管理、品牌传播、法律合规、志愿服务等关键议题,构建了完整的慈善管理知识体系。

　　理论前沿性:系统梳理国内外最新研究成果,引入社会企业、影响力投资、数字慈善、公益金融等创新理念,保持理论先进性。

　　实践指导性:每个章节都配备典型案例分析、实务操作指引和课后实践训练,强化学生的实操能力。

　　中国特色:立足中国慈善事业发展实际,深入分析中国慈善政策法规和本土实践案例,培养符合国情的管理人才。

　　为确保教材质量,我们邀请了一批长期深耕慈善研究与实务的专家学者共同参与编写,力求兼顾学术性与实用性,既为慈善从业者提供可操作的管理工具,也为政策制定者、研究者及关心公益事业的公众提供多维度的思考框架。本套教材主要面向以下教学场景:①高校社会工作、公共管理、非营利组织管理等专业的本科及研究生课程;②慈善组织管理人员的在职培训;③公益慈善领域的继续教育项目;④相关职业资格认证考试的参考用书。

　　慈善事业的发展需要专业人才的支撑,而专业人才的培养离不开优质的教育资源。希望这套教材能够成为慈善管理教育的基石之作,为培养新时代慈善事业管理人才、推动中国慈善事业高质量发展作出应有贡献。与此同时,也恳请各位专家学者、实务工作者和广大读者提出宝贵意见,让我们共同完善这套教材,共同推动中国慈善教育事业的发展。

李　健

于北京航空航天大学

2025 年 6 月

第二版前言

随着慈善事业迈向高质量发展的新阶段,从业人员对于规范化公益慈善项目管理运作的需求日益增长。鉴于第一版教材在社会各界取得了良好的反响,我们与西安交通大学出版社深入协商后,决定正式启动《公益慈善项目管理》教材第二版的编撰工作。经过近一年的精心打磨,第二版教材如今已顺利面世。

相较于第一版,修订后的教材在内容与形式上均实现了全面的优化与更新,旨在使读者获得更加卓越的学习体验与教学效果。在内容层面,我们进行了大幅度的调整,对第一版中的每一章节都进行了细致的修订与完善。在章节设置上,我们将第一版的"第十四章 公益慈善项目收尾管理"拆分为两章,并新增了"第十五章 公益慈善项目评估管理"。在第一版中,评估管理仅作为项目后评价的一部分出现,而此次修订中,我们明确区分了项目团队内部的工作总结与由第三方专业评估团队开展的项目评估。在案例选取上,我们更新了部分陈旧的引例,特别增加了能够反映公益慈善项目管理最新运作模式的案例,以增强教材的时效性和实用性。此外,我们还对第一版中存在的概念称谓不统一及其他知识性错误进行了修正。

在修订过程中,我们始终秉持内容新颖、理论系统、本土化与实用性并重的原则。因此,本教材适用范围广泛,既可作为慈善管理、行政管理及社会工作等专业本科生、研究生的课堂教学教材,也可作为公益慈善项目管理从业人员的参考读物。为了更好地发挥第二版教材的作用,我们建议教师结合美国项目管理协会(PMI)出版的《项目管理知识体系指南》进行教学。需要强调的是,尽管多数公益慈善组织规模较小、业务量有限且项目相对简单,但掌握系统、科学的项目管理知识和技术对于提升组织的规范性而言仍至关重要。

第二版教材的修订工作得到了新的编写团队的鼎力支持。主编李健负责大纲的拟定与全书的统稿工作。各章节的修订者分别为:王昆(第一章)、宋丽朱(第二章)、赵伟英(第三章)、李雨洁(第四章)、李春艳(第五章)、杨敏(第六章)、成鸿庚(第七章)、袁文霞(第八章)、徐彩云(第九章)、王鑫(第十章)、王若彤(第十一章)、涂祥宇(第十二章)、马创军(第十三章)以及荣幸(第十四、十五章)。他们均为公益慈善研究领域的学者与研究者,为本次修订工作做出了重要贡献,在此向他们表示衷心的感谢。同时,我们也要对提出宝贵意见的教师、公益慈善组织同仁及广大读者表示诚挚的谢意。最后,特别感谢西安交通大学出版社编辑团队在教材再版过程中给予的大力支持与帮助。

　　尽管我们已竭尽全力,但书中难免存在疏漏与不足之处,恳请广大读者批评指正。

李　健

2024 年 8 月

第一版前言

近年来,项目管理不仅普遍应用于商业领域,而且已经在政府机关和慈善组织中成为其运作的中心模式。据清华大学公共管理学院邓国胜教授对 1995 年以来中国公益慈善组织的变化与发展趋势的分析,我国公益慈善组织的管理能力,特别是项目管理能力的提高大致是在 1995 年前后。此前,很多公益慈善组织开展的活动非常细碎,管理也十分混乱。1995 年之后,随着与境外非政府组织交流的增多,一些与境外非政府组织开展合作的本土公益慈善组织开始接触并引入境外先进的项目管理模式,这也构成了我国公益慈善项目管理最初的知识框架。但总体来看,我国公益慈善组织的项目在运作过程中,大多没有应用完整的项目管理方法和理念,不重视项目管理经验的积累和总结,仅仅把项目管理作为进度计划工具,在具体项目实施人员中使用,并没有上升到管理层乃至整个组织的制度体系之中。通常,项目成员要在相当长的时间内,在付出昂贵的代价后,才能成为合格的项目管理专业人员。迄今为止,大量公益慈善项目管理人员仍在不断地重复摸索和总结这些知识。

随着公益慈善的快速发展,越来越多的组织和个人开始认识到项目管理知识、项目工具和项目管理技术可以为他们提供帮助,减少项目的盲目性并提升项目的绩效。在多种需求的促进下,我们想尝试去编写这样一部教材,提升公益慈善从业人员的项目管理能力。

本书以美国项目管理知识体系(project management body of knowledge,PMBOK)为框架,一共分为十四章,系统地介绍了公益慈善项目管理的理论知识与实务,涉及 PMBOK 的五个过程和十大知识领域。尽管部分章节内容目前对于一些规模较小的公益慈善组织而言还无法完全适用,甚至有可能会导致项目管理工作量的大幅度增加,但从长远来看,掌握一种科学的、标准化的项目管理理念应该是利大于弊的。为了能够让这本教材更加富有实用性,在编写过程中,我们借鉴了国内外有关项目管理和非营利组织管理的著作和教材,世界宣明会、行动援助、英国救助儿童会等境外非政府组织,以及中国扶贫基金会、南都基金会、亿方公益基金会等国内知名公益慈善组织内部的项目管理手册,还参考了世界宣明会中国办事处学习与发展顾问丘仲民、世界宣明会宁夏项目办主管周永军、创思客发起人洋葱等人的讲座内容,力求吸取众家所长,内容既包括了项目管理的通用知识和工具,也结合公益慈善组织的实际情况进行了精简和调整,做到理论性与实用性的良好结合。本书可作为高等院校公益慈善管理、非营利组织管理等专业本科生、研究生的教材和参考书,也可供公益慈善组织管理者、项目主管和项目成员学习和参考。考虑到不同读者的需要,本书侧重介绍了公益慈善项目管理较为重要的知识领域,并对五大过程进行了概要性叙述和说明。为了帮助读者更好地理解有关章节的知识,本书在每章开头部分设置了引例,结尾部分设置了课后习题。

整个教材的编写是集体智慧的结晶。毕向林和王君负责撰写第五章公益慈善项目范围管理、第六章公益慈善项目进度管理、第七章公益慈善项目成本管理、第八章公益慈善项目质量管理、第十二章公益慈善项目风险管理和第十三章公益慈善项目沟通管理,凌小童和王晓宇负责撰写第一章公益慈善项目管理概述,散萨尔负责撰写第二章公益慈善项目计划管理,赵旭负责撰写第三章公益慈善项目筹款管理,夏超负责撰写第四章公益慈善项目合同管理,战易琳负责撰写第九章公益慈善项目采购管理,陈曦负责撰写第十章公益慈善项目人力资源管理,代琳燕负责撰写第十一章公益慈善项目利益相关者管理,宝丽格和朱泽威负责撰写第十四章公益慈善项目收尾管理。全书由李健负责统稿修订,中央民族大学管理学院硕士研究生贾孟媛参加了部分资料的整理工作。

在本书的编写过程中,更是得到了慧海基金会康辉秘书长、公益慈善学园志愿者李勇、资深公益人杜凤娟、中咨律师事务所郭然律师、联劝基金会项目官员宋西桐、西南财经政法大学社会发展学院谢晓霞副教授、华东政法大学马金芳教授、温州市鹿城区政协副主席蔡建旺等业界专家和学者的大力支持,他们为本书提供了大量修改建议,帮助本书得以完善和提升,在此一并表示衷心感谢。

最后还要感谢西安交通大学出版社的赵怀瀛编辑,他为本书的出版付出了大量的心血。本人在项目管理领域处在不断学习和消化阶段,为减少可能出现的错误,撰写过程中数易其稿,他都不厌其烦地更正和修改,在此尤其要向他表示衷心的感谢。

尽管我们团队用了一年多的时间来编写这本教材,中间数易其稿,但我们深知这本教材也只是在该方向上的初步探索,势必存在诸多的疏漏与不足,衷心地希望广大读者和专家批评指正。

李 健

2018 年 4 月于文华楼

目 录
Contents

第一章　公益慈善项目管理概述

引例

唇腭裂儿童免费修补项目

某基金会发起了一项专门为唇腭裂儿童免费修补的慈善项目，计划为省内 100 名贫困儿童修补唇腭裂。项目选择省内医科大学附属医院作为定点手术医院，手术费给予特别折扣。项目从贫困农村挑选儿童到省会城市接受手术，整个手术及康复时间约为两周。项目为儿童提供手术费，并承担一位家长的差旅费。在实施过程中，该项目得到了媒体的广泛宣传和报道。然而，好景不长，项目在实施过程中暴露出一系列问题：

（1）许多贫困家庭的家长从来没有来过省会，不懂得住院规则。

（2）家长没有生活费，孩子手术后没有得到营养补充。

（3）有的家长不懂普通话，无法与医护人员沟通。

（4）医院嫌弃项目太麻烦，不愿意合作第二期。

（5）儿童手术后还是不能说话。

结合该项目出现的问题，谈谈公益慈善项目管理的重要性。

第一节　公益慈善项目管理的概念与特征

一、公益慈善项目的概念

（一）项目

自从有了文明，人类就开始了各种有组织的活动。随着社会的发展，有组织的活动逐步分化为两种类型：一类是连续不断，周而复始的活动，人们称之为"运作"或"运营"，如企业日常生产活动等；另一类是临时性，一次性的活动，人们称之为"项目"，如企业的技术改造活动，公共基础设施的兴建，特定公益慈善活动等。有关项目的定义有很多，国际项目管理协会（International Project Management Association，IPMA）认为：项目是为了在一定的时间和成本制约下，按照一定的质量标准实现既定的可交付成果而开展的工作。美国项目管理协会（Project Management Institute，PMI）认为：项目是完成某一独特的产品或服务所做的一次性工作。尽管这两个简洁的定义被广泛引用，但这一定义对临时性的项目和连续重复的日常组织工作之间的区分并不清晰。科兹纳认为，项目是一系列活动和任务的集合，这些活动和任务拥有具体的目标和明确的开始与结束日期，并且受资金限制，需要消耗人力和非人力资源及跨越不同的职能领域。

总结上述定义,本书认为项目就是以一套独特而相互联系的任务为前提,有效地利用资源,在一定时间内为实现一个特定的目标所做的努力。一般来说项目要满足六个基本要素:

第一,项目有一个明确界定的目标;

第二,项目的执行要通过一系列相互联系的活动;

第三,项目需要运用到各种资源;

第四,项目有明确的起点和终点;

第五,项目具有独特性,每个项目都是独一无二的;

第六,项目具有一定的不确定性。

(二)公益慈善项目

邓国胜认为公益慈善项目是指在组织内实行的相互关联并构成一个整体的一系列活动,项目的最终目标是满足某种社会需求,解决某一社会问题。在实践中,公益慈善组织对于项目的认识各有侧重。例如世界宣明会认为项目是有时间性的,由一个或多个子项目互相协调,以达到预期的项目目标。项目可以跨越不同领域或主题,涉及不同伙伴或机构,可以有几个不同的资助来源。

综合前文对项目的定义,我们认为公益慈善项目就是指慈善领域形成的一系列独特的、复杂的并相互关联的活动,这些活动有着一个明确的目标或目的,且必须在特定的时间、预算、资源限定内,依据一定的规范完成。对于公益慈善组织而言,项目流程与组织日常工作流程往往密切交织在一起,两者并不存在矛盾和紧张关系,反而互相支持。

按照不同的标准,公益慈善项目可以分为不同的类别。具体而言,依据项目资源来源的不同,可以分为自我开发项目和外部委托项目;依据项目领域的不同,可以分为服务类项目、物资类项目、倡导类项目和能力建设项目;依据项目持续性不同,可以分为新设立项目和延续性项目。

二、公益慈善项目管理的概念

项目管理的概念起源于第二次世界大战中美国研制原子弹的"曼哈顿计划"。二战后,美国海军在研究开发北极星号潜水艇的导弹系统时创造出项目实践管理工具——"计划评审技术"(PERT)。后来,美国国防部又创造出项目范围管理工作——"工作分解结构"(WBS)来处理复杂的大型项目。进入20世纪60年代,两大国际性项目管理协会——国际项目管理协会和美国项目管理协会相继成立,对推动全球项目管理发展起到了重要作用。20世纪70—80年代,项目管理的技术和方法得到不断完善和发展,并逐渐扩展到社会生活的各个领域。

项目管理作为组织实施管理的一种方式,已经形成了整体的专业知识体系。从理念层面上讲,项目管理是一种通用的管理方法。戈普塔和拓波指出:项目管理作为一种管理哲学可以在任何组织、任何层次、任何工作的管理中加以运用。这种管理哲学支持着一套人们在项目管理工作中所发展起来的思维方式、行为模式和工作方法。从技术层面上讲,项目管理的核心计划与控制技术,如工作分解结构、网络计划技术和挣值管理等,也通用于各行各业。萨拉德认为通过项目进行管理是一种重大的突破,并阐述了这种方法可以应用于任何商业和非商业活动的原因。胡德·拉塞尔对服务导向组织的全面项目管理进行了研究,其中指出组织的发展和将来竞争的本质将使得项目化的管理方法成为标准管理方法。

尽管我国公益慈善组织类别比较复杂,但众多学者的观点都表明了公益慈善组织能够引入项目管理的理论和方法。例如,王名认为,公益慈善项目管理是指非营利组织为了实现其宗旨,通过项目申请的方式获取资金、人力等社会资源,对所获得的资源进行优化配置,并有效地组织、计划和控制项目的运作,从而达到项目的既定目标,实现组织的宗旨的过程。周俊认为公益慈善项目管理是指社会组织为了实现其宗旨,优化配置人力、物力等资源,有效地组织、计划、控制项目的运作,实现项目目标的过程。杨团认为公益慈善项目管理是指运用一定的组织或个人以捐赠财物、时间、精力和知识等形式在特定的时间、预算、资源限定内依据计划完成一个明确目标的非营利性和具有社会效益性的活动。韩俊奎认为公益慈善项目管理是指在秉持非营利理念的前提下,项目团队充分运用知识、技能、工具,为实现项目目标开展的一系列协调、组织和实施的活动。综合上述定义,本书将公益慈善项目管理定义为,将项目管理的知识体系与技术方法应用于慈善公益领域,以管理公益慈善组织项目的过程。

三、公益慈善项目管理的特征

在管理知识体系方面,公益慈善项目管理与其他项目管理具有共性:都是运用专业性的项目管理知识来运营组织项目,实现组织目标;都有时间限制,要对项目进行阶段划分;都要考虑项目的效率和效果问题;都要对投入的人力、物力和财力等资源进行提前预算;都需要由第三方机构开展项目评估。但是,公益慈善活动具有它的特点,这些特点直接决定了公益慈善项目管理与其他项目存在差别。

1. 非营利性

公益慈善项目通常是为了践行公益慈善组织的宗旨,以志愿性、非营利性为特点。项目通常会消耗社会资源来提供社会服务,尽管有一些项目也能够带来资源的流入,但收益不允许在成员之间进行分配。

2. 全面性

公益慈善项目通常投资金额较小,项目周期较短,但麻雀虽小,五脏俱全,公益慈善项目的复杂程度、不确定因素的数量和对质量与进度的要求并不低于工程类项目。

3. 复杂性

公益慈善项目的利益相关者数量多,如资助方(企业、资助型基金会等)、项目运作主体、项目服务主体和被资助方等,需求复杂。公益慈善项目管理中需要协调好这些利益相关者的关系,如果在与一方的交流上出差错,项目就会很难实施下去。

4. 社会性

公益慈善项目的社会效益要大于经济效益。因为公益慈善活动作为社会保障体系的重要组成部分,还承载着应对社会风险、缓解社会矛盾、促进社会平等、保持社会稳定等诸多功能。对公益慈善项目管理的评价,不仅涉及经济效益评价,还包括重要的社会效益评价。此外,由于大多数公益慈善项目成果的政治和社会影响较大,因此对项目交付期、成本和质量控制的要求都很高。

5. 国际性

随着对外开放程度的日益加深,公益慈善项目涉及的资助方或合作伙伴可能来自不同的国家,这一点在发展中国家尤其普遍。由于这些国家有着不同的文化背景,公益慈善项目管理也就根据资助方或合作伙伴需求的多样化而呈现出个性化的特征。

6.公开性

由于公益慈善项目的运作涉及捐赠行为、筹款行为以及志愿服务等一系列包含道德意识和社会信任的行为活动,因此公益慈善项目管理的运营更加强调透明性、公正性以及规范性。

四、公益慈善项目管理的成功标准

界定公益慈善项目管理的成功标准并非易事。但一般而言,项目成功至少取决于数量(quantity)、质量(quality)和时间(time)三个因素,也常被简称为"QQT"。尽管公益慈善项目之间存在技术差异,但最好同时满足以下三个因素。

1.良好的成本控制与财务管理

公益慈善项目管理应当大致符合预算,控制好成本,毕竟项目所能利用的资源极其有限。此外,规范的财务管理也不可或缺。

2.有效的质量产出

有效的质量产出是衡量公益慈善组织服务供给能力及项目成功的重要指标。这里的有效产出应当是一个动态概念,除了包括一般我们常说的项目结果,还包括有效率的项目过程、团队成员能力的提升、持久的项目影响、服务对象及其他利益相关者的满意度、服务对象的参与度以及服务对象能力的提升程度。

3.与目标人群需求相匹配的进度控制

这里有两层含义:其一,项目周期长短应当尽量与需求匹配。例如,在灾后重建阶段,公益慈善组织应当根据需求、组织使命以及资源来设计项目周期,而非一味跟着政府的灾后重建规划的节奏进行。其二,公益慈善项目的周期有长有短。即使项目周期再长,阶段性目标和计划也应该在一定时间内完成。

除此之外,一些公益慈善组织还有一些自身的衡量指标,比如某公益基金会的项目评判指标就包括以下方面:

(1)目标明确:有明确的目标,并且在项目执行管理过程中不偏离这些目标。

(2)设计清晰:对项目活动、完成时间、产出成果等都有具体清晰的描述。

(3)过程可控:项目执行按计划进行,允许项目进度在适度和可控范围内进行调整。

(4)评估有效:项目目标成果可以衡量和评估,且评估结果能为项目及机构未来的调整、发展提供参考性意见。

(5)信息公开:项目执行过程中,通过机构硬盘以及网络共享项目信息及文件,同时以简报、微信等方式对外公开项目信息。

(6)参与其中:基金会项目管理过程中,在不干涉项目伙伴及执行方的自主性的前提下,保持适度参与,提供必要协助和支持,保证项目目标的实现。

(7)关系和谐:项目合作各方本着互相尊重,积极沟通的原则,建立、保持和谐伙伴关系。

(8)共同成长:项目合作各方在项目执行的过程中不断积累经验,充盈项目,共同学习与成长。

第二节　公益慈善项目的生命周期

一、公益慈善项目生命周期的概念

从本质上讲,项目需要在规定期限内完成特定的任务,实现相应的目标,从而经历一个从提出到完成的过程。项目生命周期(project life cycle)通常是按顺序排列而有时又相互交叉的各项目阶段的集合。慈善项目的生命周期,就是一个慈善项目从概念到完成所经过的各个阶段。公益慈善项目管理是通过慈善项目的生命周期管理得以实现的。赖因哈德·施托克曼将非营利组织项目的生命周期粗略地划分为规划阶段、项目期限内的实施阶段和项目资助结束后的阶段。一个公益慈善项目根据实际要求可以划分成多个阶段,如世界宣明会将项目周期分为六个环节:需求评估、设计、监测、后期评估、反思与过渡。北京亿方公益基金会的项目周期包括项目筛选、审批立项、启动拨款、实施监测、结项总结、项目后续。乐施会(香港)的项目周期则由"项目存续期的所有互动过程构成,包括发现、需求评估、设计、评审、实施、评估与学习以及结束"。在本书中,我们采取通用的方式,将公益慈善项目的生命周期分为项目立项期、项目启动期、项目发展成熟期以及项目完成期四个阶段(见图1-1)。由于项目的本质是在规定期限内完成特定的、不可重复的客观目标,因此,所有项目都有开始与结束。但由于意料之外的环境变化,许多项目即使在接近原先规划的最后阶段时,也可能重新开始;即使在同一个项目中,这种周期也可能会有多种变化。比如大型、复杂、周期长的公益慈善项目,各方面进行调整的可能性较大;而那些小型、简单、周期短的公益慈善项目,管理起来相对简单,部分环节可以精简和压缩。此外,公益慈善项目的生命周期也与对工作细节的关注度、文档管理、项目交付等要求密切相关。

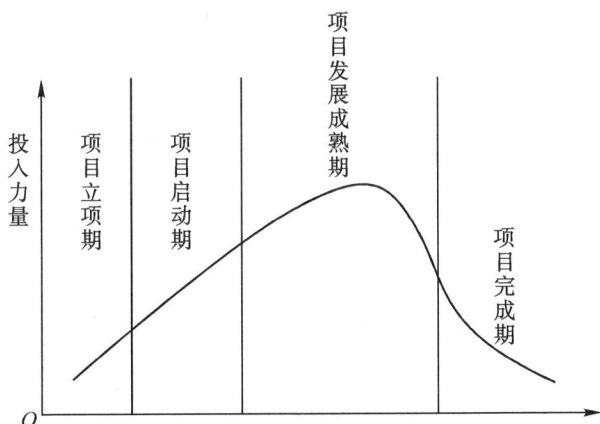

图1-1　慈善组织项目生命周期

二、公益慈善项目生命周期划分

(一)公益慈善项目立项期

在项目立项期,项目团队往往热情高涨,充满理想,但此时项目的目标却往往不够清晰。这一阶段的关键任务是明确项目概念和制订计划,使之能够指导未来的项目活动,具体包括阐明项目意义、确定项目规格、提出工作方案、明确职责划分。

1.项目策划与设计

项目策划与设计是一个具有创造性、探索性的思维过程。它通过全面梳理所有可能影响决策的因素，提出切实可行的解决方案，以实现项目目标。在策划与设计过程中，需要阐明项目的理念和发展方向，这种理念应该是项目经济、社会成效之外更高的目标。策划与设计应该以国家政策法规、社会现实需求与走向、捐赠者意愿、公益慈善组织自身能力为基本依据，按照严格的程序进行。这一阶段主要回答项目的必要性和可行性问题。

必要性分析一般包括现状描述、成因分析、发展趋势等方面。它主要是通过搜集并分析各类信息资料，结合在缺乏项目支持情况下的反面案例，来论证开展项目的必要性。这一过程旨在强调实施项目的重要意义，并提出相应的解决方法。必要性论证需要立意高远，指向明确。由于公益与公共领域存在较多重合之处，一些公益慈善组织在项目策划与设计时不够严谨，导致其项目与政府公共项目趋于一致，甚至出现重复。然而，公益慈善项目通常应聚焦于政府或市场力量无力或无法解决的领域，而不是重复政府或市场已有的工作。

可行性分析不仅要对拟议中的项目进行系统分析和全面论证，判断项目是否可行，还要通过反复比较来寻求最佳建设方案。此外，可行性分析还要明确项目目标的总体技术路线，并进行可操作性审查，包括物质技术条件、人力资源条件、科技支持条件、关键技术指标、项目管理制度设计以及财务管理考察等方面。

2.项目立项

立项就是项目获得资助方同意和支持，从而进入正式实施阶段。在立项阶段，主要解决是否做和选择谁做的问题。前者主要取决于项目的资助方，后者需要在国家的政策法律框架内，结合组织自身能力特点进行。

在公益慈善项目立项阶段，项目主管与项目资助方就项目概念和项目战略进行谈判是一项至关重要的任务。由于项目资助者是最关键的利益相关者，因此必须要与之达成一致意见。另外，还要与项目资助方就项目期限和全面资源计划进行谈判。这不仅关系到项目的执行，还能促进项目团队与项目资助方之间建立良好且清晰的合作关系。

(二)公益慈善项目启动期

在项目启动期，项目的规划将逐步成为现实，其中包括一些为了实现项目目标而采取的实际措施与行动。这一期间主要包括启动和计划两个环节的工作。

1.启动

"项目不是在结束时失败，而是在开始时失败!"这句话深刻地解释了项目启动的意义。在项目的启动期，最有可能在各个方面产生矛盾与冲突，会产生许多管理上的挑战。要确保公益慈善项目的顺利实施，必须重视启动阶段的工作。启动阶段的主要任务是组建良好的项目团队。项目团队要特别注重志愿奉献精神，坚持公益导向，而不是商业项目的利益导向。另外，公益慈善组织内部人员数量较少，项目团队也是少而精，分工没有其他项目那么细致，往往要求成员具备多面手的能力。召开项目启动会议是项目正式开始的标志，具有里程碑的意义，其核心目标是组建一个执行力较强的项目团队，建立团队内外部的沟通制度。启动会议应该由秘书长等高层管理者参加，其主要目的是进一步强化团队对项目开展意义的认识，并向团队提出期望。但并不是所有的项目都需要举行启动会议，一些小型的公益慈善项目则可以不用举行启动会议。

2.计划

这一阶段主要是完成项目计划和进程的指定,为项目制定做准备。总体来说,项目计划应该以原始计划为依据,确定工作的详细划分及相应的产出,明确工作任务排序,确定任务所需要的资源,包括时间、人力、财力和物力在内的各种资源,如图1-2所示。

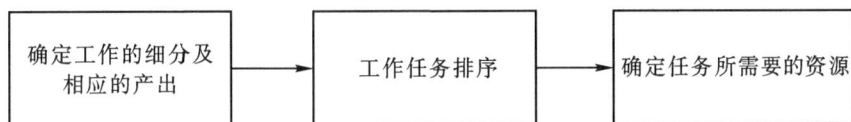

```
┌──────────────┐      ┌──────────────┐      ┌────────────────┐
│ 确定工作的细分及 │ ──→  │  工作任务排序  │ ──→  │ 确定任务所需要的资源 │
│  相应的产出    │      │              │      │                │
└──────────────┘      └──────────────┘      └────────────────┘
```

图1-2 公益慈善项目运行计划流程

(三)公益慈善项目发展成熟期

随着项目的推进,团队之间的合作与沟通进一步强化,各项工作的进展都会加快。项目管理的重点,也从早期整合协调阶段发展到比较成熟的阶段。这一时期的重点工作如下。

1.完善和优化工作流程

在项目发展成熟阶段,项目团队的关键工作是持续保持项目的动力,并有效管理正在推进的项目。此时,大多数项目的主要挑战不再是管理项目团队的个人工作,而是着重处理项目发展过程中对其他方面产生重大影响的特殊事件和互动关系。例如,一项工作中关键资源欠缺,或者某一项工作的拖延,都会迅速地影响到项目其他工作的正常进展。因此,在项目发展成熟阶段,管理工作的重点应聚焦于工作流程的优化和监控,而不是仅仅关注项目团队成员的具体工作内容。

2.明确关键路径

在项目工作网络图中,存在一条具有明确数学意义的关键路径。项目过程中,工作上的一些微小延误都会改变关键路径。因此,项目主管应该随时确认最新的关键路径,并且及时通知项目团队中的每一位成员。

3.培养团队合作精神

每一位成员都应深刻理解合作的价值,避免通过互相争夺资源来维护自己"狭隘的利益"。团队应致力于营造适度竞争的氛围,并引导其向健康的方向发展,这对慈善组织项目的成功发展至关重要。

4.评估关键节点

在项目中,许多工作相互依赖、相互影响,因此,某些工作的结果往往会直接影响到后续工作的发展。项目管理层必须时刻审查相互依赖工作之间的变化,以及这些变化对项目其他工作所产生的影响。否则,任何一步工作出现问题,都可能引发多米诺骨牌效应,进而导致整个项目的失败。

5.及时准确的沟通

当项目的各项工作有序展开时,项目主管应担负起建立和维护组织沟通渠道的任务。成功的项目主管应认识到,团队成员不仅需要了解他们所从事的工作,也需要了解所从事工作的背景和整体目标。在维护组织沟通渠道时,主要应注意外部因素的影响、临时会议的重要性、提高沟通效果几个方面。

6.表彰与激励

作为成功项目的重要特征,表彰是一种非常重要的项目管理行为。它不仅能使项目成员获得成就感和对组织的归属感,还能激励团队成员更加注重工作成绩,从而推动项目顺利发展。

(四)公益慈善项目完成期

即使是成功的项目,项目的完成阶段也都是最危险的时期。在项目的这个阶段,团队人员的工作态度会变得松懈,一些突发性的因素会积累出现,而项目的服务对象或资助方往往对项目抱着过高的期望。因此,在项目完成阶段,项目主管要面临许多特殊的挑战,需要采取更加细致周全的措施。

(1)要确保每项关键工作顺利完成。在项目最后阶段,项目主管已经失去了对项目合作方或利益相关者的约束力,参与人员以及合同方经常忽略一些非常重要的细节因素。因此项目管理层必须使项目保持在持续运营的状态,坚持与项目的关键人员保持密切联系,避免可能阻碍项目进展的因素出现。

(2)避免项目扩展。工作范围的扩大可能会导致项目周期延长,增加项目成本。项目主管必须意识到项目本身的有限性,防止无限扩大工作范围。

(3)帮助相关人员正常退出。项目具有临时性,随着项目的完成,团队成员解散是正常现象,这符合项目管理程序。但在实际工作中,项目团队成员对项目是有感情的,尤其许多项目是在干中学中不断完善的。从慈善组织可持续性发展和成员情感的角度,都希望项目能够持续进行。因此,在这一方面应给予灵活处理,以确保团队成员能够平稳过渡。

(4)传递学习经验。项目主管还肩负着一项重要职责,即将项目中的经验传递给同类项目的团队。因此,项目主管的工作重点应该放在项目记录和学习经验的整理上。由于项目的事后分析总结通常需要在项目真正完成后进行,因此在项目接近尾声时,收集相关资料变得尤为关键。这是因为随着项目成员和其他合作方的陆续退出,大量的数据和记录的获取将变得更加困难。

综上所述,项目生命周期为管理项目提供了基本框架,清晰明确地阐释了各阶段在时间、人员、成本、资源投入、活动范围以及可交付成果等方面的结构指导,从而帮助项目主管更好地监测管理过程和可交付的成果。

三、公益慈善项目生命周期的特点

公益慈善项目生命周期具有以下几个特点:

(1)项目资源投入的变动性。对成本和工作人员的需求最初比较少,在向后发展过程中需要越来越多,当项目要结束时又会快速地减少。

(2)项目风险的变动性。在项目开始时,成功的概率是最低的,而风险和不确定性是最高的。随着项目逐步发展,成功的可能性也越来越高。

(3)项目变更费用通常会随着项目进程的推进而急剧增长。随着项目的推进,项目变更和纠错的花费将急剧增长,错误发现得越晚,修正的成本将呈现几何级数增长。因此,在每个项目阶段结束时应及时进行总结回顾,尽可能以较小的代价纠正错误,将偏差和错误"扼杀在摇篮里"。

(4)利益相关者的影响。在项目起始阶段,项目利益相关者的能力对项目的最终特征和最终成本的影响力是最大的,随着项目的进行,这种影响力逐渐削弱。

第三节　公益慈善项目的组织设计

一、公益慈善项目组织设计概述

组织设计是一个动态的工作过程,涉及众多工作内容。公益慈善项目组织设计是指以公益慈善组织结构为核心对整个组织系统进行的整体设计工作。管理者需要将组织内各要素进行合理组合,建立并实施一种特定的组织结构。新建的公益慈善项目,原有结构出现较大问题或项目目标发生变化的公益慈善项目,原有组织结构需要进行重新调整等都需要公益慈善组织进行组织再设计。

公益慈善项目组织设计的实质是对项目成员的劳动进行横向和纵向的分工。进行科学的组织设计,必须遵循其内在规律,按部就班地推进,这样才能取得良好的效果。公益慈善项目组织设计的任务包括:设计清晰的项目组织结构,规划与设计项目组织中各部门的职能和职权,确定项目组织中职能职权、参谋职权、直线职权的活动范围,并编制职务说明书。

二、基于公益慈善项目的组织设计

公益慈善项目的组织设计可以采取职能型、项目型和矩阵型三种。在实践中,需要视项目的具体情况确定相应的组织类型。

(一)职能型组织

1.基本概念

职能型组织结构是一种自上而下的科层制。在这种项目组织结构中,沟通渠道必须通过项目主管。项目主管通常由组织内部人员兼任,负责项目的组织实施,并且听命于上级行政负责人。项目团队工作人员分散在组织的各部门。这种组织结构适合于规模小、单一专业领域、可以在一个职能部门内完成的项目。职能型组织不适合用于跨部门的项目。如果一定要用职能型组织做跨部门的项目,那就必须把整个项目分割成一些适合由各职能部门完成的小块。这也将导致一个问题:没有人负责整合这些小块,各小块的成果很可能无法整合起来。

2.优点和缺点

职能型组织结构的优点包括:

①项目成员可以同时从事项目工作和日常工作,具有在两者之间协调的灵活性。

②职能部门可以作为项目成员的"家",使他们不用担心项目完工后的出路问题。

③职能部门可以为员工提供一个职业发展的良好平台。

④同一职能部门内的沟通和协调比较容易。

⑤同一职能部门内可以对自己专业领域内的问题作出迅速有效的反应。

职能型组织的缺点包括:

①项目主管是兼职的,基本没有正式权力。如果由职能部门主管兼任项目主管,那他的正式权力是来自职能部门主管的岗位,而不是项目主管的岗位。

②职能部门容易优先考虑日常职能工作,从而使项目工作得不到应有的重视。

③与其他职能部门之间没有正式的项目沟通渠道,较难取得其他职能部门对项目的支持。

④项目成员可能不把项目工作看成是自己的主要工作,从而消极地对待项目。

⑤职能部门只关注本部门在项目上的利益,而忽视其他职能部门在项目上的利益。

⑥项目成员只是临时、兼职地做项目,不可能在职能部门中建立项目管理的职业路径。

(二)项目型组织

1.基本概念

项目型组织往往单独设立项目部门,项目主管有很大的权限对资金、人员、议程等进行设置。这种组织结构适用于大型项目或者工期特别紧张的项目。各职能部门不参与项目工作。项目型组织拥有项目所需要的全部技术和人员,不再需要向职能部门借用人员。

2.优点和缺点

项目型组织的优点包括:

①项目主管拥有管理项目的全部权力。

②所有项目成员都在项目主管的领导下,不存在双重领导的问题。

③项目成员可以集中精力在项目工作上,而没有其他的工作来分散精力。

④由于不需要与职能部门协商,决策速度较快。

⑤项目成员在一起工作有利于项目团队建设。

项目型组织的缺点包括:

①如果一个公益慈善组织有多个项目,会造成各种资源的重复配置。

②由于缺乏职能部门的参与,可能导致职能部门对项目的关注度不足或支持力度不够。

③由于存在解散的风险,项目成员在事业上缺乏保障。

④专业技术人员的工作范围比较狭窄,这可能不利于他们专业技术的提高和职业发展。

(三)矩阵型组织

1.基本概念

矩阵型组织试图结合前两种组织结构的优点,其结构居于职能型和项目型之间:项目主管获得部分权限,项目团队成员由全职和兼职混合组成,一个员工既同原职能部门保持组织与业务的联系,又参加项目小组的工作。矩阵型组织在项目管理中用的最多,这种项目组织结构用在管理规范、分工明确的公益慈善组织,适合于规模中等的、涉及多专业领域的项目。

2.优点和缺点

矩阵型组织结构的优点包括:

①有全职的项目主管对项目负责。

②项目可以利用整个组织的资源。

③项目成员在项目完成后仍然在职能部门,不用担心解散。

④项目与职能部门共享人力资源,提高资源利用率。

⑤多个职能部门的参与有利于项目的技术和管理优化。

⑥可以在多个项目上使用同一人力资源。

⑦各职能部门作为专业技术和人才的集中地,有利于专业技术的提高和专门人才的成长。

矩阵型组织结构的缺点包括:

①项目主管与职能部门主管之间的权力争斗。

②对资源的争夺,导致职能部门不愿意派出优秀员工给项目主管。

③项目主管对项目成员没有足够的正式权力。

④一个员工同时面对两个上级的多头管理问题。

上述三种类型的组织结构设计并无优劣之分,项目组织可根据自身特点、项目需要以及外部环境做出理性选择。在选择项目组织形式时,需要了解哪些因素制约着项目组织的选择,如表1-1所示。

表1-1　影响公益慈善项目组织选择的关键因素

影响因素	影响公益慈善项目组织选择的程度		
	职能型	项目型	矩阵型
不确定性	低	高	高
所有技术	标准	新	复杂
复杂程度	低	高	中等
持续时间	短	长	中等
规模	小	大	中等
重要性	低	高	中等
服务对象类型	各种各样	单一	中等
对内部依赖性	弱	强	中等
对外部依赖性	强	强	中等
时间限制性	弱	强	中等

一般来说,职能型的组织结构比较适用于规模小、偏重于技术的公益慈善项目,而不适合环境变化较大的公益慈善项目。因为,环境变化需要各个部门之间的紧密合作,而职能部门本身的存在以及权责的界定成为部门间密切配合不可逾越的障碍。当一个公益慈善组织有很多项目或项目的规模较大、技术复杂性高时,应该选择项目型的组织结构。同职能型组织相比,在对付不稳定的环境时,项目型组织显示出了自己潜在的长处,这来自项目团队的整体性和各类人才的紧密合作。同前两种组织结构相比,矩阵型组织形式无疑在充分利用资源上显示出了巨大的优越性。由于融合了两种结构的优点,这种组织形式在进行技术复杂、风险高以及规模较大的项目管理时展现出了明显优势。图1-3列出了中国扶贫基金会的组织设计,可见矩阵型组织已经成为诸多大型公益慈善组织的基本项目运行方式。

理事会

↓

会长会议

↓

秘书处

↓

	行政法务部	人力资源部	计划财务部	综合事务部	品牌传播部
小额信贷					
紧急救援部					
母婴平安部					
国际发展部					
项目合作部					
新长城项目部					
公众捐赠部					
普品网筹备组					
灾后重建办					
资源开发部					
广东办事处					

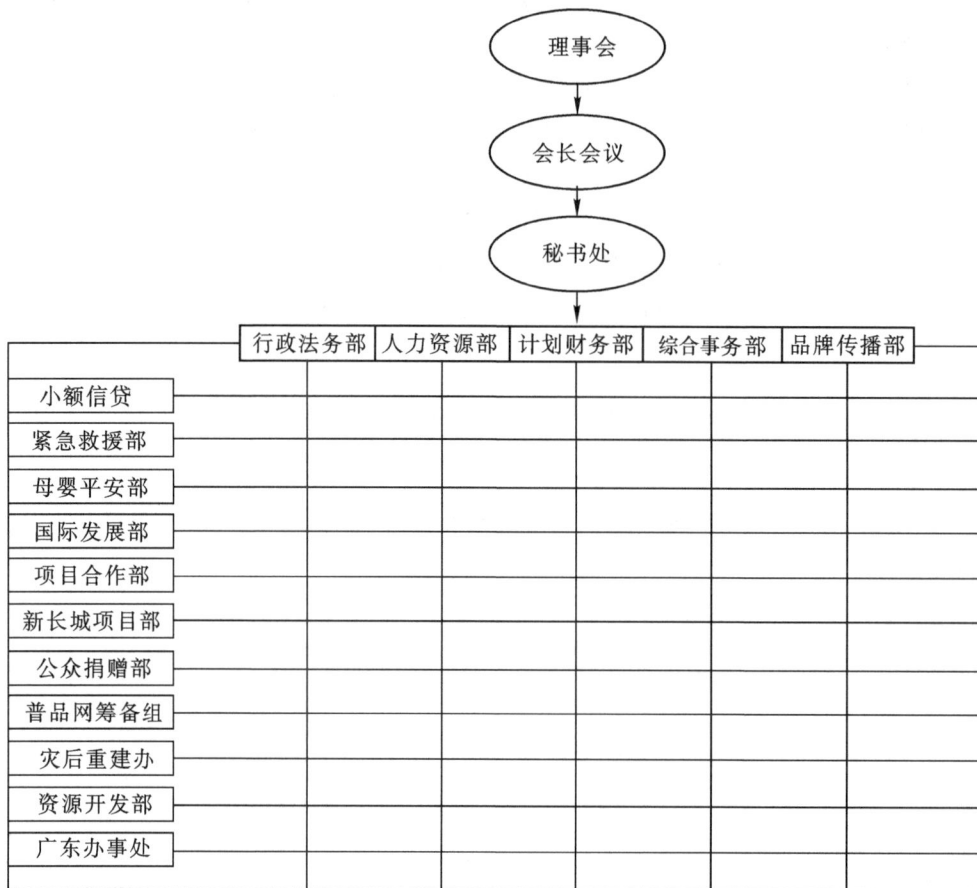

图 1-3 中国扶贫基金会的组织结构设计

第四节 公益慈善项目管理的过程组

一、公益慈善项目管理过程组概述

除了按技术工作把项目分成不同的阶段以外,还应该按项目所需开展的管理工作来划分项目周期的不同阶段,以便人们按照一定的流程来组织和管理项目工作。这种描述项目每个阶段需要完成什么管理工作的项目周期,就是项目管理工程组,俗称"项目管理生命周期"。每一个过程组的结束会涉及管理成果的完成,一个过程组向下一个过程组的过渡会涉及管理工作的交接。之所以叫"过程组",就是因为每个过程组中都有至少两个相对独立又相互联系的过程。公益慈善项目管理需要通过启动、计划、执行、控制和收尾五大过程组来完成。

(一)启动过程组

1.定义

启动过程组(initiating processes)是定义一个新项目或现有项目的一个新阶段,决策一个项目或项目阶段的开始与否,或决策是否将一个项目或项目阶段继续进行下去的一组过程。

2. 主要内容

公益慈善项目启动过程组的主要内容有目标确定、范围界定、工作分解、工作排序、成本估计、人员分工、资源规划、质量保证和风险识别等,这是由一系列决策性的项目管理工作所构成的项目管理过程。

3. 主要任务

公益慈善项目启动过程组的主要任务是在确定项目之前,对社会环境、资源等进行深入、具体、细致的调查和分析,结合组织自身条件确定公益慈善项目的价值与服务理念;识别那些相互作用并影响项目总体结果的内外部利益相关者,确定公益慈善项目主管;同时,还应该考虑到自身的资源,落实初步的人力资源、财务资源和物力资源。这些内容应反映在项目合同中,一旦合同获得批准,项目也就获得了正式授权。

4. 主要作用

公益慈善项目启动过程组的主要作用是保证利益相关者的期望和项目目标一致。让利益相关者明确项目目标,同时让利益相关者明白他们在项目和项目阶段中的参与,这有助于实现他们的期望。本过程组有助于明确项目愿景——项目需要达成的目标。通过让发起人和其他利益相关者参与启动过程,可以建立对成功标准的共同理解,降低参与费用,提升可交付成果的可接受性,提高客户和其他利益相关者的满意度,从而确保项目能够有效实施。

其中,项目主管是项目团队的代表,是项目启动后项目全过程管理的中枢,是项目管理中的核心,是项目有关各方协调配合的桥梁和纽带。项目主管要负责沟通项目的各个方面,协调和解决矛盾和冲突。项目主管的职责主要有:指导和监测项目的日常工作,如实反映情况并妥善处理突发事件,及时回收所有应当收进的资金。

(二)计划过程组

1. 定义

计划过程组(planning processes)也叫规划过程组,是包含确定项目范围和细化目标,并为实现目标制订行动方案的一组过程。

2. 主要内容

计划过程组的主要内容包括拟定、编制和修订一个项目或项目阶段的工作目标、任务、工作规划方案,以及管理规划、范围规划、进度规划、资源供应规划、费用规划、风险规划、质量规划、采购规划等。这是由一系列规划性的项目管理工作与活动所构成的项目管理工作过程。

3. 主要任务

计划过程组的主要任务是明确公益慈善项目的起点和终点。在了解各方需求后,确定公益慈善项目的对象、范围、期限、成本、风险等因素以及预期要达到的目标,并据此制定执行项目规划。项目计划包括时间进程、项目成本、资金筹措、风险控制等,项目流程要明确筹款流程、资金管理流程、实施流程和信息披露流程等。公益慈善项目内容不同,方案和流程也会有所不同。此外,项目主管要以项目管理计划书和项目文件的形式向各部门阐述其各自的职责和任务。在计划项目、制定项目管理计划书和项目文件时,项目团队应当征求所有利益相关者的意见,鼓励所有利益相关者参与。

由于不能无休止地收集反馈和优化文件,组织应该制定程序来规定初始计划何时结束。在制定这些程序时,要考虑项目的性质、既定的项目边界、所需的监测活动以及项目所处的环境等。规划过程组内各过程之间的其他关系取决于项目的性质。例如,对于某些项目,只有在进行了相当程度的计划工作之后,才能识别风险。这时候,项目团队可能意识到原本设定的成本和项目目标可能过于乐观,因为风险比原先估计得要多。

4.主要作用

计划过程组的主要作用是为成功完成项目或阶段确定战略、战术及行动方案或路线。有效管理计划过程组,可以比较容易地获取利益相关者的认可和参与。

(三)执行过程组

1.定义

执行过程组(executing processes)也叫实施过程组,是包含协调人员与其他资源,具体实施项目管理规划以满足项目规范要求的一组过程。

2.主要内容

执行过程组的主要内容包括组织协调资源,组织协调各项任务与工作,实施质量保证,进行采购,激励项目团队完成既定的各项计划以及生成项目产出物等。这一系列组织性的项目管理工作与活动共同构成了项目管理工作过程。

3.主要任务

项目启动过程组和规划过程组是开展慈善组织项目的前期准备阶段,而真正为完成慈善组织项目开展的活动则始于执行过程组。这一阶段的主要任务是运用各种手段和技术执行项目规划,完成项目计划中确定的工作,以满足项目规范要求。在规划执行的过程中,要保证公益慈善项目的质量,通过激励等方式加强项目团队建设,注意利益相关者、合同管理等。这一阶段占用了大量的资源,并且还充满风险,因此需要使用适当的专业知识。通常来说,小型的公益慈善组织无力支付顾问费用来开发必要的表格和软件以成功地实施计划,但寻找专门的资金资助或寻求志愿者的帮助,或许可以克服这些困难。

此外,在项目开始实施之前,项目主管要把项目任务书发放给参加该项目的主要人员。因为项目任务书中对项目进度、项目质量标准、工作内容、项目范围等都有跟踪记录,能够有效地督促项目按要求实施。此外,项目管理信息系统是项目执行过程中非常重要的手段,一定要充分加以利用。

4.主要作用

项目执行过程组的主要作用是按照项目管理规划来整合资源,管理相关利益者期望,以及执行慈善组织项目的各项活动。

(四)控制过程组

1.定义

控制过程组(controlling processes)是包含定期监测和评估绩效情况,发现偏离项目目标和项目管理规划之处,采取相应的纠正措施以保证项目目标实现的一组过程。

2.主要内容

控制过程组的主要内容包括制定标准,监督和测量项目工作的实际情况,分析差异和问题,采取纠偏措施,进行整体变更控制、范围核实与控制、进度控制、费用控制、质量控制、团队管理、利益相关者管理、风险控制以及合同管理等。这是由一系列控制性的项目管理工作与活动所构成的项目管理工作过程。

3.主要任务

由于公益慈善项目的一次性特点,导致公益慈善项目管理在控制方面无现成的标准参考。

同时,公益慈善项目在运作过程中常常会遇到各种突发事件,使得公益慈善活动的风险巨大,影响因素极为复杂。为了保证项目的有序进行,需要对项目实施风险控制管理。

项目控制过程组的主要任务包括跟踪、审查和调整公益慈善项目进展与绩效,识别必要的计划变更,推荐纠正措施,或者为可能出现的问题推荐预防措施;对照项目管理计划和项目绩效测量标准,监督正在进行中的项目活动,如果出现了偏差,一定要及时仔细地对引起偏差的原因进行分析,并制定适当的应对措施;对导致规避整体变更控制的因素施加影响,确保只有经批准的变更才能执行。

4.主要作用

项目控制过程组的主要作用是:首先,监测实施过程,检验实施结果,及时发现工作中存在的问题,总结经验,为下一步工作明确方向。其次,可以及时了解成员的工作情况,调整工作安排,合理利用资源,完善规划内容,统计并了解项目总体进度。同时,也能对服务对象及社会做出交代,为专业问责做好准备,从而增加公益慈善项目透明度,维护公益慈善组织公信力,给予慈善事业正能量。

(五)收尾过程组

1.定义

收尾过程组(closing processes)是包含完结所有过程组的所有活动,并有序地结束项目或项目阶段的一组过程。

2.主要内容

收尾过程组的主要内容包括制定项目或项目阶段的移交与接受条件,完成项目或项目阶段成果的移交,进行项目收尾和合同收尾,以确保项目或项目阶段顺利结束,等等。这一系列文档化和移交性的项目管理工作与活动构成了项目管理工作过程。

3.主要工作

根据公益慈善项目规模大小,结束时可能集结了或多或少的资源。临近结尾时,绝大部分资源已经耗尽或转化。如何保证余下的项目质量,并合理充分转化剩余资源,是提高项目管理效益的关键。由于结尾时组织相对混乱,收尾工作又比较琐碎,容易被忽视,因此,该过程既重要又困难。收尾过程组的主要工作包括项目验收、合同收尾和项目评估。

项目验收是指公益慈善项目在正式结束前,验收方面的人员要对已经完成的工作成果或项目活动结果重新进行审查,核查项目规划规定范围内的各项工作或活动是否已经完成,可交付成果是否令人满意。如果项目没有全部完成而提前结束,则应查明有哪些工作已经完成,完成到了什么程度,哪些工作没有完成,将核查结果记录在案,形成文件。参加范围核实的项目班子和验收方面的人员应在有关文件上签字,表示对项目已完成范围的认可和验收。

合同收尾就是结合合同结清账目,包括解决所有尚未了结的事项等。项目在交付最终成果或因故终止时,必须做好行政收尾工作。行政收尾工作就是编写和散发信息、资料和文件,正式宣布项目或项目阶段的结束。

项目评估通常是第三方机构在项目执行方的协助下,对项目的技术、管理、经济和财务等方面进行评价,并编制出项目评估报告。项目评估是影响项目公信力的一个重要环节。在项目实施完毕后,对其进行评估是极其必要的。项目评估主要是将项目执行过程中所显现或未显现的各类问题加以汇总,并将项目所产生的影响进行量化或质性分析。通过评估,可以避免类似问题的发生或继续保持好的方面并加以优化提升。

4.主要作用

项目收尾过程组的主要作用是,总结经验教训,正式结束项目工作,为开展新工作而释放组织资源。

二、公益慈善项目过程组的关系与作用

(一)公益慈善项目管理过程组循环

公益慈善项目管理过程组之间是以它们所产生的成果而相互联系的,是一种过程交互的关系。项目管理的五个过程组构成了一个项目管理过程的循环,启动过程组是循环的开始,收尾过程组是循环的结束,而控制过程组与其他过程组的所有方面相配合。各个公益慈善项目管理过程组通过它们的工作成果相互关联,一个过程的输出往往是另一个过程的输入或项目的最终产出物。例如,项目计划过程组的输出为项目执行过程组提供了输入。在项目执行过程中,还需要对项目的管理计划进行变更。公益慈善项目管理过程组的依据和成果是它们相互之间的关联要素。一个公益慈善项目管理过程组的结果或成果可以是另一个公益慈善项目管理过程组的依据,所以各个公益慈善项目管理过程组之间都有文件和信息的传递。当然,这种依据和成果的关系有时是单向的,有时是双向的。例如,一个公益慈善项目管理过程组中的计划过程组,首先要为执行过程组提供公益慈善项目规划文件,然后又从执行过程组获得各种新的情况和更新资料。图1-4说明了公益慈善项目管理过程组之间的关系。

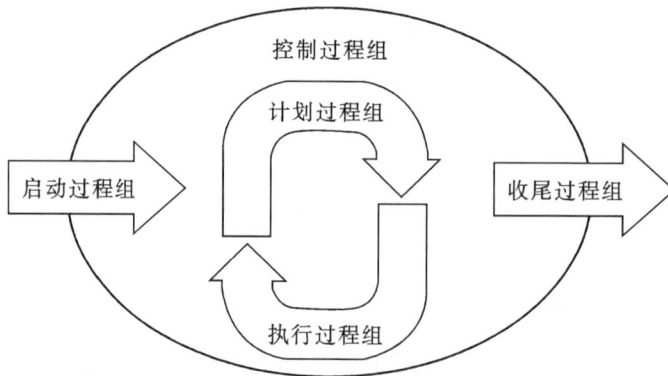

图1-4　项目管理过程组循环

由图1-4可以看出,在一个公益慈善项目管理过程组的计划过程组、执行过程组和控制过程组之间的依据和成果都是双向的,而启动过程组和收尾过程组之间的依据和成果则是单向的。

另外,控制过程组不仅会直接影响执行过程组,而且会影响计划过程组。这就是说,当控制过程识别到某些变化影响到了计划的内容,就需要从控制过程组重新进入计划过程组,修改计划后再进入执行过程。这样就保证了任何变化都不会使慈善项目的发展脱离正确的轨道,保证变化后的执行阶段的工作仍然有章可循。同样地,要进入收尾过程组,就必须通过控制过程组,而不是从执行过程组直接进入收尾过程组,这样就保证了项目在满足目标要求的前提下才能结束。这五大过程组并非一定对应慈善项目的阶段划分。但不论阶段如何划分,不论阶段规模大小,在每个阶段中都可以运用这五个过程组。也就是说,如果把公益慈善项目的某个

阶段视为一个子项目,那么这五个公益慈善项目管理过程组仍然有效。因此,在公益慈善项目的不同层次、不同阶段,虽然各方面的条件可能差异很大,但作为一套方法,这五大过程组对于所有的公益慈善项目都具有一定的普遍意义。

(二)公益慈善项目管理过程组的相互作用

公益慈善项目管理过程组不是孤立的事件或一次性事件,公益慈善项目启动、计划、执行、控制和收尾五个过程组按一定顺序发生,以它们所产生的输出相互联系,在整个项目期间互相重叠。在实际项目管理中,公益慈善项目管理各过程组之间是相互制约、循环作用的,项目控制过程组应该与其他所有过程组相互作用。另外,公益慈善项目具有临时性,故需要从启动过程组开始,收尾过程组结束。项目控制过程组从公益慈善项目开始直至公益慈善项目收尾都一直存在,跨越了整个公益慈善项目全过程;而项目计划过程组和项目执行过程组也几乎如此。因此,公益慈善项目管理是一个综合性的过程,需协调好每一个过程组与其他过程组的配合、联系和作用。

图1-5体现了各过程组在项目的不同时间段是怎样相互交叉重叠的。启动过程组最先开始,但在其尚未完成之时,项目的计划过程组就已经开始了。控制过程组在计划过程组之后开始,在执行过程组之前开始,因为控制过程组中有很大一部分管理工作属于事前控制工作,所以它必须预先开始。收尾过程组在执行过程组尚未完成之前就已经开始,因为收尾工作中涉及许多文档准备的工作可以提前开始,在执行过程完成以后所开展的收尾工作就只剩下交接工作了。

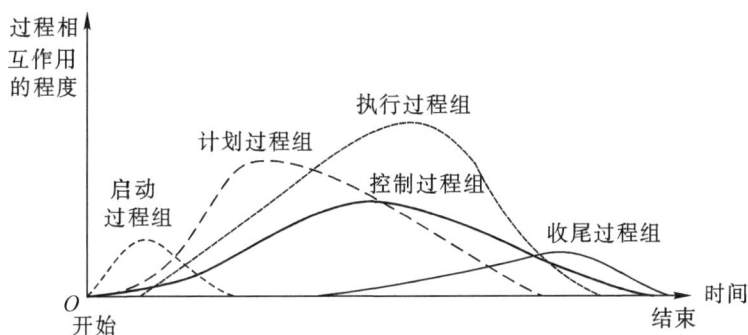

图1-5 公益慈善项目管理过程组之间的相互作用

总之,公益慈善项目管理是一个综合性的过程,需协调好每一个过程与其他过程的配合、联系和作用。为了让项目顺利取得成功,公益慈善项目管理团队必须注意:选用合适的过程来实现项目目标;使用已定义的工具、方法来满足慈善项目要求;遵循要求,以满足慈善项目利益相关者的需要和期望为原则,并进行持续改进;平衡项目范围、进度、成本、质量、资源和风险等知识领域的作用。

第五节 公益慈善项目的知识领域

一、公益慈善项目管理知识领域

公益慈善项目管理知识领域(project management knowledge areas)是在公益慈善项目管理中所要用到的各种知识、理论、方法和工具及其相互关系的集合,一共包括十四个。慈善项目管理知识领域中包含许多方面的内容,这些内容按一定的方式构成一套完整的公益慈善项目管理知识领域。在具体的公益慈善项目实践中,项目团队应该根据需要使用这十四个知识领域,如图1-6所示。

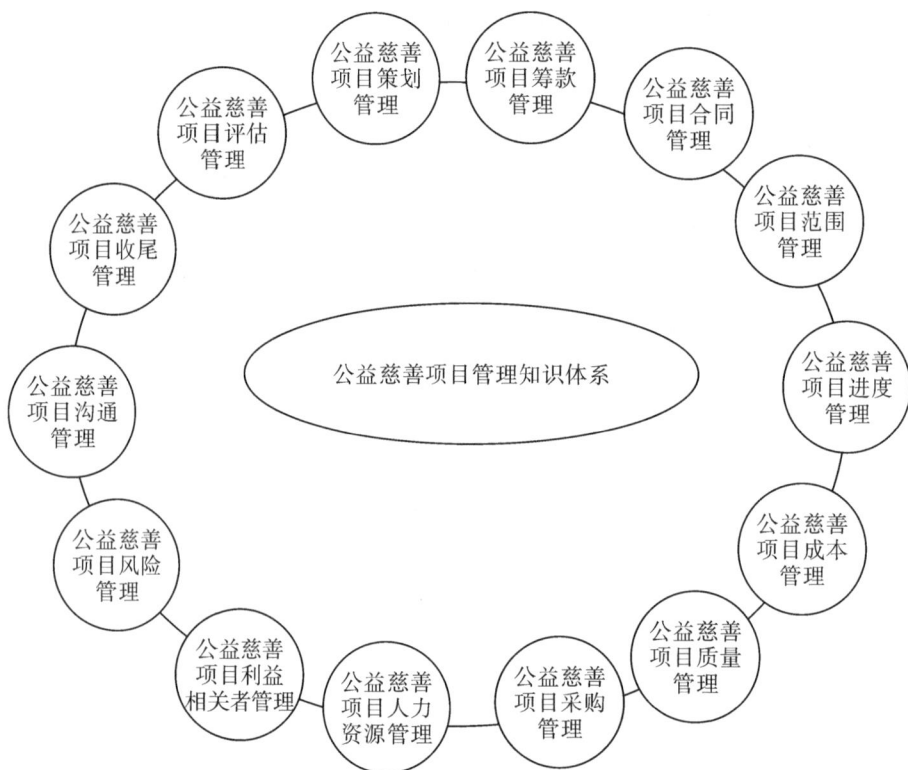

图1-6 公益慈善项目管理的十四个知识领域

(一)公益慈善项目策划管理

1.内容

公益慈善项目策划管理(project planning management)是项目发掘、论证、包装、推介、开发、运营全过程的一揽子计划。项目实施成功与否,除了其他条件外,首要一点就是所策划的项目是否具有足够的吸引力来引入资金。

2.目的

公益慈善项目策划管理的主要目的是确保项目能够按照既定的时间、成本和质量标准顺利完成,同时最大化项目价值,减少不确定性,提高项目成功率。通过科学规划和有效管理,实现项目目标与企业战略的一致性。

3. 主要工作

公益慈善项目策划管理主要包括项目启动阶段的需求调研与分析、项目目标明确与范围界定;计划阶段的方案制定、资源分配、进度安排与成本预算;执行阶段的团队组建与培训、任务分配与监控、风险管理与应对;收尾阶段的成果验收、项目评估与总结反馈;等等。这些工作共同构成了项目策划管理的核心内容。

(二)公益慈善项目筹款管理

1. 内容

公益慈善项目筹款管理(project fundraising management)包括确保公益慈善项目开展所需要资金的各项活动。

2. 目的

公益慈善项目筹款管理的目的是通过有效的筹款活动,筹集足够的资金来支持公益项目的实施和发展。

3. 主要工作

公益慈善项目筹款管理主要包括筹款活动策划与执行、捐赠渠道拓展与维护、资金监管与审计、筹款效果评估与反馈等。

(三)公益慈善项目合同管理

1. 内容

公益慈善项目合同管理(project contract management)包括确保项目资金得到有效使用,合作方权益得到保障所开展的各项活动。

2. 目的

公益慈善项目合同管理的目的是明确双方权益、保障资金安全、提高项目效率和预防纠纷。

3. 主要工作

公益慈善项目合同管理的主要工作包括合同订立与履行、合同的变更和终止、合同违约责任归属以及合同纠纷的处置等。

(四)公益慈善项目范围管理

1. 内容

公益慈善项目范围管理(project scope management)包括确保公益慈善项目包含且只包含所需要完成的工作,以顺利完成项目的各个过程。

2. 目的

公益慈善组织开展项目范围管理的根本目的是要在公益慈善项目开始时能很好地界定项目范围,在项目实施中能很好地控制项目范围,从而确保公益慈善项目成功。

3. 主要工作

公益慈善项目范围管理的主要工作包括五个部分:第一,需求调研,为实现项目的目标而定义并记录利益相关者的需求的过程;第二,定义范围,即制定项目详细描述的过程;第三,创建工作分解结构,即将慈善项目可交付成果和项目工作分解为较小的、更易于管理的组成部分;第四,控制范围,即正式验收项目已完成的可交付成果的过程;第五,核实范围,监督项目的范围状态、管理范围基准变更的过程。

(五)公益慈善项目进度管理

1.内容

公益慈善项目进度管理(project schedule management)包括为确保公益慈善项目按时完成所需的过程。

2.目的

公益慈善组织开展项目进度管理的根本目的是采用科学的方法确定进度目标,做好项目进度的计划与安排,项目进度的监督与控制等管理工作,从而确保慈善项目能够按时完成。公益慈善组织实施过程中目标明确,但资源有限,不确定因素和干扰因素较多,主客观条件不断变化,计划也随着改变。因此,在公益慈善项目实施过程中必须不断地掌握项目实际状况,并将实际情况与计划进行分析对比,必要时采取有效措施,使项目进度按预定的目标进行,确保目标的实现。

3.主要内容

公益慈善项目进度管理的主要内容包括:第一,定义活动,识别完成项目需要采取哪些具体行动;第二,排列活动顺序,识别和记录公益慈善项目活动之间的逻辑关系;第三,估算活动资源,确定活动所需人员及物品的种类和数量;第四,估算活动持续时间,根据资源估算的结果,估算完成单项活动所需的时间;第五,控制进度,监督项目状态以更新项目进展,管理项目基准变更。

(六)公益慈善项目成本管理

1.内容

公益慈善项目成本管理(project cost management)包括为确保项目在批准的预算范围内完成而对成本进行估算、预算、筹集、管理和控制的各个过程。

2.目的

公益慈善组织开展项目成本管理的主要目的是实现项目价值,尤其鉴于公益慈善项目的非营利性和公益性,更需要合理地确定公益慈善项目的成本和预算。

3.主要工作

公益慈善项目成本管理的主要工作有:第一,估算成本,为项目提供预算基准规划,确定项目资源,并按照资源在项目过程中的参与程度进行分阶段预算;第二,制定预算,就是汇总所有单个活动或工作的估算成本,建立一个经批准的成本基准的过程。

(七)公益慈善项目质量管理

1.内容

公益慈善项目质量管理(project quality management)包括为确保项目质量所开展的各种活动。

2.目的

公益慈善组织开展项目质量管理的主要目的是保证慈善项目满足其利益相关者预定的需求,服务社会。

3.主要工作

公益慈善项目质量管理的主要工作包括:第一,计划质量管理,确认与项目有关的质量标准以及实现方式。将质量标准纳入项目设计是质量计划编制的重要组成部分。第二,控制质量,对整体项目效果进行预先评估以确保项目能够满足相关的质量标准。第三,实施质量保证,质量保证过程不仅要对项目的最终结果负责,而且要对整个项目实施过程承担质量责任。

(八)公益慈善项目采购管理

1. 内容

公益慈善项目采购管理(project procurement management)是为确保能够从公益慈善项目组织外部采购或获取物品与服务的各个过程。

2. 目的

公益慈善组织开展项目采购管理的根本目的是要对项目所需的物质资源和劳务资源的获得与使用进行有效的管理,从而从资源的供应和使用方面确保整个公益慈善项目的成功。

3. 主要工作

公益慈善项目采购管理的主要工作包括:第一,计划采购管理,确定项目组织外部采购哪些商品和服务以便满足项目实施的需要;第二,询价,搜寻市场价格以获得投标报价或供应商的报价单;第三,选择产品供应商,根据不同供应商的报价,选择一个或多个供应商作为项目采购产品的供应来源;第四,合同管理,公益慈善组织与各个供应商进行谈判,确定供应条件,签订合同;第五,结束采购,即公益慈善项目采购工作完成,或因故终止之后,所开展的一系列管理工作。

(九)公益慈善项目人力资源管理

1. 内容

公益慈善项目人力资源管理(project human resource management)是为确保有效利用公益慈善项目所需人力资源来组织、管理和领导项目团队的各个过程。

2. 目的

公益慈善组织开展项目人力资源管理是为了激发项目团队的积极性,做到人尽其才、人事相称,同时保持组织高度的团结性和战斗力,从而优化团队结构来促进公益慈善项目的完成。

3. 主要工作

公益慈善项目人力资源管理的主要内容有:第一,规划人力资源管理,确定项目管理需要哪些角色,各角色应承担什么责任,以及诸角色间的从属关系。确定之后,将责任分配给各角色,同时还要写出书面文件,记载确定下来的各事项。第二,任命项目主管。项目主管是公益慈善项目的灵魂,将直接关系到项目的成败。

(十)公益慈善项目利益相关者管理

1. 内容

公益慈善项目利益相关者管理(project stakeholder management)是识别受公益慈善项目影响的所有个体、社区、群体或者机构,分析他们的期望和对项目的影响,并制定合适的管理策略来有效调动利益相关者参与项目决策和执行的各个过程。

2. 目的

公益慈善组织开展项目利益相关者管理的根本目的是正确识别并合理管理利益相关者。

3. 主要工作

公益慈善项目利益相关者管理的主要内容有:识别利益相关者、规划利益相关者管理、管理利益相关者参与、控制利益相关者参与。公益慈善组织在开展项目时就要解决出现的问题和矛盾,还要得到捐助方的认可与资助,同时要争取公众、媒体和政府的支持与配合。公益慈善组织的利益相关者遍布于项目管理的各个阶段,在项目计划阶段要做好利益相关者的分析,制定出现实有效的策略和规划,在项目实施和控制阶段要与利益相关者进行良好的沟通和协调。公益慈善组织要想让项目取得成功,必须平衡好这些复杂的关系,灵活适度地处理好各种矛盾和冲突。

(十一)公益慈善项目风险管理

1.内容

公益慈善项目风险管理(project risk management)包括确认、分析和应对项目风险的各个过程。在项目实施的过程中,由于一些不可控因素和不确定性事件的存在,项目运作存在一定的风险。在项目风险出现后,公益慈善组织可采用的风险应对策略主要有回避、转移、缓和与接受。风险回避是指改变项目规划以消除风险;风险转移是指通过应对措施将风险转移到对自己不构成威胁的地方;风险缓和是指将风险概率或其影响降至可接受的水平;风险接受是指项目团队决定勇敢应对挑战。

2.目的

公益慈善组织开展项目风险管理的根本目的是应对项目所面临的各种不确定性和由此引发的项目风险。

3.主要工作

公益慈善项目风险管理的主要内容有:第一,规划风险管理,规划和设计进行项目风险管理的措施和步骤;第二,识别风险,是指确定风险的来源和类别,研究风险事件是否会对项目产生影响;第三,风险评估,是对风险发生的可能性及风险事件对项目的影响进行定性分析;第四,风险量化,是对风险发生的概率及其对项目目标的影响进行定量的分析;第五,风险监控,就是要跟踪识别的风险,识别剩余风险和出现的风险,修改风险管理规划,保证风险管理规划的实施;第六,制定风险应对措施,为了降低风险对项目的威胁,应制定应对风险的措施。

(十二)公益慈善项目沟通管理

1.内容

公益慈善项目沟通管理(project communications management)包括确保公益慈善项目信息及时且恰当地生成、收集、规划、存储、处理和使用的管理过程。

2.目的

在公益慈善项目中,经常会出现一些问题和矛盾,需要通过项目成员的有效沟通加以化解。沟通是信息交流的重要途径,能使各方增进彼此了解。沟通关注的是沟通的效果,它取决于沟通能力。项目管理活动中任何沟通的最终目的都是为了更好地提供服务、提升服务品质。公益慈善组织开展项目沟通管理的根本目的是更好地获得和使用决策中人们所需的信息,其次是为了更好地实现利益相关者之间的沟通以消除冲突。

3.主要工作

公益慈善项目沟通管理的主要内容有:第一,规划沟通,决定项目利益相关者的信息沟通需求;第二,管理沟通,根据沟通管理规划,生成、收集、分发、储存、检索及最终处置项目信息;第三,控制沟通,在整个项目生命周期中对沟通进行监督和控制,以确保满足项目利益相关者对信息的需求。

(十三)公益慈善项目收尾管理

1.内容

公益慈善项目收尾管理(project closing management)包括确认本次项目实施的结果,实现项目的各方利益,总结本项目中的经验教训,以期改善未来项目的工作绩效。此阶段的工作任务是采取各种适当措施以保证项目妥善结束。

2.目的

成功地终止项目标志着项目规划任务的完成和预期成果的实现。没有公益慈善项目收尾管理,项目利益相关者就不能终止所承担的责任和义务,也无法从项目的完成中获益。因此,做好项目收尾阶段的工作对项目各参与方都是非常重要的。

3.主要工作

公益慈善项目收尾管理的主要工作包括:进行项目验收以核实项目范围;进行项目审计,对项目的完成情况做出整体的评价;编写项目结束报告,记录项目历史,反映项目的整体实施效果;进行项目资金的结算,做出项目总结报告以及对项目开展评估等。

(十四)公益慈善项目评估管理

1.内容

公益慈善项目评估管理(project evaluation management)是确保项目目标达成、资源有效利用以及社会影响最大化所开展的各项活动。

2.目的

公益慈善项目评估管理的目的主要是确保项目成效、提升项目管理水平、增强社会公信力,并为决策提供依据。

3.主要工作

公益慈善项目评估管理的主要工作是制定评估方案、搜集评估资料、分析评估资料和撰写评估报告等。

二、公益慈善项目管理过程组与项目管理知识领域的映射关系

公益慈善项目管理的启动、计划、执行、控制和收尾五大过程组以及公益慈善项目管理具体过程,与十四个知识领域之间的映射关系可以用表 1-2 来表示。

表 1-2　公益慈善项目管理过程组与知识领域的映射关系

知识领域	与公益慈善项目管理过程组的映射关系				
	启动过程组	规划过程组	执行过程组	控制过程组	收尾过程组
公益慈善项目策划管理	公益慈善项目策划步骤	公益慈善项目策划步骤			
公益慈善项目筹款管理	公益慈善项目筹款步骤	公益慈善项目筹款步骤			公益慈善项目筹款步骤

知识领域	与公益慈善项目管理过程组的映射关系				
	启动过程组	规划过程组	执行过程组	控制过程组	收尾过程组
公益慈善项目合同管理		公益慈善项目合同订立与履行	公益慈善项目合同变更与终止	公益慈善项目合同变更与终止 公益慈善项目合同纠纷处置	
公益慈善项目范围管理		公益慈善项目范围计划编制 公益慈善项目范围定义 工作分解结构（WBS）		公益慈善项目范围确认 公益慈善项目范围控制	
公益慈善项目进度管理		活动定义、活动排序、活动资源估算、活动历时估算、进度计划制订		公益慈善项目进度的控制	
公益慈善项目成本管理		公益慈善项目成本估算及成本预算		公益慈善项目成本控制	
公益慈善项目质量管理		公益慈善项目质量计划	公益慈善项目质量保证	公益慈善项目质量保证	
公益慈善项目采购管理		公益慈善项目采购及发包规划 公益慈善项目采购合同编制	请求供应商响应 公益慈善买方选择	公益慈善项目合同管理	公益慈善项目合同管理 公益慈善项目合同收尾
公益慈善项目人力资源管理		公益慈善项目人力资源规划 公益慈善项目团队的组建	公益慈善项目团队组建	公益慈善项目主管的角色与职能	
公益慈善项目利益相关者管理	公益慈善项目利益相关者识别	公益慈善项目利益相关者规划	公益慈善项目利益相关者分析	公益慈善项目利益相关者服务	
公益慈善项目风险管理		公益慈善项目风险管理识别、分析及应对	公益慈善项目风险应对	公益慈善项目风险控制	

续表

知识领域	与公益慈善项目管理过程组的映射关系				
	启动过程组	规划过程组	执行过程组	控制过程组	收尾过程组
公益慈善项目沟通管理		公益慈善项目沟通规划	公益慈善项目沟通	公益慈善项目沟通	
公益慈善项目收尾管理		公益慈善项目评估	公益慈善项目评估		公益慈善项目行政收尾 公益慈善项目审计 公益慈善项目工作总结
公益慈善项目评估管理		制订项目评估计划	开展项目评估		项目评估结果及运用

本章小结

　　本章围绕公益慈善项目管理相关的基本定义和公益慈善项目管理的整个管理流程框架导入了公益慈善项目管理这个概念。本章主要将项目管理的方法用于公益慈善组织的运营当中,结合公益慈善组织的特性,分析其与传统营利性组织之间的共性,从而总结出公益慈善项目管理概念以及方法论。公益慈善项目管理知识体系是在公益慈善项目管理中所要使用的各种知识、理论、方法和工具的总称。公益慈善项目管理知识体系主要包括公益慈善项目管理的五个过程组和十四个知识领域,这些内容按一定的方式构成一套完整的项目管理知识体系。本章旨在阐述公益慈善项目管理的概括性理论知识,让初学者对这个新的概念有一个大致的了解。之后的章节将展开介绍公益慈善组织项目管理中各个流程的细节。

课后习题

　　1.公益慈善组织有哪些特点?请结合实例进行分析。

　　2.公益慈善项目管理与传统的项目管理相比有什么特殊性?

　　3.阐述公益慈善项目管理中项目周期的几个阶段及其基本内容。

　　4.公益慈善项目可以选择哪些项目组织形式,不同的组织形式适用条件如何?

　　5.阐述公益慈善项目的五个过程组。

　　6.阐述公益慈善项目管理的十四个知识领域。

　　7.案例分析。

中国乡村发展基金会的爱心包裹项目

　　爱心包裹项目是中国乡村发展基金会为持续关爱汶川地震灾区中小学生,联合多家单位共同实施的全民公益行动项目。具体负责部门为中国乡村发展基金会新长城项目部。项目主题为"寄一份包裹,送一份关爱"。主要内容是依托中国邮政,授权其遍布全国城乡的3.6万个电子化支局、邮电所为爱心捐赠站,爱心人士通过这些家门口的邮政网点认捐包裹,就可以将自己给灾区孩子的爱心包裹一对一地投寄到孩子手中。

爱心包裹分为学生包裹和学校包裹,认购标准分别为100元和1000元。学生包裹内的善品是根据灾区孩子愿望,区分高年级、低年级和不同季节后统一配备的学习、生活用品。100元的支出由三部分构成:80元为礼包的采购、包装、回音卡和捐赠票据的邮寄(挂号信)等费用,12元为"新长城512自强奖学金",剩余8元为项目执行与推广费用。学校包裹内的善品以体育用品为主,包括篮球、足球、乒乓球、跳绳、军棋、象棋等多种物品。为了更充分地传达捐赠人对灾区孩子的爱心,每个包裹还装有一份致学校或学生的信、一张用于受赠学校或学生回复捐赠人的邮政明信片。

为了最大限度地体现捐赠人的爱心,爱心包裹项目精选物品供应商,使学生包裹物品的市场价格达到130元。其供应商有首批供应商和长期指定供应商。因公开招标需要一定时间和周期,为了保证第一批爱心包裹能及时到位,首批1万个包裹的生产商通过邀请6家品牌供应商提供设计方案和产品实样,比选产生。长期指定供应商则由基金会委托北京市京发招标有限公司公开招标比选产生。

问题:

(1)该项目是否经历了一个完整的生命周期?一个生命周期包括哪些阶段?

(2)该项目体现出来了哪几个周期?请结合案例进行分析。

第二章　公益慈善项目策划管理

📖 引例

禁止售卖鳄鱼皮的环保倡导项目

佛罗里达的湿地所有者正在向鞋厂售卖大量鳄鱼皮,这一举动引起了环保组织的深深担忧。他们担心,如果不加以制止,佛罗里达的鳄鱼种群将会灭绝。为了保护这些鳄鱼,环保组织决定发起一项面向佛罗里达州立法者的倡导项目。在环保组织的持续努力和施压下,佛罗里达州的立法者最终通过了一项法律,禁止销售鳄鱼皮。这个决定看似简单明了,其初衷是为了让鳄鱼在佛罗里达能够自由繁衍。为了评估这项政策的效果,人们开始估算禁令颁布后仍然销售鳄鱼皮的数量,并与禁令颁布前的销售量进行比较。从表面上看,这项倡导项目似乎取得了显著成效,成功减少了市场上可用的鳄鱼皮数量。在这个过程中,人们做出了一个重要的假设,即无法销售鳄鱼皮的土地所有者还会维持他们的土地作为鳄鱼的栖息地。然而,事实却并非如此。许多土地所有者在面对经济利益的诱惑时,他们开始寻找土地的替代使用途径,通过抽干湿地的水来开发新的农地。这一行为不仅破坏了鳄鱼的栖息地,还对鳄鱼的生存和繁衍造成了严重威胁。

有时候,项目是在缺乏深思熟虑的情况下设计并得到实施的,其中包含了许多未被明示的假设。这些假设往往是不切实际的,因此,在项目设计与执行过程中,我们必须充分考虑各种可能的影响因素和后果,以避免带来未预想到的结果。

本章从项目管理者的角度,对公益慈善项目策划管理的概念及重要性进行了阐述。同时,本章提出了公益慈善项目管理设计与策划过程中应遵循的原则,以及公益慈善项目策划的主要内容,旨在为公益慈善项目规划的编制提供借鉴和参考。

第一节　公益慈善项目策划概述

一、公益慈善项目策划的定义

公益慈善项目策划是在项目实施前,通过对项目的目标进行分析,结合项目的具体特点,对项目的管理措施、手段及方法等管理活动进行系统性、整体性的分析论证,并制定出具体可行的管理制度和纲领性文件的过程。这一过程包括确定项目目标、范围、策略、资源需求、实施计划及评估方法等,旨在确保项目能够高效,有效地实施,并产生预期的社会效益。项目策划具有"指南针"和"路线图"的作用,但其背后却是大量的实际工作。公益慈善项目的执行过程计划是实现公益慈善项目管理策划目标的方法和手段,必须在公益慈善项目管理策划的思路指导下进行编制,从而确保项目目标的顺利实现。

二、公益慈善项目策划的原则

一个好的策划是项目成功的关键,在公益慈善项目管理策划过程中要坚持如下原则。

(一)目的性原则

项目和活动最大的区别就是项目一定有明确的目标和具体的成果,能够为服务对象带来实际利益和积极的改变。公益慈善项目的整体策划是为了达到某一目的而做出的系统安排,可以说,目标就是项目的预期成果。目标是项目策划的灵魂,所有的项目活动都必须围绕总目标展开,不能偏离和违背总目标。所有的计划都必须以总目标为基准进行制定。没有明确的目标,项目必然会失败。公益慈善项目中的"目标"主要是指项目实施对象的需求,这也体现了公益慈善项目应遵循的"需求导向"原则。在策划一个公益慈善项目之前,需要思考一系列问题,如"一个公益慈善项目要解决什么问题?""为什么样的群体解决问题?""通过什么方式解决?""解决到什么程度?""项目开发是否考虑到相关群体的利益?"等。同时,必须确保所识别的需求不是基于"自我感觉"的主观臆断,而是服务对象实际的需求。所有的公益慈善项目都是服务于个人或群体的需求,只有在设计公益慈善项目之前明确真实需求,才能保证公益慈善项目、公益产品、服务或产出朝着正确的方向进行。以中国社会福利基金会父母心公益基金的"烛光行动——乡村资教计划"项目为例。项目一开始选择直接资助乡村学生,但被当地拒绝,捐赠的硬件设施也因无人使用而被搁置。经过长达一两年时间的走访与调研,项目团队才发现当地教育最缺的是站在讲台前面的乡村教师。于是,这个项目围绕这一实际需求重新设计,并最终获得了成功。

(二)科学性原则

科学地策划公益慈善项目,善款才能被合理使用。公益慈善项目的科学性包括项目的可行性和项目的经济性。一个项目能否实施,考虑最多的便是其可行性。"实践是检验真理的唯一标准",在制订计划时一定要考虑实际的问题,这是项目策划非常重要的一点,倘若没有考虑项目实施所需的资源和条件是否具备、妥当就实行了,很可能造成项目做得不好或是项目做不下去的情况,导致时间和金钱白白浪费。虽然公益慈善项目以实现现实需求为目的,但这并不意味着可以随便使用资金,因为绝大部分或全部资金来源于善款,所以合理规划资金使用也十分重要。在公益慈善项目策划过程中,应尽可能提高项目的整体经济效益,并在财务上实现平衡。这需要对多个方案进行技术经济评估,运用科学的方法进行优化,同时做好资源编排的合理预算,以避免资金不足或资源过剩情况的出现。

(三)系统性原则

系统性原则强调公益慈善项目设计应从整体出发,确保各环节协调一致,以实现预期目标。这一原则要求项目设计具备全局视角,将项目视为一个有机整体,确保目标设定、资源整合、活动设计、计划实施等环节相互衔接,协同运作。同时,系统性原则注重科学性和可操作性,要求设计方案基于实际调研和数据支持,确保项目切实可行且资源利用高效。此外,系统性原则还强调参与性、灵活性和可持续性,鼓励多方参与、动态调整,并注重项目的长期影响和能力建设。

三、公益慈善项目的目标

公益慈善项目的目标包括解决社会问题、提升公众意识、促进社区发展、推动政策改进等多个方面,致力于实现社会福祉的提升和可持续发展(见表 2-1)。一个项目既可以设定一个目标,也可以包含多个目标。这些目标既注重短期效果,也着眼于长期影响,旨在为社会带来积极的改变。

表 2-1 公益慈善项目的目标与解决方法

目标	解决方法	
解决社会问题	针对性干预	针对贫困、教育不平等、环境污染等社会问题,提供直接帮助或解决方案
	缓解困境	为弱势群体(如孤儿、残疾人、老年人)提供支持,改善其生活条件
提升公众意识	宣传教育	通过活动提高公众对特定社会问题的认知,如环保、健康、教育等
	公众倡导	推动社会观念和行为的转变,促进社会公平与正义
促进社区发展	能力建设	通过培训、资源支持等方式,提升社区自我发展能力
	社会融合	促进不同群体间的交流与合作,增强社区凝聚力
推动政策改进	政策倡导	通过研究和倡导,推动政府或相关机构完善政策
	社会创新	探索新的解决方案,为社会问题提供创新思路
资源整合与优化	高效利用资源	整合社会资源,确保资金、物资和人力得到合理分配
	合作共赢	与政府、企业、社会组织等合作,形成合力
可持续发展	长期影响	确保项目具有持续影响力,避免短期效应
	能力传承	通过培训和支持,使受益群体具备长期应对问题的能力
提升社会福祉	改善生活质量	通过医疗、教育、住房等项目,直接提升目标群体的生活水平
	促进公平	减少社会不平等,为弱势群体争取更多机会

第二节 公益慈善项目策划的步骤

公益慈善项目策划的步骤是一个标准的,但并非强制性的流程。不同的公益慈善组织会结合项目的大小、策划方法和要解决的具体问题采用不同的步骤。

一、需求调研

需求是指在特定情境下,用户或者利益相关者对产品、服务或系统所期望的功能、性能、特性或条件的明确表达。公益慈善项目是指以帮助弱势群体、改善社会环境和推动社会进步为目的的公益活动和项目。公益慈善项目涉及受助群体、资助方、政府部门、执行团队等多方利益主体,他们的立场不同,决定了需求的多元性。基于上述,本书将公益慈善项目需求定义为:为了解决某个特定的社会问题或满足特定群体的需求,而对该公益慈善项目的功能、服务、资源配置、目标和成果的期望和要求。这些需求通常来源于受益人群、捐赠者、志愿者、项目执行者以及其他利益相关者。项目策划要作出正确的决策就必须通过项目调研,准确地掌握目标群体存在的实际问题和需求,使项目建立在坚实可靠的基础之上。科学的需求调研可以减少项目的不确定性,使决策更有依据,从而降低项目策划的风险。一方面,经过科学需求调研的策划结果往往更符合实际,更有助于解决社会问题并实现项目目标;另一方面,这样的策划结果也通常更容易获得资助方的认可,进而顺利获得资助。

(一)需求调研的内容

需求调研是指有计划、有目的地通过调研方法,对与议题相关的社会事实进行资料收集和分析研究,为后续行动提供客观有效的论据和可利用的资源。需求调研一般有两个视角:一是问题视角。这一视角从受助人群的问题入手,立足于受助人群的脆弱性,分析形成问题的原因和提出解决方案,并致力于从根本上解决问题。二是优势视角。这一视角着重挖掘受助人群自身的优点,帮助受助人群认识到自身的优势,发挥受助人群的主体性,协助他们找到自己的目标,从而为项目的设计提供更多可能。

作为项目决策的依据,需求调研涉及项目活动的全过程,调研内容一般包括:目标群体的特征、目标群体的需求、项目的可及性、项目的发展潜力及同类公益慈善项目的开展情况等。其中,以需求为主要调研目的,寻找服务对象的真实需求。了解需求的方法有很多,有文献资料分析、问卷调查、访谈、座谈会、二手资料等。虽然没有固定的方法,但一定要从实际需求出发,摒除教条主义、一刀切的现象,深入现场才能抓到问题本质。之后,还需要"清洗需求",即对服务人群的问题进行分析,找到问题的根源,找到真实需求。

(二)需求调研的原则

需求调研是一项重要且复杂的工作。其质量直接关系到最终获得的需求信息的可靠性,进而影响整个项目活动的开展。在调研中要坚持以下原则。

1.科学性原则

鉴于需求调研工作的复杂性,需要一套科学的调查方法来确保其成功。一般而言,需求调研包括桌面调研和实地调研两种。公益慈善组织需要结合项目的规模、时间和经费充裕程度进行选择。例如,对于全国范围的项目,可以借助官方统计数据等开展桌面调研;而对于服务特定社区的公益慈善项目,则更适合开展实地调研。无论采用哪种调研方法,都必须遵循科学性原则。在需求调研过程中,慈善组织必须贯彻实事求是的精神,保证调研结果的客观性,不可用主观臆测来代替对客观事实的观察。一些公益慈善组织为了让项目更具有可复制性和规模化,以赢得资助方的充分关注,往往会夸大项目目标群体的数量,以此来凸显问题的严重性。

比如北京市企业家环保基金会进行的荒漠化防治"一亿颗梭梭"项目采取"锁边沙漠"策略,重点是在沙漠的外围或一些关键生态区域构筑一道生态屏面,有效遏制沙漠的进一步扩张,而不是以"人定胜天"的理念强迫改变环境。同时,调研者必须能够透过复杂的社会现象,探求问题的原因和本质。一些公益慈善组织因为缺乏专业性,调研提纲设计得不科学,调研发现的都是表面问题而非问题背后的深层次原因,在此基础上策划的项目干预方案往往存在错误的归因,从而造成了资源的浪费。

2.复合性原则

在项目调研中,调查者切忌过分地依赖某一种自己熟悉或偏爱的调查方法。对同一个问题采用不同的方法进行调查研究获得的调研结果可以互相验证和补充,从而提高项目调研的可靠性。目前,许多公益慈善组织在开展项目策划时不愿意开展项目调研,而更倾向于依赖团队成员的前期项目经验来做出判断。在项目计划书中,调查者常用个案来描述问题,这种做法尽管可以带来较强的冲击力,但由于缺乏具体的数据,无法说明问题的普遍性。另外,项目策划也应从多个渠道获取信息,包括专业机构发表的研究报告、官方的统计年鉴、学术研究机构公开发表的科研成果等,如此不仅可以丰富调研报告的内容,也有利于通过多源验证进而提高调研结果的可信度。

3.价值性原则

需求调研获得的信息可以为企业带来一定的价值,但是调研也需要投入一定成本。公益慈善组织在进行项目策划时,往往还没有拿到资助,在缺乏资金的情况下,公益慈善组织对项目调研的投入就较为困难。尤其是很多公益慈善组织自身并不具有专业调研的能力,往往要委托专业机构开展调研,也需要一笔不菲的经费支出。对此,公益慈善组织必须明确,调研成果的价值大小取决于它本身的可靠性。在进行需求调研时,慈善组织应明确调研可能取得的价值效用,并注意所获得的信息与投入成本之间的比例关系,基于此来决定采取哪些调研方法,以及应投入多少成本等。

(三)需求调研的程序

需求调研是一种有计划、有组织的策划活动,必须遵循一定的程序。具体来说,其包括确定调研的对象、确定调研目标、确定调研计划、实施调研计划、撰写调研报告。项目调研的最终产出通常是一份调研报告。需求调研报告是将调研数据分析结果书面化呈现的形式,也是对整个调研工作的总结。需求调研报告着重报告调研的成果,并提出调查人员的结论与建议,供公益慈善组织或资助方在决策时参考。

二、项目目标设定

在项目计划中,要设定项目的目标,并符合受助人群的需求。有些项目之所以难以执行,就在于目标设定不清晰。项目目标在层次上可以分为总目标和分目标,在时间上可以分为短期目标(1~2年)、中期目标(3~5年)和长期目标(5~10年)。项目目标设定需要符合SMART原则。具体包括:

(1)明确性(specific):目标需要明确具体,用具体的语言说明要达到的行为标准,不能模棱两可。

(2)可衡量性(measurable):目标不是空泛的,要量化,应该有一组明确的数据,考核时可以采用相同的标准衡量。

（3）可实现性（attainable）：目标的设置不能太高，是项目执行人通过努力可以实现的。

（4）相关性（relevant）：目标的相关性是指实现此目标与其他目标的关联情况。

（5）时限性（time bound）：目标需要在规定的时间内完成，即需要说明在某个时间或时点要实现的状况。

三、可行性研究

项目的可行性决定了项目是否有实施的可能性。项目立项时，要充分考虑项目在操作上的可执行性，才能便于项目在更大范围内复制推广。完整的项目可行性研究，应分为以下几个阶段：

第一阶段对资金使用方向进行设想。在环境分析的基础上，区分各种资金使用方向，拟定一个粗线条的资金使用建议。同时，对现有的各类项目进行调查，提取各个经验数据，进行项目估算。这一阶段也被称为机会研究，其工作通常在项目调研阶段已经完成。

第二阶段对项目进行初步设计，也称为初步可行性研究。这个阶段的工作在实际工作中也可以省略。

第三阶段进一步编制计划，为决策提供技术、经济、社会依据。该阶段称为技术经济社会可行性研究，简称为详细的可行性研究。

第四阶段进行最终可行性研究，即对技术经济社会可行性研究方案进行审议、评价和优选，从而做出最优的项目决策。

公益慈善项目策划的可行性研究通常在一般项目流程基础上进行了简化，主要涵盖完整的可行性研究的第三和第四阶段，即详细可行性研究和最终可行性研究。其主要内容包括项目背景和历史、公益慈善组织服务能力、项目投入物、项目开展范围、项目方案、项目团队人员、项目时间周期、技术经济社会评价、项目的综合评价和建议等。为了做好项目可行性分析，项目团队可以借助专家顾问进行研究和深入分析。在可行性分析的基础上，决定是否采纳项目策划。

四、项目策划书

公益慈善项目策划的最终结果是形成一套合理可行的纲领性文件，即项目策划书。不论项目策划书的形式如何，其主要内容可以用 5W1H 概括，即 where（项目地点及环境）、what（项目的目标要求及范围）、who（什么人做，各自的责、权、利）、when（项目的起止日期）、why（何种方法来实现管理目标）、how much（项目所花费用）。编写项目策划书要注意以下要求：

（1）主题鲜明，文字简明扼要，逻辑性强、顺序合理，所有信息必须真实、准确。

（2）需要有会计和项目执行人等相关实施人员参加。

（3）项目的服务对象和服务领域要符合出资方的要求。

（4）要做好充分准备，考虑可实施性。

（5）要具备 5 个量化指标，即受益人数要量化，实施时间和范围要量化，经费预算要量化，项目目标要量化，评估指标要量化。

第三节　公益慈善项目策划工具

一、设计思维

设计思维是以传统分析思维方式为蓝本，融合视觉化和社会化思考的创新思维方式。它帮助设计师以用户为中心,以合作创新的方式解决问题。作为一种设计理念,设计思维所关注的重点不再是"使用"本身,而是通过理解用户内在心智模型、用户所处的环境以及观察在心智模型和所处环境双重作用下的使用行为,去设计一种真正能够融入他们的生活,被他们所依赖的产品。用简单的话来描述,设计思维不单单思考用户如何使用,更多的是理解用户本身以及所处环境。

设计思维的创新方法适用于发现用户未被满足的需求,注重在模糊前端(fuzzy front end)识别创新机会并进行价值创造。设计思维作为以人为本的创新方法,已经在商业、教育与公益慈善领域得到广泛的应用,并且在解决产品、服务、体验、流程等创新过程中所面临的问题方面发挥了积极作用。本书以斯坦福设计学院开发的设计思维五个步骤为主线展开介绍。这五个步骤分别是同理心(empathize)、定义(define)、构思(ideate)、原型(prototype)、测试(test)。

(一)同理心

设计思维流程的第一阶段是项目策划者获得对试图解决社会问题的共鸣。项目策划者利用图表工具将目标群体进行细分,并逐一分析目标群体的差异性需求。为建立对目标群体需求的共同认识与假设,项目策划者既可以咨询相关领域的专家,也可以深入观察目标群体,与之产生共鸣,从而了解他们的经验和动机,还可以融入物理环境中,以便更深入地了解他们所涉及的问题。同理心对于以人为中心的设计过程(例如设计思维)至关重要,同理心要求使用设计思想的人放弃他的假设,切身实地了解目标群体及其需求。根据项目时间要求,在该阶段收集大量信息以供下一阶段使用,深入解读目标群体及其需要以及特定项目的策划中可能会出现的问题。

(二)定义

在第二阶段,即定义问题阶段,项目策划者会将同理心阶段创建和收集的信息整合在一起,分析观察结果并进行综合处理。通过这种方式,项目团队能够明确核心问题,并以一种以人为中心的方式,将问题定义为一个清晰的问题陈述。比如,我们不能按自己的想法或组织的需要定义问题:"我们需要将儿童营养午餐项目的年筹款收入增加5％。"更好的定义方式是:"十几岁的儿童需要摄入有营养的食物,以健康苗壮成长。"定义阶段将帮助团队中的策划人员收集好的想法,以确定特点、功能和以最小的难度解决问题。在定义阶段就开始进展第三阶段构思,通过提出问题来寻找解决方案的想法,可以问:"我们如何才能……调动受益对象参与,吸引社会关注,既有益于儿童,还增加组织的筹款额?"

(三)构思

在第三阶段,项目策划人员开始创造想法。在同理心阶段,项目策划人员已经逐渐了解目标群体及其需求,并且在定义阶段分析和整合了观察结果,最终提出以人为本的问题陈述。有了这个前提,项目策划人员及团队成员可以开始跳出思维局限,为创建的问题陈述寻找新的解决方案。创意技巧有很多种,如头脑风暴法、书面头脑风暴法、列出最糟糕的想法和奔驰法等。头脑风暴法和列出最糟糕的想法可以刺激自由思维和扩大问题空间。在构思开始阶段尽可能多地获得想法或问题解决方案。在构思结束阶段选择一些其他技巧,调查和测试项目策划人员的想法,找到解决问题的最佳方法,或提供规避问题所需的元素。

(四)原型

项目策划人员将做出许多粗糙的且简单的服务方案或服务方案中特定功能的原型,这样能够测试上一阶段提出的问题解决方案。这些原型可以在团队中、其他部门,或项目策划人员之外的一小群人共享和测试。这只是一个实验阶段,其目的是为前三个阶段确定的每个问题找出最佳可能的解决方案。所有解决方案均通过原型来实施,并对每个方案进行调查。基于用户体验,这些方案可能会被接受、改进和重新检查,或者被拒绝。到本阶段结束时,项目策划人员将更好地了解项目方案内部的局限和目前出现的问题,对目标群体与项目方案的互动过程中的行为、想法和感觉有一个更全面的理解。

(五)测试

设计师或评估人员使用在原型阶段确定的最佳解决方案严格测试整个产品。然而,在实践中,这个过程是以一种更加灵活和非线性的方式进行的。例如,设计团队中的不同团队可以同时进行多个阶段,或者设计师可以在整个项目中收集信息和原型,从而使他们能够将自己的想法付诸实践,并将问题解决方案可视化。此外,测试阶段的结果可能揭示一些关于用户的见解,从而可能导致另一个头脑风暴会议或开发新的原型。

总之,设计思维不应被视为一种具体和僵化的设计方法。为了获得特定项目的最准确和最翔实的见解,它的各个阶段可切换、并行、重复,以扩大解决方案空间,进而筛选出最佳可能的解决方案,如图 2-1 所示。五个阶段设计思维模式的优点在于,它系统化地识别了在设计项目和任何创新的问题解决项目中要进行的阶段和模式。每个项目都将涉及正在开发的产品的具体活动,但每个阶段背后的核心思想仍然相同。这一模式的另一个优点是在后期阶段获得的知识可以反馈到早期阶段;信息被不断地用于对问题和解决方案空间的理解,并重新定义问题。这创造了一个永恒的循环,在这个循环中设计师不断获得新的见解,提出新的方式思考产品及其可能的用途,以及获得用户和他们面临的问题更全面的了解。

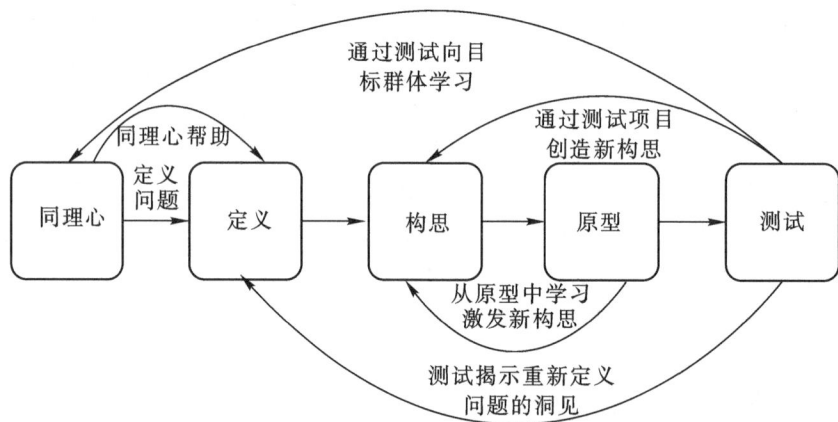

图 2-1　设计思维的非线性过程

在国内,设计思维已经慢慢被公益慈善组织接受,并且逐步应用在各种公益服务或产品开发中,比如"一公斤盒子"专注于乡村教育创新设计;新思课团队帮助红丹丹视障文化交流中心设计实用产品,以提升盲人的生活质量;北京惠泽人公益发展中心则致力于专业志愿者课程的研发;等等。

二、逻辑框架

逻辑框架是公益组织应用最多的工具之一。项目人员使用逻辑框架的目的,在于构建项目具体干预措施和项目最终目标之间的逻辑关系,进而实现对项目方案的科学设计、有效监测和精准评估。

逻辑框架法(logical framework approach,LFA)的历史可以追溯到 20 世纪 60 年代。一开始,美国国际开发署(USAID)为了评估发展项目的效果,开发出了目标导向项目计划法(goal oriented project planning),这被认为是逻辑框架法的雏形。20 世纪 70 年代,德国国际合作机构(GTZ)在目标导向项目计划法的基础上,发展出了目标导向的项目规划法(ZOPP),这被视为逻辑框架法的重要发展版本。20 世纪 80 年代,世界银行等国际发展机构大力推广逻辑框架法,将其作为项目管理的标准工具。随着应用的不断拓展,逻辑框架法不断吸收其他方法优点,成为项目规划和评价的综合分析工具。目前,逻辑框架法已成为国际发展项目管理广泛采用的方法之一。

逻辑框架法作为一个逻辑工具,为项目设计团队理清思路,抓住核心问题。但其作为一种思路,并不能代替实际情况,所以想要了解服务对象,还需要实地深入地观察与分析。具体步骤如下:

(1)需求分析。通过实际调研,结合已有资料,对利益相关者、目标环境进行全面分析,找到真实需求与实际问题,形成主次分明的研究问题。

(2)设定目标。根据需求,结合组织愿景与定位,确定项目的总体目标、发展目标及具体目标。目标描述要具体,并且可以被测量、被实现,与服务对象需求和组织目标紧密相连,并且有时间节点,即运用 SMART 原则来指导绩效指标的制定。

(3)制定方案。以项目目标为导向,整体、系统地策划具体的实施活动、资源投入与结果阐述。行动方案之间主次分明,有明确的先后顺序和因果关联。

(4)建立标准。根据项目目标制定量化和质化指标,以评估项目的进展和最终成效。

(5)分析条件。分析项目实施外部环境的假设条件,找出可能影响项目目标偏移的各种风险因素,并有针对性地提出解决方案。

(6)建立框架。将上述要素整合到矩阵中,明确活动、指标、条件、风险之间的逻辑关系。

(7)执行与评估。按照计划执行,并根据评价指标和假设条件持续监测和评价项目进程。

(8)撰写报告。项目结束时,根据逻辑框架评估的项目成果与社会影响形成评估报告。

▶ ------------------------------

慈善项目设计的逻辑框架

纵向逻辑链
- 目的:项目要解决的问题。
- 产出:预期项目获得的成果。
- 活动:为了获得成果所采取的行动。
- 投入:完成工作任务所需要的资源。

横向逻辑链
- 说明:具体、清晰地描述要做的事情。
- 指标:经量化或其他可测量的形式描绘一个项目在多大程度上完成了预期目标。
- 验证:以指标形式确定可操作的衡量指标的信息来源。
- 假设:可能或潜在地影响纵向逻辑链的效果的因素。

------------------------------ ◀

第四节　公益慈善项目策划书

公益慈善项目策划书通常用于获得上级部门或相关决策层的批准与支持,同时也可作为机构为某一特定项目寻求资金支持的申请书。政府、企业和基金会等不同的资助方对项目策划书有不同的要求,有些资助方要求申请资助者填写一些特定的表格。但是无论怎样,准备出一个通用的项目策划书,并可以根据不同的要求进一步形成不同的文本,都是非常必要的。虽然项目策划书的目的是寻求资金上的支持,但它决不能只是一个"购物清单"。一般来讲,一个慈善项目计划书要包括以下几个方面的内容。

(一)封面页

封面页是容易被忽视的部分。有很多机构认为内容比形式更重要。其实,形式是可以更好地表现内容的。另外,封面页也是能使资助机构了解和认识公益组织的一个很重要的窗口,表现得专业与严谨是非常必要的。封面可以只简单地写上项目名称和日期,也可以写上申请(执行)机构,通信地址,电话、传真、E-mail,联系(负责)人,甚至还可以列出银行账户、律师、审计机构等信息。

(二)项目概要

项目概要是最重要的一部分,也是读者最先阅读、浏览的部分。基金会的项目主管们每天都会收到大量的申请要求,他们也许没有足够的时间"看"完所有的项目策划书。所以,项目概要部分将成为影响"初选"结果的决定因素。在概要部分,要把你认为重要的所有信息汇集起来。概要一般要包括机构的背景信息、使命与宗旨,项目要解决的问题与解决的方法,项目申请方的能力和以往的成功经验,等等。需要特别指出的是,尽管项目概要部分排在策划书的前半部,但实际上,这一部分是要在写完所有策划书以后才动手写的。

(三)项目背景、存在的问题与需求

在这一部分,需要详细阐述现存问题以及为什么要设计这个项目来解决这些问题。要充分地说明问题的严重性与紧迫性,最好能提供一些数据,这样不但可以充分地说明问题,同时还能表明你对这一项目的了解。此外,还可以使用一些真实、典型的案例,从情感上打动合作方,进而引起他们的共鸣。同时,要说明项目的起因、逻辑上的因果关系、受益群体,以及与其他社会问题之间的关联等。一般来讲,这一部分包括以下主要信息:

(1)项目范围(问题与事件、受益群体)。

(2)导致项目产生的宏观与社会环境。

(3)提出这个项目的理由与原因。

(4)其他长远与战略意义。

(四)目标与产出

在使资助方确信"问题"的存在以后,明确提出解决方案。机构间的合作是被鼓励的,如果还有其他的机构合作伙伴,也要明确说明。在这一部分中要详细地介绍项目计划、项目的总体目标、阶段性目标与任务,以及各目标的评估标准。总体目标是一个长期的、宏观的、概念性的、比较抽象的描述。由总体目标可以分解成一系列具体的、可衡量的、可实现的、带有明确时间标记的阶段性目标。例如,"减少文盲"是总体目标,"到 2010 年 10 月,使 200 个农村妇女达到认识 1000 字"就是一个具体目标。对目标的陈述一定要非常清楚。最重要的是,制定的目标要切合实际,不要承诺做不到的事情。

(五)目标群体

在这一部分中,项目主管要对项目的目标群体做一个更加详细的描述。有必要时,项目主管还可以把目标群体分为直接受益和间接受益群体。比如公益慈善组织的能力建设项目的直接受益群体是国内公益慈善组织及其从业人员,但间接受益群体却是公益慈善组织的服务对象。因为通过能力建设,提高了公益慈善组织的服务能力与效率,从而使之能为其服务对象提供更好、更多、更完善的服务。又比如一家残疾人服务机构,其直接受益群体是残疾人群,间接受益群体则是他们的家庭,甚至是整个社会。许多资助方都希望受益群体能从始至终地参与到项目之中。尤其是在项目的设计阶段,受益群体的参与更加重要。项目主管可以在附件中列出受益群体参与项目的活动的具体情况,包括组织受益群体参加的讨论会、会议主题、时间、参加人员等,让资助方了解到项目得到了受益群体的广泛支持与认可。

(六)解决方案与实施方法

这一部分需要介绍如何达到目标,即采用什么方法,开展什么活动来实现这些目标。在介绍方法时,要特别说明这种方法的优越特性。项目策划书中可以同时列举出其他相关的方法,并对它们进行比较,还可以引用专家的观点和其他失败或成功的案例,等等。总之,要充分说明所选择的方法是最科学、最有效、最经济的。同时,也要说明机构在采用这种方法时,也存在一定的风险与挑战。此外,还要提到为了执行这一解决方案,都需要哪些条件与资源。

(七)项目进程计划

在这一部分中,要详细地描述出各项任务的先后顺序以及起始时间。可以用一个带有时间标记的图表来表示,这样就可以一目了然地告诉读者"在什么时候做什么",以及各项活动之间的关联与因果关系。

(八)项目组织架构

在这一部分中,要描述为了达成上述目标,需要什么样的项目团队和管理结构。项目团队应包括所有项目组成员,如志愿者、专家顾问、专职人员等。这些成员与这个项目相关的工作经验、专业背景等信息也非常重要。项目团队的经验与能力往往在很大程度上决定了项目的成败,因此,这也是资助方非常关心的问题。另外,还要明确项目的管理结构。应清晰列出项目总负责人、财务负责人及其他各分项目的负责人。如果是两个或多个机构合作完成一个项目,还要说明各机构的分工。工作流程也应明确,要说明各项工作的先后顺序及逻辑关系等。

(九)费用、预算与效益

这一部分所要提供的绝不仅仅是一个费用预算表(当然,预算表也是很重要的,可以把它放在附件中),而是要叙述和分析预算表中的各项数据、总成本与各分成本,包括人员、设备的费用等。其中,人员经费类别可以包括工资、福利和咨询专家的费用;非人员经费类别可以包括差旅费、设备和通信费等。如果已经有了一部分资金来源也要注明。同时,要明确写出还需要多少经费支持。前面提到的是投入,而另一个重要方面是产出效益。很多公益慈善组织在项目计划中忽略效益,错误地认为公益慈善组织的服务无须关注效益。事实上,除国际上正在推行的公益慈善组织合理收费外,公益慈善组织服务的另一大特点是能够产生巨大的社会效益。尽管社会效益比较难量化,但可以尽量找一些数据来分析一下社会效益。例如,一个戒毒人员的服务机构虽然为吸毒人员提供免费的服务,没有任何收入,但还是可以估算出通过服务于一个吸毒人员,可以减少哪些方面的社会问题,可以对吸毒人员的医疗费用、失业、犯罪等相关费用进行估算。总之,越明确地算出单位成本的投入可以产生的效益,就越能说明项目的优越性,也就越能得到资助方的同意。另外,与项目相关的财务与审计方法也要在这部分中提到。

(十)监测与评估

监测是公益慈善项目实施过程中非常重要的部分,监测的执行机构与人员(可以是理事会、资助方或其他第三方机构)、监测任务等都应该写在项目计划中。与之相关的还有项目团队的评估计划。项目进行中的评估报告比项目结束的评估还要重要。在项目的不同阶段进行评估,可以使公益慈善组织及时地发现问题,尽早地解决问题。同时,可以使资助方得到一个信息,那就是项目团队不但提出了一个很好的计划,而且可以很好地实现这个计划。项目的实施方法是资助方评判是否给予资助的一个非常重要的因素。有两种可供参考的监测和评估方式:一种是衡量结果,另一种是分析过程。选择何种方式将取决于项目的性质和目标。无论选择何种方式,都需要说明组织准备怎样收集评估信息和进行数据分析,以及在项目进行到哪些阶段时,进行阶段性的评估。评估活动及时间也应该包括在项目实施计划的时间表当中。无论是监测报告还是评估报告,都应该包括项目的进展与完成情况,原定计划与现实状况的比较,预测未来实现计划的可能性等。除总体评估报告外,还要提供一些子评估报告,比如项目中期的审计报告等。

(十一)附件

重要的文件或篇幅太长而不适于放在正文中的内容,都可以放在附件当中。例如,机构的介绍、年报、财务与审计报告、名单、数据、图表等都可以作为附件。此外,如果正文中有部分内容可能会干扰读者或使他们的注意力偏离主题,也可以将其移至附件中。但一定记得在正文中标注清楚:"详细情况请查看附件"。

▶ ··

行动援助中国办公室村级/社区项目申请书
(项目名称)

一、问题的提出和分析(为什么做这件事?)

1.本项目要解决什么问题?

2.如果这个问题不解决,对村里有什么影响,尤其是对村中的哪些人群有较大影响? 解决这个问题对大家有什么好处?

二、项目产出的过程(这件事是怎么提出并讨论的?)

1.提出问题的过程(谁提出的、时间、地点)

2.问题讨论的过程(召开会议的时间、参会的人员、大家对问题的看法和分析、行动方案)

3.项目实施和管理方案的产出过程(时间、地点、开会的人员和讨论过程的简述)

以上内容可直接描述,也可以填在下表内。

时间	地点	参与者	事件/讨论内容	结果描述

三、项目的整体设计(打算怎么做?)

1.目标/结果(要在什么时间里完成什么样的工作,如多长、多宽的村级路)

2.落实的步骤(时间进度表)

活动内容	时间安排	牵头人	参加人	备注
1.启动村民大会宣布项目的启动与村名分布相关的管理制度和资金安排等(必须做的工作)				
2.放款				
3.购买材料				
4.铺路基等				
……				

3.监测评估计划表:关键点监督(监测小组任务)

方面	指标	谁收集信息	方法	时间/时段	频率

4.预算

此项目所需总金额为×××元人民币。

其中村民资金投入为×××元人民币,投工投劳折合为×××元人民币。

行动援助资助×××元人民币。

政府配套资金为×××元人民币。

序号	时段	名称	规格/型号	数量	单价	总额	分担数额			购买地及供应商电话
							村民	政府	AA	

序号	时段	名称	规格/型号	数量	单价	总额	分担数额			购买地及供应商电话
							村民	政府	AA	

四、管理的制度和方案

1. 管理小组成员名单和分工,监督小组成员名单和分工

2. 采购方案

3. 账目管理方法/制度

4. 投工投劳方法/制度

5. 集资方法/制度

6. 监测和评估方法/制度与反思

监测要求:

按活动内容要做好每次活动的详细记录(包括参与的人员,做了哪些活动,如何做的)。

在活动的组织过程中,应注重学习和总结经验(征集村民的意见,了解他们在项目启动、实施和结束时村民的评价,包括做得好的方面、做得不好的方面、发现的问题等)。

活动结束后一个月内征集村民对此工作的评价。

7. 风险管理方法(充分考量可能影响项目进度的因素和不可抗力风险,如自然灾害,或其他突发灾害,并说明如何应对和解决)

8. 后续管理方案/制度

申请人:

申请日期:

管理小组成员签字:

本章小结

公益慈善项目活动实施的成功需要科学合理的项目策划进行指导,需要有效的项目管理实施控制,二者相辅相成。公益慈善项目策划作为项目管理实施控制的纲领性文件,对项目管理的成功起到决定性作用。成功的公益慈善项目策划涵盖了项目管理的各个方面,使得公益慈善项目的各个实施阶段衔接更加紧密,资源分配更加合理,从而保证了公益慈善项目的顺利实施。本章主要阐述了公益慈善项目策划与设计的相关概念、公益慈善项目策划的设计工具以及编制公益慈善项目策划书的具体步骤和内容。

课后习题

1. 简述公益慈善项目策划应坚持的原则。

2. 简述公益慈善组织开展需求调研应坚持的原则。

3. 简述斯坦福设计学院总结的设计思维及其相互关系。

4. 公益慈善项目逻辑框架的具体内容。

5. 假设你要在一家青少年服务中心工作两年,现在要为其策划一个"防止性骚扰"的项目,谈谈你的思路,并写一份项目策划书。

6. 案例分析。

设计思维的缺失

1989 年夏天,南非的一位农业部官员 Trevor Field 在农业博览会上被一款名为"Play Pump"的游戏水泵所吸引。非洲地区的饮用水主要来自人工抽水,但是抽水需要花费很长时间,过程又十分枯燥,因此饮用水的抽取占用了当地人的大量时间,几乎每个儿童都需要长途跋涉到周围的河流或水井中取水。这款产品通过结合旋转木马,让孩子们可以在释放天性、肆意玩耍的同时,完成抽水任务。它既解决饮用水的问题,又为非洲儿童提供了游乐设施,也把抽水这件事变得有趣。

于是,Trevor Field 成立了一家公司,在非洲推广这款产品。项目发展十分顺利:1994 年,Play Pump 在南非初次安装;2000 年,该项目获得世界银行发展市场奖;2006 年该项目在"克林顿全球倡议"年会上获得 1640 万美元捐赠。截至 2010 年,该项目共筹集了超过 7000 万美元的资金。按照 Trevor Field 的设想,这些资金能够建成 4000 座旋转水泵,满足非洲 1 亿人的用水需求。而在之后的运营中,设计者更是延续了他们一如既往的创意,提出了通过在高处的水箱四面安装广告牌的方式,来为水泵创造更多的商业价值,以支付 Play Pump 的维修费。

然而,与大家期待相悖的是,在项目运营后,Play Pump 出现了大量的废弃和损坏,很快就被人遗弃,这些地区又更换回传统水泵。原来,传统水泵抽满一桶水需 28 秒,而游戏水泵却要 3 分零 7 秒,这意味着,满足一个社区一天的饮水需求,需要 8 个孩子玩 27 个小时,水的充足性显然不能得到保障。正如记者斯特洛所言,Play Pump 对工作和娱乐的界限并没有那么清晰。也就是说自发、随性的娱乐需求,往往无法与稳定的用水需求相匹配。设计师的初衷是在 Play Pump 上抽水的都是开心玩耍的儿童,最终用 Play Pump 抽水的却是辛苦工作的童工。而这仅仅是 Play Pump 设计方案无法实施的原因之一。其他原因还包括 Play Pump 只有在近距离地表有大量高质量饮用水,且现有基础设施不足的前提下才是有效的。此外,它还面临价格过高,维护安装复杂等诸多问题。2010 年,这个项目正式宣告失败。

像 Play Pump 这样看似合理但实施结果失败的案例不在少数,请你用设计思维过程评价一下这个案例为什么会失败。

案例来源:张印帅.产品思维:创新设计的六条法则[M].北京:机械工业出版社,2019.

第三章　公益慈善项目筹款管理

爱心衣橱——从网上竞拍到认购等多种筹资方式的创新

2011 年 5 月 9 日,中央电视台财经频道著名主持人王凯发表了一条微博:"每个主持人都有一大堆淘汰下来的出镜装,也有很多朋友问我能不能买到一模一样的。我突然有一个想法,开个网店。把每件衣服配上原主持人的出镜照片在网上卖掉,然后把钱捐给民间慈善团体。"为何王凯会发一条这样的微博呢?原来,在王凯眼里,衣橱里"拥挤"的出镜装成了"鸡肋",因为它们"很可能再也没有其他合适的机会被穿上了",可"丢了它们又非常可惜"。能不能一起在网上开个网店,把每件衣服配上原来主持人的出镜照片在网上卖掉,然后把钱捐给像天使妈妈这样的民间公益机构呢?王凯将这一想法发表在了微博上,令他没想到的是,这条微博在短短几小时内就被转发了上千次,博友中更多的是对慈善抱有最朴素想法的普通百姓,当然也不乏演艺界、主持界等圈内名人。与此同时,他的好友马洪涛也表示非常愿意"出手相助"。微博上洋溢着的善良、热情以及好友的加盟,让王凯内心沸腾不已,他决定立即把这个想法付诸实践。于是,2011 年 6 月 9 日,一个名为"爱心衣橱"的慈善项目宣布成立;7 月,"爱心衣橱"新浪微博公益版上线试运行,网友可以在这一平台上了解到"爱心衣橱"的各类信息。7 月 22 日 14 时,挂靠在中国青少年发展基金会下的"爱心衣橱"慈善基金也宣布正式启动。启动仪式上,中国青少年发展基金会和德勤会计师事务所联合宣布,对"爱心衣橱"进行全程审计,并对校服的采购及资助进行延伸审计。同时,"爱心衣橱"的财务账目和"爱心衣橱"捐款对应发放的新衣和学校也会在官网和微博公示,所有爱心人士可以直接查询、核对。

2011 年 8 月初,微博拍卖平台正式上线,每一件拍品都有单独的拍卖页面。微博拍卖平台实现了王凯最初的想法,其拍卖规则主要为:拍品上线后,由各位爱心网友自由竞拍,出价最高者挂"领先"标示。此后开始倒计时,如 24 小时内无人加价,则此拍品被"领先者"拍得;如 24 小时内有其他用户响应,出更高价钱,则由新"领先者"出价时间开始,重新倒计 24 小时,直至无人加价结束拍卖。出价前请先看清竞拍须知。"爱心衣橱"拍卖参与者需要是达人和 V 用户,如果不是达人或者 V 用户,又想参与拍卖,则可给"爱心衣橱"发私信,在"爱心衣橱"协助下参与竞拍。

根据"爱心衣橱"新浪官方微博显示,除了微博拍卖之外,所有人还可以通过两种方法参与"爱心衣橱"的慈善活动:第一种是通过"爱心衣橱"在新浪官方微博认购为孩子们特别设计的防寒保暖冲锋衣,共有四个款式供选择,每套 140 元,钱汇总后用于为孩子们购买衣服;第二种是通过官方微博发布的"爱心衣橱"账号进行捐款。另外,爱心衣橱还和支付宝公益合作建立了快捷捐赠平台,使用支付宝的网友们可以非常方便地在支付宝公益页面上选择"爱心衣橱"进行捐款;凡客诚品也在其网站制作了专门的"爱心衣橱"活动页面,凡客诚品会员们可以参与到"5 元团爱心认购新衣服"的爱心活动中来;优酷网为"爱心衣橱"开设了专题页面,展示"爱心衣橱"去各地送新衣的实时视频资料。

2011 年 11 月 20 日,"爱心衣橱"在凯宾斯基饭店宴会厅举行了远东慈善晚宴,为甘肃会宁、四川凉山、贵州黔西南等地区的贫困小学生筹集善款,用于为孩子们购置保暖冬衣。此次晚宴现场共筹集善款 570.98 万元,为 4 万余名贫困学生提供了冬装。鉴于这次慈善晚宴的成功,"爱心衣橱"在 2012 年 11 月 24 日举行了第二届慈善晚会,此次慈善晚会以"37 度温暖"为主题,在寒冬降临之时汇聚社会各界爱心,通过捐赠物品义拍的形式,为贫困地区的孩子添置防风、防雨、保暖、透气的新衣。

经过对质量、性价比等各方面的考量,"爱心衣橱"选定凡客诚品为项目的战略合作伙伴和唯一指定的服装供应商。凡客诚品将承担衣物的设计及物流配送,同时承担一部分生产成本。

凡客诚品将邀请第三方检品中心在交货前对所有衣物进行全检,并对外发布质检报告,保证衣物的质量。同时,每一个环节都公开透明。世界四大会计师事务所之一的德勤会计师事务所对整个生产成本进行独立审计,并发布报告。截至 2012 年 5 月 31 日,通过微博线上已经拍卖了 72 件各界爱心人士、爱心企业捐赠的拍品,筹款共计 814921 元。其中,欧阳奋强在 1987 年版红楼梦中饰演的宝玉戏服最终以 109001 元成交,创下目前爱心衣橱网上拍卖服装最高价。支付宝公益爱心衣橱页面筹款 113428.46 元。凡客诚品团购爱心筹款 25900 元。微公益捐款 209280 元。青基会账户筹款 7421904.32 元。筹款合计 8585433.78 元。

截至 2023 年 12 月,"爱心衣橱"将防风、防雨、保暖、透气的新衣送到全国 29 个省级行政区域 500 余个区县的近 3600 所学校,共计 36 万余名乡村孩子受益。爱心衣橱团队这些年又相继开展了闲置衣物、故事田、暖烛计划、远山集市、益童计划等项目,从实际需求入手为乡村学校、学生、老师们解决了最大的困难。爱心衣橱搭建的"传爱项目"平台,已经把 200 余万件闲置衣物和企业捐赠物资送给有需求的中西部贫困乡村和学校。

如今"爱心衣橱"公益慈善项目已走过十余个年头,实现了公益项目的持续发展。

思考:

1. 爱心衣橱的资金筹集方式有哪些? 各种资金筹集方式的效果如何?

2. 爱心衣橱闲置衣物项目的特色是什么? 为什么爱心衣橱能够获得公众的信任?

3. 该项目的运行效果如何? 对你有什么启示?

资料来源:谢晓霞.民间非营利组织财务管理理论与实务[M].北京:经济管理出版社,2013.

公益慈善组织在实施公益慈善项目的过程中需要筹措相应的资金,以保证项目的顺利进行。在公益慈善项目管理中,合理的筹款策略和有效的资金管理对于组织长期发展至关重要。

第一节　公益慈善项目筹款概述

一、公益慈善项目筹款的定义

根据《中华人民共和国慈善法》,慈善筹款也称为慈善募捐,是指公益慈善组织基于慈善宗旨募集财产的活动。慈善募捐包括面向社会公众的公开募捐和面向特定对象的定向募捐。公益慈善组织开展公开募捐活动,应当取得公开募捐资格。依法登记满二年的慈善组织,可以向其登记的民政部门申请公开募捐资格。慈善组织通过互联网开展公开募捐的,应当在国务院民政部门统一或者指定的慈善信息平台发布募捐信息,并可以同时在其网站发布募捐信息。不具有公开募捐资格的组织或者个人基于慈善目的,可以与具有公开募捐资格的慈善组织合作,由该慈善组织开展公开募捐并管理募得款物。公益慈善组织自登记之日起可以开展定向募捐。公益慈善组织开展定向募捐,应当在发起人、理事会成员和会员等特定对象的范围内进行,并向募捐对象说明募捐目的、募得款物用途等事项。

公益慈善组织通过开展筹款活动,确保获得足够的捐款收入,从而实现其核心的慈善目的。筹款活动是一项应用型、实践操作性极强的活动,公益慈善组织借助它来改变世界,使受益人的生活得到改善。

二、公益慈善项目筹款的渠道

公益慈善项目的筹款渠道一般有政府、企业、基金会和社会公众。充分了解不同资助方的特点,做到审时度势、知己知彼,才能从多方面拓展公益慈善项目的筹资渠道。

(一)政府

在我国,政府不仅是公益慈善组织的管理者,更是推动社会公益事业发展的主要力量。政府资助公益慈善组织的方式主要包括资金补助与购买服务。资金补助的形式多样,如中央和地方财政拨款、彩票公益金等,还包括场地、贴息贷款等方面的直接支持。此外,政府还通过购买服务等形式提供间接支持。近年来,随着政府购买服务的不断增加,公益慈善组织筹款难的问题得到了一定的缓解。

政府资助的规模较大且稳定性较强,资助金额通常在几十万元以上,资助项目多以年度为单位。公益慈善组织可通过公开招标、邀请招标和竞争性谈判等渠道获取政府资助信息,并根据自身情况选择合适的方式。政府资助对公益慈善组织及其开展的项目均有一定要求。一般来说,已在民政系统注册、成熟度较高且具备一定资质和规模的公益慈善组织,其项目符合政府相关政策、年度要求与指标的较容易获得资助,特别是面向低收入群体、受灾群体、疾病群体、老年儿童群体、残疾人群体等民生类项目,更受政府青睐。

(二)企业

企业掌握着较多的经济资源,往往是公益慈善组织筹集资源的主要对象。据统计,2023年我国慈善捐赠总额突破2000亿元,其中企业捐赠占到社会捐赠总额的60%左右。企业资助公益慈善项目是一种双赢的效果。一方面,社会公益竞争是现代企业竞争的重要组成部分。通过资助慈善项目,企业可以塑造良好的企业形象、企业文化,打响"软广告"。为自身考量,企业可能会主动寻找相关公益慈善项目。另一方面,公益慈善组织与企业合作可以获得自身项目开展所需的资金、物品、人力等资源,同时还可以借助企业品牌宣传项目,提高公益慈善组织和项目的知名度,为项目的开展做好宣传与铺垫。相较而言,公益慈善组织对资金有更加迫切的需求,因此,多数想从企业筹款的公益慈善组织会积极主动地联系相关企业。一般的大企业都会在各自的网站上公开自己的企业社会责任(corporate social responsibility,CSR),想要从企业筹款的公益慈善组织必须认真了解与解读企业的CSR。

企业在选择资助的公益慈善组织和项目时也有较高要求。与个体捐赠不同,企业捐赠主要建立在理性选择的基础上,更关注捐赠项目的社会意义和企业本身的取向。企业对公益慈善组织的要求集中于该组织与企业的战略目标、企业业务性质的匹配程度。企业对项目的要求更为严格。例如,项目设计要有可量化的产出,能够辅助企业对外宣传;项目能够凸显企业参与公益的利益诉求,即企业究竟为什么要参与公益以及他们想从公益活动中获得什么;项目设计能够考虑员工的参与,能够起到加强员工对企业的归属感等作用。

反过来,公益慈善项目也不是"有奶就是娘",对捐赠企业的选择也应该仔细考量,避免影响组织的声誉。例如,一些环保组织接受高污染企业的捐赠,针对呼吸道等疾病的救助机构接受烟草企业的捐赠时都应该谨慎。

(三)基金会

基金会成立的目的便是支持公益慈善事业的发展,基金会通过多种方式在慈善项目中扮演关键角色,它们不仅是资金的支持者,还成为公益事业的"银行",让钱生钱,并为其他公益慈善组织的发展提供资金支持。基金会在全球范围内都发挥着重要的筹资功能。近几年,基金会的数量和受捐助总额均呈现增长态势,资助方向广泛,发展势头良好。这种发展源于基金会向公益慈善组织提供了资金、服务等方面的强力支持。这种支持有助于公益慈善组织提高运作能力,拓展项目规模,进而充分发挥公益慈善组织的专业优势,扩大项目影响及受益范围。

(四)社会公众

近年来,随着人民收入水平的不断提高,社会大众参与公益的意识逐渐增强,互联网微公益的兴起逐步降低了个人捐赠门槛,捐赠人数快速增长,这使得个人捐赠在社会捐赠中所占的比例越来越高,成为公益慈善项目获取资金的一种重要形式。

当前,个人捐赠的形式主要分为线上与线下两种。个人捐赠的规模和平均金额较小,捐赠者的主观意识强。个人在捐赠过程中更加注重慈善组织的品牌和公信力,如慈善组织的信誉、能力、款项使用信息披露的完整程度。个人对慈善组织开展的项目也有较高要求。首先,项目目标明确,对捐赠者具有感召力,能激发其责任感。个人捐赠者的主体意识较强,往往选择自己较关注的或者与自己关联度较高的对象捐赠。其次,项目能满足捐赠者的社交需求,塑造其社会形象。最后,项目的捐款方式应当易于操作,劝募信息清晰完整,才能较好地吸引更多的个人捐赠者。公益慈善组织应设计个性化、人性化的慈善项目和募捐方式,以便更好地募集所需的资源。约瑟夫总结了人们决定捐赠的内在和外在动机,如表3-1所示。

表3-1　个人决定捐赠的原因

内在动机	外在动机
个人的或"我"的因素 ·自我承诺或自我尊重 ·成就感 ·认知上的兴趣 ·成长 ·减少内疚 ·生活意义及目标 ·个人利益 ·神圣使命	报酬 ·认知上的报酬 ·个人的实质报酬 ·社会的期待
社会的或"我们的因素" ·地位的需求 ·联盟力量的驱使	刺激 ·人类基本需求的刺激 ·个人需求的刺激

内在动机	外在动机
·团体力量的驱使 ·相互依赖的关系 ·利他主义 ·家庭及子孙的影响 ·权力（政治、社会等）	·愿景 ·企图心（政治或社会层面） ·避税或税制刺激
负面的或"他们的因素" ·安抚因挫折而产生的情绪 ·降低不安全因素或危险程度 ·减轻害怕和焦虑的心理状态	特定情境 ·个人本身参与组织 ·参与计划与决策 ·同伴压力 ·家庭参与压力 ·传统文化 ·传统习惯 ·个人角色定位的压力 ·较多的收入

资料来源：JOSEPH M R. Principes of Professional Fundraising：Useful Foundations for Successful Practice[M]. Indianapolis：Jossey-Bass Publishers，1993.

(五)境外捐款

境外捐款指的是中华人民共和国境外的自然人、法人或其他组织向境内进行的捐赠行为。这种捐赠可以是资金、物资或其他形式的支持，旨在支持慈善、救灾、教育等公益福利事业。境外捐款通常涉及跨境资金转移，需要遵守相关法律法规，并可能涉及税务优惠或特定的监管方式。

随着我国对外交往的蓬勃发展以及中华海外侨胞、港澳同胞素有爱国爱乡、热心公益的优良传统，我国官方与民间接受境外公益慈善捐款也越来越频繁，由此产生的捐赠外汇收入也越来越多，这为支持偏远地区医疗、教育、乡村发展等多个领域的公益活动提供了大量的资金。

第二节　公益慈善项目筹款的步骤

公益慈善项目筹款活动一般包括以下五个步骤：成立专门的筹款团队，收集资料与分析，确立筹款目标，设计与实施筹款计划，筹款绩效评估。根据具体筹款活动，可以进行适当的增减或修改。

一、成立专门的筹款团队

成立专门的筹款团队是开展筹款活动的第一步，也是最重要的一步。只有拥有有效的筹款团队，才能正确细分市场、确立目标并实施计划。筹款团队只负责筹款，不分担管理工作。这样做的好处是使筹款团队更加系统和有策略地开展筹款和资源动员工作，提高组织的筹款效率和团队的专业化水平。筹款团队的人员都具备专业化的筹款知识和技能，并拥有丰富的筹款经验。为了尽可能动员组织资源，一般筹款团队都由公益慈善组织的主要领导人牵头，大部分高层管理者亲自参与。在西方国家,大量志愿者的参与也是募款成功的有利保证。

二、收集资料与分析

资料收集与分析是有效劝募的基础,能够帮助决策者更好地掌握对组织有利的信息。收集相关资料主要包括确定资料来源,对标分析相似的公益慈善组织,分析募款对象特性以及陈列募款分析表。收集资料时应该详细了解慈善组织本身的募款资源并分析募款对象的特性。组织可以通过陈列募款分析表的方式来清楚地了解组织的优势,并充分利用这些资源达到募款最大化的目的。

募款对象特征分析需要收集社会大众、政府、企业、基金会的相关资料,包括他们的捐款动机、记录和兴趣等。

资料收集完成后就需要对捐赠市场进行分析。筹款的过程就是一个市场化运作过程,市场分析的目的是要寻找更多的潜在捐赠者,占有更多的市场份额。了解人们捐赠的动机是把握捐赠市场的基础,只有了解人们为什么捐赠,慈善组织才可能制订切实可行的方案。公益慈善项目筹款分析的常见问题有以下几种。

(1)组织自身。使命是否清晰? 组织管理是否完善?

(2)领导者风格。理事会是否积极协助筹款? 高层管理人员是否授权? 组织是"大人物"筹款模式,还是"小人物"筹款模式?

(3)公众形象。组织的社会形象如何? 与媒体关系如何?

(4)筹款内容。筹款目标是否明确,筹款项目是否与组织使命一致? 是否能得到公众认可?

(5)劝募对象。谁是潜在的捐赠人? 他们的需求是什么? 动员捐赠人的关键因素是什么?

(6)志愿者。志愿者是否认同组织的使命? 是否有基本的筹资知识? 是否有热情协助筹款?

(7)筹款渠道。组织是否有公募资格? 是否有良好的筹款渠道? 是否有专业的筹款人员?

(8)筹款管理。组织是否有健全的筹款管理? 是否能够及时披露捐赠信息及捐款使用信息? 是否有捐赠数据库?

三、确立筹款目标

筹款目标是指一定时期(通常是一年)内组织计划筹到的具体数额。筹款的目标要在上一步对组织本身和募款对象详细了解和分析的基础上确立。设立的目标必须切实可行,每部分都应是可以量化的目标,同时需要将目标落实到个人以便最后检查。通常,一个公益慈善组织在确定筹款的目标时,主要依据组织年度发展目标与资金需求,同时参考历年组织筹款的数额,并分析未来筹资的环境。只有这样,制定的筹款目标才既符合需求,又有较大的可行性。筹款目标至少应该包括三个方面的内容:一是筹集的目标金额;二是目标金额来源的捐赠人类别;三是筹集上述目标资金所需要的合理成本。

四、设计与实施筹款计划

设计与实施筹款计划是整个劝募活动的中心环节。在筹款活动之前,要对筹款活动进行详细的计划与筹备。筹款计划的制定是一个相对复杂的过程。首先应对组织内外部环境有全面的分析和把握,包括组织内部的优劣势及组织外部的机遇和挑战。其次,设计多种募捐方法,然后对每种方法进行评估。评估时应考虑:如果使用这种方法,它的优势是什么?组织有哪些资源?有什么责任与风险?还需要哪种志愿者和特殊的员工技能?这种筹款方式能为组织带来哪些改变?最后,根据评估结果选定最终的几种方法,并对每种方法进行细化。

五、筹款绩效评估

合理的筹款绩效评估对项目而言十分重要,表现在以下两个方面:一方面,从财务管理角度出发,筹款负责人需要确保筹款活动尽可能高效。另一方面,就公共关系而言,筹款负责人需要将筹款绩效展示给捐赠人和其他利益相关者。尤其是在面对越来越激烈的竞争时,筹款绩效评估将对下次筹款产生重要影响。通过总结评估,公益慈善组织可以发现筹款工作中的优点和不足,从而提高未来的筹款效率。筹款的总结评估主要包括:筹款的收入总额、总成本、间接成本、筹款净收入、筹款的成本回收率、捐赠结构、达到目标的百分比及参与筹款的员工的工作绩效等。公益慈善组织常在意筹款总收入而忽视筹款成本,仅在意直接成本而忽视了间接成本。当间接成本过高时,容易吞没筹款的成果,而且暗箱操作容易滋生腐败。此外,为了便于市场分析,也为了保持和捐助者的良好关系,应该建立捐赠者数据库,显示捐赠者的详细信息并定时更新数据库。

第三节　公益慈善项目筹款策略

"工欲善其事,必先利其器。"公益慈善项目若想顺利地从筹款对象手中获取到自己想要的资源,必须考虑有效的筹款策略与方法。针对不同的捐赠者以及不同筹款方式及其效率的差异,公益慈善项目宜采取不同的筹款方式。公益慈善组织需要充分整合和动用所有可利用的组织资源,灵活运用多种筹款策略,充分激发工作人员和志愿者的积极性与创造力,有条不紊地、有计划地开展各类筹款活动,以实现其筹款目标。以下介绍一些常见的筹款策略与方法。

一、组织、举办筹款活动

组织、举办筹款活动是公益慈善项目筹集资金与其他资源的常用方法。通过周密的计划和精心执行,公益慈善组织能够有效地组织和管理筹款活动,达到预期的筹款目标,同时提升组织的公众形象和社会影响力。筹款活动的类型丰富多彩,包括:①文艺演出活动,如慈善音乐会、舞会、文艺晚会、时装表演、电影首映式等。②体育竞赛活动,如慈善步行、慢跑、骑行、游泳、乒乓球、篮球比赛等。③社交活动,如慈善晚宴、户外活动、拍卖会、义卖会、展览会、沙龙、周年庆典等。

组织和管理筹款活动需要注意以下几点:

(1)在前期的规划与准备环节中,应确定筹款活动的目标,包括筹款金额、参与人数以及期望的宣传效果;制订详细的预算计划进行预算管理,涵盖场地租赁、宣传费用、活动材料和人员费用等,并确保有备用资金应对突发情况;制定应急预案,以应对可能出现的意外情况;同时应选择适当的时间和地点,并考虑天气、交通等因素,确保参与者方便到达;最重要的一点是要获取相关许可,在主管部门提前进行活动备案,得到政府的同意和支持,确保活动合法、合规,顺利举行。

（2）在活动的宣传与推广阶段,组织与举办筹款活动前应制定完整有效的宣传策略,通过社交媒体、新闻媒体、邮件和海报等多种渠道宣传活动,吸引更多人关注和参与。可以考虑与当地企业、社区组织和媒体建立合作伙伴关系,扩大活动的影响力,降低筹款活动亏本的风险;邀请知名人士或公众人物参与活动,以提高活动的可信度和吸引力。

（3）在活动组织与实施阶段,应制定详细的活动流程,以确保活动有条不紊地进行;对志愿者进行充分的培训,使他们熟悉活动流程和各自职责,以便在活动中提供高效的支持和服务;确保所有设备和物资都已准备齐全,并在活动前进行检查和调试,如音响、灯光、座椅和募捐箱等;筹款活动现场应安排专人负责签到和接待,确保参与者能迅速登记并进入会场;设计有趣的互动环节,如拍卖、抽奖、现场捐赠等,增强参与者的互动性和积极性。

（4）在筹款活动结束后应及时跟进与反馈,及时统计捐款金额,并向捐赠者表达感谢,可以通过邮件、电话或社交媒体等方式进行。组织者应及时对筹款活动进行效果评估,总结成功经验和不足之处,以便为今后的活动提供参考和改进方向。还可通过新闻稿、社交媒体等渠道持续宣传筹款活动的成果,扩大影响力,并吸引更多人关注和支持所进行的公益慈善项目。

二、公共募捐

公共募捐是公益慈善项目较为普遍的一种筹款方法,它的优点在于可以向众多的民众直接募捐,募捐的同时还能起到项目宣传的作用,扩大项目的影响力。但因为需要向许多人募集资金,所以也需要投入较多的人力,故而适合工作人员及志愿者等人手充足的公益慈善组织。公共募捐包括如下几种方式:

（1）上门募捐。上门募捐也就是敲开企事业单位或住户的门,请求他们提供支持,或者是留下联系地址及有关组织的相关信息,之后通过电话联系。

（2）街头募捐或公共场所募捐。该种筹款方式的典型做法就是设立募捐箱,通常会为捐赠人设置一些小礼品或卡片作为回报和纪念。在公共场所设置募捐箱,需要事先取得公开募捐资格证书,不得妨碍公共秩序、企业生产经营及城乡居民生活。

（3）在商店柜台中设置募捐箱。这种方式方便人们投放零钱,如果募捐箱比较大,也可以放在柜台外面。

（4）在捐赠者单位放置募捐箱。这种方式不仅方便捐赠者把零钱投放到募捐箱里,还会影响其身边的朋友或同事也这样做。

三、私人募捐

私人募捐是劝募者利用个人资源、人际关系与潜在的捐赠者进行面对面的会谈,从而寻求捐赠。私人募捐的方式有:

（1）拜访面谈。基于人际交往,劝募者通过登门拜访或约定地点,面对面地与筹款对象进行沟通交流,了解其在慈善捐赠方面的能力、兴趣、偏好,建立更进一步的联系,然后适时对其提出捐助请求。

（2）信函或邮件募捐。这种方式的优势在于成本相对低廉,而且可以发现一些新的捐赠者,比较适合刚成立、规模小的公益慈善组织或现有捐赠者很少的公益慈善组织。例如,"希望工程"刚开始运作时,就采用邮寄筹款的方式,并获得了成功。但是这种方式的缺点在于非常麻烦,效率也不高,筹款的资金量也不会太大。因此,我国许多公益慈善组织在发展壮大之后,筹款方式逐渐多样化。在西方国家,通过信函筹款的方式更为普遍,这与政府的相关政策有关。例如在美国,根据有关规定,公益慈善组织通过邮局募款时可以享受一定优惠,邮寄费比普通信函低得多。

(3)电话募捐。在西方国家,电话募捐也是一种常用方式。这种方式的成本比邮寄信函还低,如果是利用志愿者进行则成本更低,效果也会好得多,因为捐赠者可能认为志愿者不是为了挣钱而打电话,其行为本身就是一种捐赠形式,只不过捐赠的是事件而不是金钱。电话募捐的难度要高于邮寄方式,需要志愿者在简短的时间内向潜在的捐赠者介绍自己和组织情况、募捐目的与资金的用途,因此要求劝募者有一定技巧。

四、会员制

会员制是公益慈善组织为参与者、支持者提供个人归属感和团体接受度的一种良好制度,它确保了公益慈善项目每个年度都有稳定的收入来源。会员制是国外公益慈善组织经常采用的筹款方式之一。例如著名的"狮子会"就是采取会员制度筹款,加入"狮子会"的会员,每人每年需要捐赠一定数额的资金;再比如一些大学基金会,也会采用会员制筹款,不同等级会员捐赠的数额不同,享受的权利与待遇也不同。但是会员制的目的并非是单一筹款,它主要是针对一些有兴趣和有意愿从事某种公益慈善活动的人,使其参与或帮助公益慈善组织开展项目,并为公益慈善组织贡献自己的志愿时长和专业技能等。

公益慈善组织采取会员制筹款具有四个优点:一是承诺。可以让会员承诺长期支持公益慈善项目。二是参与。会员制能为公益慈善项目提供一种很好的民主参与与管理机制。三是资金。会员所缴纳的年度会费为公益慈善组织提供了稳定的收入来源。四是社会影响。会员名单是公益慈善组织获取进一步捐赠的理想基础,它可以增加公益慈善组织的社会影响力,通过会员的社会网络关系带动更多潜在的支持者加入项目。

五、网络信息传媒等方式

随着现代信息传媒技术的飞速发展,运用数字传媒工具进行宣传、筹款,逐渐成为公益慈善组织的新型筹款方式。具体来讲,公益慈善项目可运用的筹款工具有:

(1)互联网。通过创建组织自身的网站或专门的筹款网站,或新媒体如微博、微信等,发布公益慈善组织的项目信息和筹款宣传广告,可实现在线实时募集资金。

(2)电子邮件。公益慈善组织可向筹款对象发送电子邮件,说明项目信息、筹款内容和募捐方式等,恳请对方给予公益慈善项目支持。

(3)短信。资金劝募者通过通信运营商创建固定的短信筹款平台,向潜在的捐赠者发送筹款倡议短信,号召捐赠者捐赠。

(4)数字和纸质媒体。通过电视台、广播电台播放公益宣传片、广告以及在期刊报纸上刊登公益慈善项目信息,向受众传递信息,呼吁捐赠。

六、计划性捐赠

计划性捐赠是指捐款人承诺在一定的时间范围内进行捐赠,最常见的就是遗产捐赠。人们在临终前往往会决定其财产(包括金钱、不动产、投资和其他有价证券等)的分配,除了给自己的亲属之外,也有很多人将财产捐赠或通过慈善信托的方式给予慈善组织。因此,公益慈善组织应尽量争取遗产捐赠的目标群体,如组织的支持者和参与者。计划性捐赠虽然时间周期可能会很长,对其关系的运作和维护需要投入较多的精力,但往往金额巨大,是公益慈善项目获得稳定资源的重要途径。

七、公益众筹

众筹是指通过互联网方式发布筹资项目并募集资金的一种融资方式。筹款由发起人、支持者和平台三个部分组成。任何希望通过筹款平台获取资金的人均可发起筹款活动,对发起人的慈善项目感兴趣的人均可以成为支持者。这种方式具有低门槛、多样性、依靠大众力量、注重创意等特征。众筹模式的支持者是普通大众,而不是公益创投机构、基金会或企业,各类众筹网则成为连接项目发起人和支持者的平台。

公益众筹有不同的模式。一种是无利息或低利息众筹。例如,发起人可以设计一个针对弱势群体的小额信贷扶贫项目,并通过众筹平台发布。由于该项目旨在帮助弱势群体,支持者提供的资金是无息或低息贷款。这种模式属于公益众筹,资金将用于帮助贫困人口发展有机农业或家庭畜牧业等项目。另一种公益众筹则属于捐赠众筹,与其他众筹模式所不同的是,支持者出于认同发起人的公益理念,不需要任何回报。例如,"冰桶挑战赛"就是一个非常成功的捐赠众筹案例。冰桶挑战赛采用娱乐化的方式,充分利用移动互联网快速传播优势,迅速吸引公众对渐冻人这种罕见病的关注,并激发了大家的捐赠热情,在短短两周内,发起人通过众筹平台共收到了400万美元的捐款。

良好的筹款方式应综合考量慈善组织的项目特点、与捐赠人的关系、筹款人员和志愿者的素质以及竞争状况。其中,最重要的是为筹款活动注入重要性、紧迫性和相关性。如果项目的目标与社会关切的议题、个人的兴趣和忠诚度紧密相关,那么筹款策略或活动的实施将更容易获得极大的关注与积极回应。当然,公益慈善项目筹款的方式多种多样,选择并组合多样的筹款方式,更有可能获取理想的资源。

本章小结

筹款管理是公益慈善项目管理的重要一环,是公益慈善项目得以运行的基本保障。公益慈善组织通过有效的筹款管理,不仅可以筹集公益慈善项目所需的资金和物资,确保慈善项目的宗旨和目标得以实现,还能够不断扩大资金来源渠道,提高社会整体的慈善意识和参与度。本章首先介绍了政府、企业、基金会、社会公众以及境外捐款五种公益慈善项目筹款渠道,以及这五种筹款渠道的运作方式及特点;其次,对公益慈善项目筹款步骤进行了介绍分析;最后,对七种公益慈善项目筹款常见策略进行了归纳总结。深入分析公益慈善项目筹款的相关事宜,旨在为公益慈善组织在开展公益慈善项目筹款管理方面提供有益的借鉴思路。

课后习题

1.公益慈善项目筹款的渠道有哪些?

2.除互联网公益筹款外,我国公益慈善项目筹款渠道的新发展有哪些?

3.简述公益慈善项目筹款的流程。

4.都说做好事不留名,当你所在的慈善组织接收到一笔"来历不明"的巨额捐赠时,你的第一感觉是这笔钱可能是有问题的,此时你会怎么做?

5.面对筹款困境,公益慈善组织该如何从自身做起,切实提升组织自身筹款竞争力?

6.案例分析。

一个鸡蛋的暴走

"一个鸡蛋的暴走"是上海联劝公益基金会于2011年发起的公益徒步筹款活动,旨在为联劝U积木计划及U泉计划筹款,致力于让0~18岁儿童健康成长,平等发展。暴走参与者需要在12小时内走完50千米,并通过创意的方式向熟人网络募集善款,实现个人挑战和公益参与的双重价值。"一个鸡蛋的暴走"希望带给公众身体力行的公益实践和丰富快乐的公益感受,让公益不再遥远,未必苦情,也不止于捐款。作为上海乃至全国影响力最大的公益徒步活动之一,截至2024年4月,暴走队员们筹集的善款累计支持了全国31个省市950个公益项目,里程可绕赤道23圈。项目主要服务的群体包括中西部地区家庭监护缺失与监护不当的困境儿童、留守儿童、残障儿童、流动儿童等不同类型儿童,帮助了超过147万名儿童及其照顾者,共计资助金额8421万元。

启发大众:让每一个普通人以多元方式走进公益

"一个鸡蛋的暴走"十分注重公众参与和民间属性。无论是初来者,还是年年参与的筹款达人,暴走活动都抱着最大的热忱欢迎每个参与者与围观者,希望通过激励与引导培养大家的筹款意识与公益参与度。联劝每年都会举办公众评审会、项目分享会、义工招募、后续探访等活动,鼓励普通人通过多元的方式走近公益。

跨界探索:运动+公益的鼻祖,参与式公益体验

"一个鸡蛋的暴走"是国内首个公益徒步筹款活动,将运动代表的健康生活方式与公益结合起来。不同于传统的公募活动,"一个鸡蛋的暴走"不博眼泪,强调快乐的参与式公益体验。活动鼓励参与者发挥创意,展示个性,因而诞生了不少经典案例。例如,有参与者每年背着自制的鸡蛋来参加暴走,有人通过定时减肥、奇装异服、现场求婚、点歌卖艺、旧物寄售、徒步积分等创意方式来筹款。

有效传播:不忘初心,坚持为儿童领域的公益项目传播筹款

"一个鸡蛋的暴走"始终不忘初心,坚持为儿童领域的公益项目传播及筹款,为优秀的民间公益项目提供支持,帮助更多有需要的孩子。联劝公益基金会作为可靠的公募平台,一方面通过官网、联劝网、微博、微信、邮件等自媒体渠道,实时公布捐赠动态,定期公布善款流向,并分享资助故事,传播公益正能量。另一方面,联劝与品牌合作,活动前推出帆布袋手绘活动、晒老照片赢限量衍生品;活动中搭建照片分享平台,发布微博话题;活动后举办公益征文摄影比赛、暴走颁奖典礼、义工趴、暴走资助展等。这些线上线下互动活动拉近了参与者与公益机构之间的距离,让公益变得好玩且更具有参与性。

高效筹款,高效公益

作为一个高效透明的公益筹款活动,"一个鸡蛋的暴走"致力于实现社会资源的最优配置,调动各种合作伙伴的全方位参与,从而大幅降低活动和组织成本。

相较于同类商业徒步活动,"一个鸡蛋的暴走"一直保持着极低的运营成本。一方面,活动严格控制各类物资和管理的硬性成本,且积极争取各类物资、场地、志愿团体等优质资源,共为公益投入、为活动发声,创造1+1>2的规模效应;另一方面,活动极大减少了传统线下活动的传播和公关成本,积极调动每位参与者的社交圈和公益传播的热情,善用自媒体和免费的互联网资源宣传公益。暴走活动的平均筹款效率因而远优于国际标准。

　　此外,"一个鸡蛋的暴走"活动秉持低碳环保、可持续的公益理念,活动各类文件均采用电子版本,节约用纸。每年尽可能重复利用搭建物料与活动物资。今年暴走,主办方提前联系了沪上环保机构"绿洲公益"在活动结束后回收食品物资,捐赠给社区困难户。另一公益机构"爱芬环保"在参与暴走活动之余,应主办方反复宣传沿途环保的倡导,发起了"走路捡垃圾"的活动,成为现场一道亮丽的风景。在徒步筹款的同时,减少沿途环境负担。

　　最后,"一个鸡蛋的暴走"在善款使用上同样高效透明。善款的资助过程经过项目申请、尽职调查、电话面试、实地探访、项目评审、公众投票等一系列环节,全程通过微信和网站进行公示。项目执行过程中,联劝履行监督反馈等职责,充分确保公益善款的有效、高效使用。

　　试从"一个鸡蛋的暴走"项目中总结你所学到的一个优秀的慈善项目筹款的经验。

第四章　公益慈善项目合同管理

员工互助基金纠纷

　　近年来,不少企业都通过与慈善会系统合作设立"员工互助基金",其中既有民营企业,也有国企。对于这样的企业内部互助基金,业界普遍给予正面评价,因为它的保障内容灵活,可人性化定制规则,承担起了社会保障体系之外的企业责任,将保障的覆盖面进一步扩大,是社保和商保之外的补充,也体现企业对员工的关怀,增强企业的凝聚力。但在最近,"员工互助基金"却出现了许多纠纷。

　　2021年3月,侯某入职某集团旗下公司,根据人力资源部门同事的推荐,他每月缴纳10元参与公司的爱心基金。按规定,加入基金满6个月后,当员工或直系亲属遇到困难时,可申请一定比例的补贴或报销。2022年2月4日,侯某的父亲被确诊为肝癌晚期,高昂的治疗费用让原本不富裕的家庭无力承担。侯某就向公司提出了申请,他的情况也符合申请爱心基金的条件。据侯某称,一开始,公司领导支持他申领资助,但到了五一节前夕,临近父亲手术,他却意外收到了一份裁员通知,并被要求在4月25日这一天离职,离职日期正好完美地避开爱心基金的申领日期。面对侯某的控诉,该集团的解释是,受疫情及市场经营等影响,公司近期进行了部分人员调整,此次调整涉及该员工岗位。经多次协商后,公司已根据《劳动法》等相关法规,与其协商解除劳动关系,给付相应法定经济补偿金。截至5月底,事件已过去一个多月,双方仍各执一词。该公司方面表示,考虑到员工家人的病情情况,公司决定给予一定的人道主义扶持。

　　此案例是典型的互助慈善项目纠纷,员工认为自己交钱参与了"员工互助基金"项目,那么按照基金的规定,当自己遇到困难时,理应得到相应的帮助,企业却通过裁员的方式规避责任,既让自己失去了工作收入,又把自己剔除出基金的援助目标群体,实在是有违基金设立的初衷;而企业则认为,"员工互助基金"当初设立的目的就是帮助自家员工,而企业的人事调整是企业内部的管理需要,不存在故意将需要救助的员工裁员的情况,如果员工正在接受基金的救助,企业就不能对其进行人员上的调整是有违当初"员工互助基金"设立的初衷的。

　　究竟谁对谁错,除了法院的判决之外,我们更应该从公益慈善项目设立之初,通过详尽的合同设立和管理来规避风险和纠纷,让其更加高效地服务受益人群。

第一节　公益慈善项目合同管理概述

一、公益慈善项目合同管理的定义

公益慈善项目合同管理可定义为公益慈善组织依法对本单位合同的签订、履行、变更、解除以及合同纠纷所进行的计划、组织、控制、调解、诉讼和监督检查等一系列活动的总称。这一管理过程贯穿于公益慈善项目合同实现的全过程。

相对完善的公益慈善项目合同管理制度对合同的订立与履行、变更、解除和终止、违约责任与合同赔偿等方面都做出了具体规定。由此可见,完善的合同管理是公益慈善组织维持项目正常运营、防范和控制项目风险、规范双方交易行为、保证合同纠纷恰当处理的有效途径。

二、公益慈善项目合同管理的作用

1.有利于实现合同规定的权利和义务

公益慈善组织与其他法人和组织签订的项目合同协议,明确规定了合同双方的民事权利和义务关系。对于合同双方而言,合同的法律效力既保障了他们在法定范围内能够直接享有合同规定的权利,又确保了合同义务能够顺利履行。

2.有利于规避合同中的风险

任何项目合同都存在一定的合同风险。公益慈善项目合同也同样受外界环境、项目承包人资质等因素的影响,存在主客观风险。公益慈善项目合同的客观风险,如不可抗力等,是合同双方无法避免的,不受合同双方主观因素的影响。公益慈善项目合同的主观风险,如项目合作方在无正当理由的情况下违约等,则可通过人为控制或避免。控制主观风险也是公益慈善组织开展项目合同管理的重要意义所在。

3.有利于推动慈善组织项目的有序开展

在公益慈善组织内部,有效的项目合同管理能够确保各个部门权责明确且积极配合。因为合同的内容通常需要公益慈善组织的各个部门在各自工作范围内相互配合、相互监督、共同完成。如果没有合同管理,慈善项目则难以系统、高效地展开,进而阻碍项目目标的实现。

三、公益慈善项目合同管理的内容

公益慈善项目合同管理是一个系统的过程,具体来说包含了合同的订立、履行、变更、解除与终止等诸多环节。

1.公益慈善项目合同的订立

公益慈善项目合同的订立包含动态行为与静态协议,其中动态行为是指公益慈善项目合同正式成立生效前,公益慈善组织及合作方就合同内容开展的要约邀请、要约等一系列动态活动。静态协议即双方就各自合同权利与义务达成一致,合同成立。

2.公益慈善项目合同的履行

为了做好合同的履行工作,在管理相关项目的同时,公益慈善组织必须做出清晰的履行章程,确保相关部门明确自己的监管内容,从而保证项目围绕合同顺利开展。

3.公益慈善项目合同的变更、解除与终止

公益慈善组织应针对新出现的情况或问题与合作方进行及时的协商,确认问题的解决方案,对合同规定的相关条款做出变更。这些变更条款和处理意见等都应该作为原有项目合同的补充,并与正式合同文本具有同等效力。

当出现合同无法进行的情况时,要特别注意在合同解除或终止过程中的协商,明确责任方,正确处置合同纠纷,把损失降到最小。

第二节　公益慈善项目合同的订立与履行

一、公益慈善项目合同订立的概述

公益慈善项目的合同订立,是公益慈善组织依法与项目受益方、捐赠方等合同当事人就合同所规定的各自的权利和义务达成一致的意思表示。项目合同的订立是项目得以顺利进行的前提,因此,正确的订立合同对于公益慈善组织来讲意义重大。

二、慈善组织项目合同的订立程序

合同订立必须经过要约和承诺两个阶段。《中华人民共和国民法典》(以下简称《民法典》)第四百七十一条规定:"当事人订立合同,可以采取要约、承诺方式或者其他方式。"

此外,合作方针对要约作出的承诺也必须采用通知的方式,除非根据交易习惯或者要约表明可以将行为作为承诺,即除特殊情况之外不得以缄默或不承诺来做出承诺。

(一)要约

要约是当事人向他人发出的希望拟定合同的意思表示。在公益慈善项目合同的订立过程中首先要有明确要约,即公益慈善组织针对某一项目以拟定合同为目的,而向他人所作出的意思表示。这也是项目合同成立的前提。慈善组织作为要约发出方称为要约人,接受这一要约的法人或组织则称为受要约人或相对人。

1.要约成立的要件

公益慈善组织做出的要约需满足特定的条件才具有法律约束力。要约的有效要件主要有以下四点:

(1)要约是特定人作出的意思表示。公益慈善组织作为要约的发出者,不仅需要具备相应的合同订立和履行能力,还必须指定客观上能够确定的人作为要约人。只有这样,受要约人才能对之做出承诺。

(2)要约必须向有意愿与之签订合同的相对人发出。一般情况下,公益慈善项目的受要约人也应该是特定的相对人,否则要约就失去了承诺对象,因此也不能产生法律效力。

(3)要约的内容必须确定。公益慈善要约的内容应清晰明确,不能模棱两可。只有这样,受要约人才能明确要约的真实含义,从而做出承诺。

(4)要约必须以订立合同为目的。公益慈善组织发出要约的目的必须为订立合同,不以订立合同为目的的意思表示不构成要约。所谓要约具有订立合同的目的,是指该要约足以使受要约人合理地相信自己已经被授予订立合同的权利。

2.要约的法律效力

要约的法律效力,是指要约的生效及要约对要约人和受要约人的约束力。公益慈善组织作为要约人,在要约生效后,不得撤回、撤销或者对要约加以限制、变更或扩张。因此,公益慈善组织在发出要约时,应反复确认,以确保要约内容准确清晰。

要约开始产生法律效力的时间会因公益慈善组织要约的形式而有所不同。具体而言,若要约为对话形式,则要约从受要约人了解要约开始生效;若要约为非对话形式,则要约在到达受要约人时生效。此外,为保障公益慈善组织"缔约权的安全性,敦促受要约人及时行使权力,尽早明确合同关系",公益慈善组织在发出要约时,应尽量明确承诺期限。

(二)承诺

承诺,是受要约人同意要约的意思表示,即公益慈善项目的合作方同意签订合同。承诺的生效也是合同成立的要件,《民法典》第四百八十三条规定:"承诺生效时合同成立,但是法律另有规定或者当事人另有约定的除外。"

1.承诺的要件

承诺应具备以下要件,才能产生法律效力:

(1)承诺应当由受要约人向要约人作出。公益慈善组织在接受承诺时应注意,承诺须由公益慈善组织指定的特定受要约人或其代理人作出。任何的其他第三方作出的同意要约的意思表示,均不构成承诺。

(2)承诺内容必须同要约内容一致。承诺内容与要约内容一致是承诺成立的核心要件。慈善组织有权拒绝对内容有实质性变更的承诺。根据我国《民法典》第四百八十八条规定:"承诺的内容应当与要约的内容一致。受要约人对要约的内容作出实质性变更的,为新要约。有关合同标的、数量、质量、价款或者报酬、履行期限、履行地点和方式、违约责任和解决争议方法等的变更,是对要约内容的实质性变更。"

(3)承诺须在承诺期限内到达要约人。公益慈善项目合同中规定了承诺期限的,项目合作方必须在承诺期限内作出承诺,否则公益慈善组织的要约就失去了法律效力。此时,承诺变为新的要约。若公益慈善组织在要约中未明确承诺期限,则需根据要约的形式确定承诺期限。若要约为对话形式,受要约人应立即承诺;若要约为非对话形式,受要约人的承诺应在合理期限内到达。

2.承诺的方式

承诺的方式是受要约人将同意订立合同的意愿传达给要约人所采用的形式。公益慈善组织应在要约中规定承诺方式,要求受要约方以规定的方式,如书面通知等作出承诺,以保证承诺的有效性。

(三)公益慈善项目合同订立的具体步骤

公益慈善项目合同的订立具体可以参照以下步骤。

1.对项目合作方的资格审查工作

公益慈善组织应对项目意向合作方的经营范围、主体资格合法性、履约能力、履约信用等资格和资信情况进行审查和确认。如果公益慈善组织无法通过书面审查确认项目意向合作方的主体资格合法和资信能力充足,可派遣专门人员实地考察。所有被审查的文件和审查报告均应列入合同档案。

2.对合同具体条款的谈判工作

公益慈善组织与有意向开展合作的单位进行项目合同洽谈,谈判过程应聘请专业法律顾问一同参加。

3.合同起草

公益慈善组织根据合同谈判结果与专业律师一起进行合同文本的起草和修订。公益慈善组织应就合同起草工作召开专门会议商讨。在起草过程中还应征询财务部和法务部或专业法律人员的意见。

此外,合同文本应尽可能使用成熟的合同范本,无范本的公益慈善组织应争取本组织起草为主。合同所涉及的特殊术语、重要概念等应予以专门解释。公益慈善组织对合同标的的质量、数量、履行期限和方式等如有特殊要求,也应在合同中特别明确。总之,订立合同的内容一定要详尽,以保证合同内容清晰明确、方便履行,并在发生意外情况时可明确违约责任,保证公益慈善组织的利益。

4.合同审查会签

合同起草完成后,项目主管还需做好合同审查工作。合同审查应重点注意以下几点:①审查项目合作方资质,确认其符合公益慈善项目要求,并在合同中明确项目成果的公益属性;②确认合同风险已得到充分评估;③审查项目预算,确认结算方式明确,金额正确;④审查项目标的条款,确认项目标的数量、质量等规定清晰明确,并将项目申请书作为有效的法律附件;⑤审查合同规定的变更及解除、违约责任承担、索赔及争议解决等条款,确保这些条款完备且具有可操作性。

(四)合同补充协议的订立

公益慈善组织在与合作方订立合同后,可能会因某些客观状况的发生而出现双方合同难以履行或危及双方利益的状况。此时,公益慈善组织可与项目合作方签订补充协议,对项目合同双方的权利和义务进行调整和补充,以保证项目的顺利运行。公益慈善组织在与合作方制定补充协议时,也应遵循相应的合同订立原则和法律法规。根据《民法典》第五百一十条规定:"合同生效后,当事人就质量、价款或者报酬、履行地点等内容没有约定或者约定不明确的,可以协议补充;不能达成补充协议的,按照合同相关条款或者交易习惯确定。"

三、公益慈善项目合同的效力

合同的有效性是公益慈善项目合同依法履行的必要前提。合同的生效是指已经依法成立的合同所具有的法律约束力。《民法典》第一百一十九条规定:"依法成立的合同,对当事人具有法律约束力。"由此可见,合同生效必须建立在合同依法成立的基础上。

合同的成立必须经过要约和承诺两个阶段,这也是合同成立的基本规则。在合同成立的基础上,合同有效还必须具备以下要件:

(1)项目合同主体具有相应的民事行为能力,即公益慈善组织及其项目合作方作为合同主体必须适格,符合法律规定。

(2)意思表示真实,即合同内容与公益慈善组织及其项目合作方的真实意思一致,不存在欺诈、胁迫、乘人之危或重大误解等情况。

(3)不违反法律和社会公共利益,即公益慈善项目合同订立目的及合同中的各项条款不能违反法律和社会公共利益,这也是合同有效的根本性要件。

四、公益慈善项目合同的履行

合同履行,是指合同当事人按照合同约定依法完成合同义务的行为。公益慈善组织及其项目合作方订立合同的目的就是为了履行合同,实现合同内容。因此,合同的履行是公益慈善项目合同管理的重点。

(一)合同履行的原则

公益慈善组织在履行合同时必须遵循以下原则:

1.正确履行原则

正确履行原则,又称适当履行原则或全面履行原则。这一原则也是判断公益慈善组织或其项目合作方是否应承担违约责任的依据。我国《民法典》第五百零九条规定:"当事人应当按照约定全面履行自己的义务。"因此,慈善组织在履行合同时,必须按照约定的全部义务,而不是部分义务履行合同。

2.协作履行原则

协作履行原则是指公益慈善组织在履行合同时,应积极配合项目合作方履行合同义务。项目的顺利开展离不开慈善组织与各方参与者的互相协作。我国《民法典》第五百零九条规定:"当事人应当遵循诚信原则,根据合同的性质、目的和交易习惯履行通知、协助、保密等义务。"

(二)项目合同履行的要素

1.履行主体

一般情况下,公益慈善组织及其项目合作方应亲自履行合同内容。但合同履行过程中的情况复杂,可能出现这样或那样的问题,如合作方无法按期完成项目等。因此,在不违反法律法规、当事人特别约定,并符合合同性质的前提下,可以允许第三人成为合同履行的主体。

2.履行标的

公益慈善组织应监督项目合作方严格按照合同的约定履行。属于实物履行合同的,公益慈善组织相关部门应及时注意确认履行标的的数量、质量、价款等是否符合合同约定。

3.履行期限

公益慈善组织应在项目合同中明确约定履行期限,没有约定履行期限的应尽量通过补充协议来约定。如果依旧不能确定履行期限,公益慈善组织可按《民法典》第五百一十一条规定的,随时要求对方履行,但应当给对方必要的准备时间。

4.履行方式

合同的履行方式对公益慈善项目的顺利进行有重要影响。若项目合作方不按照约定的方式履行合同,可能造成标的物缺陷、费用增加、履行迟延等后果。因此,公益慈善组织应尽量监督对方按照约定的履行方式履行合同。

若公益慈善组织未与对方约定履行方式,可就履行方式与对方达成补充协议。不能达成补充协议的,按照合同有关条款或者交易习惯确定。若依旧未能确定履行方式,公益慈善组织可按照《民法典》第五百一十一条第五款规定要求对方"按照有利于实现合同目的的方式履行"。

5.履行地点

履行地点与项目费用的负担和时间都相关,因此,公益慈善组织应在合同中明确约定项目履行地点并监督对方按照约定履行。合同中没有明确履行地点时,公益慈善组织可按照法律规定与对方签订补充协议;不能达成补充协议的,按照合同有关条款或者交易习惯确定。慈善组织也可依据《民法典》第五百一十一条第三款规定要求对方履行,"履行地点不明确,给付货币的,在接受货币一方所在地履行;交付不动产的,在不动产所在地履行;其他标的,在履行义务一方所在地履行"。

6.履行费用

公益慈善组织及其项目合作方应按合同要求负责履行合同产生的费用。合同中没有明确约定履行费用的负担时,公益慈善组织可按照法律规定与对方签订补充协议;不能达成补充协议的,按照合同有关条款或者交易习惯确定;仍不能确定的,由合同履行义务一方承担。

第三节　公益慈善项目合同的变更和终止

一、公益慈善项目合同变更

(一)合同变更的概念

公益慈善组织在与项目合作方签订合同后,可以依据法律法规或经双方协商对合同进行变更。我国《民法典》第五百四十三条规定:"当事人协商一致,可以变更合同。"

合同变更有合同内容变更与主体变更两种情形。仅指合同内容的变更是狭义的合同变更,它是指合同成立之后,还未履行或未完全履行之前,不改变合同主体而仅改变合同内容的情况。合同内容与主体均发生变更则为广义上的合同变更。仅变更合同主体的情形属于合同的转让。

合同发生变更后,合同项目中原有的合同权利与义务会转变成新的权利和义务。公益慈善组织及其他合同当事人应该按照变更后合同规定的权利和义务来履行合同。此外,除了法律法规有特殊规定,或公益慈善组织与其他当事人有约定的情况,合同变更对于已履行的部分均无溯及力,仅对未履行的部分有效力。

(二)合同变更成立的要件

公益慈善组织要想使项目合同变更成立需满足以下条件。

1.原合同关系必须合法有效

合同变更是以原合同合法有效为基础做出的。公益慈善组织在做出合同变更时,首先应确保原合同合法有效。

2.必须存在合同内容的变化

公益慈善项目合同变更必须存在合同内容的变更,仅变更合同主体称为合同转让。此外,合同变更的内容不能为要素变更,即变更部分应为除公益慈善项目合同标的物以外的关于数量、履行期限、价款等内容。

3.合同变更必须按照法定的方式

我国合同法对于合同的变更做出了具体规定,公益慈善组织在变更合同时应严格遵守。《民法典》第五百零二条规定:"依照法律、行政法规的规定,合同应当办理批准等手续的,依照其规定。未办理批准等手续影响合同生效的,不影响合同中履行报批等义务条款以及相关条款的效力。应当办理申请批准等手续的当事人未履行义务的,对方可以请求其承担违反该义务的责任。"

4.合同变更的内容必须明确

公益慈善组织在与合同其他当事人协商变更合同时,应注意明确约定合同变更的内容,保证合同变更内容合法有效。《民法典》第五百四十四条规定:"当事人对合同变更的内容约定不明确的,推定为未变更。"

▶ ------------------

某公益基金会规定,项目如有调整,合作伙伴应提前至少 2~3 周向基金会提出并填写项目预算(活动)变更申请。该申请将由基金会项目团队进行审核,最终由秘书长批准。项目调整可能涉及的内容包括但不限于:

(1)项目实施目标、地点、受益人群发生变化;

(2)工资及行政支持性的产出和项目产出之间的调整;

(3)单个产出/活动预算变更超过原预算的 10%;

(4)产出/活动推迟 1 个季度以上(一年或一年以上项目);

(5)项目产出指标变更 10% 以上;

(6)产出/活动取消;

(7)项目结束时间的任何延迟。

二、公益慈善项目合同解除

(一)合同解除的含义

合同解除是指依法订立的有效合同,在尚未履行或尚未全部履行前,因某些情况的出现使得履行合同成为不必要或不可能时,当事人双方可协商提前终止合同。

(二)合同解除的种类

根据解除原因的不同,合同解除的方式可分为以下几种方式,如图 4-1 所示。

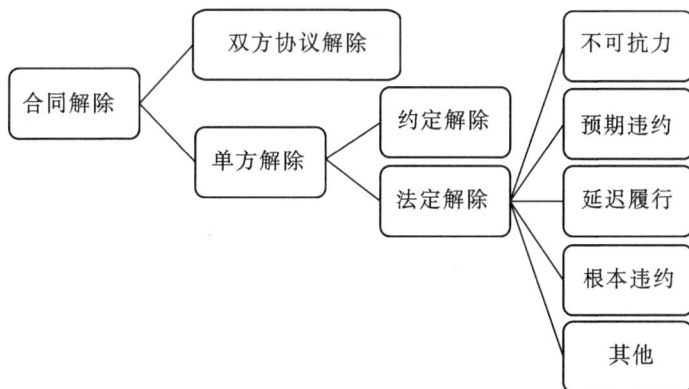

图 4-1　合同解除的方式

1. 双方协议解除

双方协议解除是指"双方当事人协商一致而解除合同"。我国《民法典》第五百六十二条规定:"当事人协商一致,可以解除合同。"因此,在出现难以使项目合同履行的情况时,公益慈善组织与项目合同其他当事人可以通过协商解除合同。

2. 单方解除

单方解除包含约定解除和法定解除。约定解除是指根据合同约定的解除条件,拥有解除权的一方可以解除合同。我国《民法典》第五百六十二条规定:"当事人协商一致,可以解除合同。"慈善组织与其他项目合同当事人可在合同订立时设定合同解除的条款,也可在之后另行约定。

法定解除,是指合同履行中发生法律规定的解除情形时,慈善组织或其他合同当事人有权行使解除权,解除合同。我国《民法典》第五百六十三条规定了法定解除的主要事由,包括不可抗力、一方违约等。

(三)合同解除的条件

根据解除方式的不同,合同解除需要满足不同的解除条件。解除的条件包括约定条件和法定条件两种。

约定条件,即公益慈善组织若想通过约定解除的方式解除合同,需同其他当事人事先约定合同解除条款。

法定条件,即公益慈善组织及其他当事人可依据法律法规解除合同的条件。我国《民法典》第五百六十三条规定:"有下列情形之一的,当事人可以解除合同:(一)因不可抗力致使不能实现合同目的;(二)在履行期限届满前,当事人一方明确表示或者以自己的行为表明不履行主要债务;(三)当事人一方迟延履行主要债务,经催告后在合理期限内仍未履行;(四)当事人一方迟延履行债务或者有其他违约行为致使不能实现合同目的;(五)法律规定的其他情形。"

(四)合同解除的程序

合同解除采取的程序取决于解除的方式,主要有以下两种情况。

1. 双方协议解除的程序

公益慈善组织因故需要解除合同时,应对合同对方当事人发出解除合同的要约。对方做出承诺后,解除合同的协议即成立。应当注意的是,解除合同应尽量采取书面形式。此外,法律法规明确规定需有关部门批准的,应按规定办理相关手续。

2. 单方解除的程序

约定解除和法定解除都是单方解除。若合同履行过程中出现了慈善组织项目合同约定的或法律法规规定的解除条件时,拥有解除权的一方可以单方面解除合同,无须对方同意。若公益慈善组织属于享有解除权的一方,在解除合同时应注意,虽然合同解除无须对方同意,但公益慈善组织仍需通知对方当事人。合同解除自到达对方当事人之时生效。

若公益慈善组织不享有解除权且与对方当事人对解除合同存在争议,则可请求人民法院或仲裁机构确认合同解除的效力。

▶ ....

A市某慈善组织承接了一家基金会资助的有关该市社会组织信息公开调研报告,理由是该慈善组织与当地的民间组织管理局关系良好,能够协调相关调研。项目周期是2年,但在项目合同签订后的第二个月,全国人大出台了《中华人民共和国慈善法》,为了让项目更加有影响力,资助方希望将这个研究议题改为慈善组织,恰好该慈善组织还没有开始正式调研,经双方协商后变更了合同内容,整个项目的研究方案重新进行了调整。然而,一波三折的是,在调研问卷设计完毕之后,当地民间组织管理局突然发生人事调动,导致项目因无法获得官方支持而陷入停滞。最终经过双方协商一致解除了该合同。

三、公益慈善项目合同终止

合同终止,即合同权利义务的消灭。项目合同终止后,公益慈善组织与合同对方当事人之间的权利义务将不复存在。应当注意的是合同的终止与合同变更是不同的。合同变更后合同关系仍然存在,而合同终止则意味着合同所规定的权利与义务的消灭。

(一)合同终止的原因

公益慈善组织与合同对方当事人之间所订立的合同,可能会因为一些情况的出现而终止。
(1)合作项目违规操作或遭遇重大事故时;
(2)合作项目的理念/思路及具体计划有重大改变而未经合作伙伴秘书处通过时;
(3)合作伙伴做出严重危害合作伙伴声誉或社会公德行为时;
(4)项目持续延期,无能力提交成果;
(5)项目签约时间到期而无续签时。

(二)合同终止的效力

(1)合同的终止意味着合同权利义务的终止,公益慈善组织与合同其他当事人在原合同中的权利与义务消灭。同时,合同的担保、违约金债权等从属权利义务也不复存在。
(2)公益慈善项目合同的当事人仍要承担后合同义务。根据我国《民法典》第五百五十八条规定:"债权债务终止后,当事人应当遵循诚信等原则,根据交易习惯履行通知、协助、保密、旧物回收等义务。"
(3)公益慈善项目合同终止不影响合同中结算和清理条款的效力。

第四节　公益慈善项目违约责任与纠纷处理

违约责任即合同当事人因未按合同约定履行义务,按照法律法规规定所应承担的责任。未按合同要求履行合同义务包括未完全履行、未履行、履行不符合约定等几种情况。违约责任保护了公益慈善组织的合同权利,是公益慈善项目合同顺利履行的保障。当双方对违约责任判定不一致,项目合同就会产生纠纷,可通过协商、调解、仲裁、诉讼四种方式来处置。其中,公益慈善组织应优先考虑通过协商或调解的方式解决纠纷,在无法与对方就协商或调解达成一致时,方可依照法定程序申请仲裁或发起诉讼。

一、公益慈善项目违约行为的形态

违约形态不同,我国《民法典》所规定的补救方式也相应不同。公益慈善组织可以依据违约行为形态的划分确立不同的补救方法,及时保护自己的合法权益。但是对于违约形态的划分,尚无一致的标准。目前,学界普遍将违约行为划分成预期违约和实际违约两种形态。

(一)预期违约

预期违约,即合同一方当事人在合同履行期限尚未届满之时明确表示或者以自己的行为表示不履行合同义务。我国《民法典》第五百七十八条规定:"当事人一方明确表示或者以自己的行为表明不履行合同义务的,对方可以在履行期限届满前请求其承担违约责任。"根据这一规定,可将预期违约划分为明示毁约和默示毁约两种形式。

1.明示毁约

明示毁约也称预期拒绝履约,是指一方当事人在合同履行期限未到前,在无正当的理由的情况下,明确表示将不会履行合同义务。公益慈善组织在确定对方是否属于明示毁约时,可参照以下几点:①对方必须有明确的不履行的意思表示;②对方做出的不履行的意思表示的时间必须是在合同有效成立后合同期限未到之前;③对方必须是在没有正当理由的情况下做出不履行的意思表示;④对方不履行的意思表示必须是针对合同的主要义务。

2.默示毁约

默示毁约又称预期不能履行,是指合同履行期限到来之前,一方当事人以自己的行为表明将不会履行合同义务。若公益慈善组织有证据证明对方因经营状况不善等原因在履行期限到来之前无法履行合同,而对方又拒绝提供必要的履约担保时,公益慈善组织可解除合同,并要求对方赔偿损失。

(二)实际违约

实际违约,顾名思义是指合同一方当事人在履行期限到来之后,没有按照合同义务全面履行合同义务。按照合同是否履行与履行状况,可分为不履行、不适当履行和延迟履行。

(1)不履行,即合同期限到来之后,公益慈善项目合同当事人完全未履行任何合同义务的行为。

(2)不适当履行,即合同期限到来之后,公益慈善项目合同当事人虽然履行了合同义务,但履行的合同义务与合同约定不符,如合同当事人履行的数量、质量、履行地点、履行方式方法等不符合合同约定。

(3)延迟履行

延迟履行,即合同当事人未在合同规定的履行期限内完成合同义务履行,因而需在履行期限之后继续履行。一般分为给付延迟和受领延迟两种情况。具体而言,给付延迟即公益慈善项目合同债务人能够履行,但在无正当理由的情况下未在履行期限内履行。受领延迟即公益慈善项目合同的债权人在无正当理由的前提下,未在合同履行期限内受领债务人的合同义务。

二、公益慈善项目违约责任的承担方式

违约责任的承担方式,是指合同当事人违约后,依法所应承担责任的方式。其主要包括以下几种。

(一)强制实际履行

强制实际履行,又称继续履行,即在合同对方当事人未按合同约定履行合同义务时,公益慈善组织可向仲裁机构或人民法院申请要求对方按合同约定履行合同义务。我国《民法典》第五百七十七条规定:"当事人一方不履行合同义务或者履行合同义务不符合约定的,应当承担继续履行、采取补救措施或者赔偿损失等违约责任。"

此外,我国《民法典》对金钱债务及非金钱债务做出了不同的继续履行规定。针对金钱债务,《民法典》第五百七十九条规定:"当事人一方未支付价款、报酬、租金、利息,或者不履行其他金钱债务的,对方可以请求其支付。"针对非金钱债务,《民法典》第五百八十条规定:"当事人一方不履行非金钱债务或者履行非金钱债务不符合约定的,对方可以请求履行。"公益慈善组织可根据具体的债务形式要求对方依法继续履行合同。

▶ ·············

吴某是某大学 2008 级矿物加工工程专业学生,不过在校仅一年多的时间,吴某选择辍学创业。据该大学官方网站资料,2019 年 4 月,正值建校 110 周年之际,吴某在校庆之际向该大学捐赠 1100 万元人民币,以支持该大学教育事业发展。该大学为吴某颁发"该大学特别校务参事""该大学创新创业导师"聘书。然而,三年后,双方交好的局面却迎来了两极反转。由于吴某未能履约,2022 年,该大学教育发展基金会以"赠与合同纠纷"为案由,将吴某告上法庭。徐州市铜山区人民法院于 2022 年 7 月 28 日以及 2022 年 8 月 9 日进行两次开庭,最终判决吴某于 2022 年 12 月 31 日前支付 1100 万元。但由于吴某未按执行通知书指定的期间履行生效法律文书确定的给付义务,于 2 月 23 日成为失信被执行人,被法院下达限制消费令。

徐州市铜山区人民法院 2022 年 8 月 9 日的庭审记录还原了部分事情缘由。该次开庭从当日上午 9 时 40 分开始,持续了近一个小时,吴某本人与校方代理律师参与了此次诉讼。多数时间内,是吴某在阐述捐赠前后经济上遭遇的困境。"捐赠的时候,当时手上现金是不够的。但是因为有项目要退出,就(对资金情况)比较乐观,结果后面该项目重组失败了。"吴某在庭审时解释称:"承诺捐款之后,本人管理的基金遇到较多的困难,我们几个重要的 LP(有限合伙人),也就是基金出资人面临着暴雷的情况。"吴某认为自己目前没有能力来履行义务,并提出过折中方案,即用本人在管基金的收益缴纳捐款。吴某提出的"折中方案",不论是退出的时间和收益,均充满不确定性。校方也并未采纳该种方案。吴某在庭审中表示:"一年前(即 2021年)就向校方提交持有基金的资料,提出将基金收益转为捐款,但是校方说只要钱。"校方代理律师也指出,吴某的捐赠行为是一种善举,但是捐赠行为获得了广大校友的一致好评的同时,吴某的违约行为给该大学产生恶劣影响。"原告在接受捐赠之后,如果不对这种不实际履约的行为采取维权行动,也是对这种不诚信行为的一种放纵,同时也无法对上级教育主管部门就合同履行行为的管控予以交代,迫不得已才提起本次诉讼。"校方代理律师称,"一方面希望被告能够理解,在这种情况下,学校无法向上级教育主管部门予以交代。另一方面希望被告能够言而有信,积极履约,防止以捐赠名义获得了公众的好评后,反而消费了公众的信任,破坏了社会风气。"庭审最后,吴某一直强调将继续履约:"我没有一刻想解除,哪怕我很困难,我觉得我一直要做下去,但是对不起,我需要时间。"

◀ ·············

(二)赔偿损失

公益慈善组织可依据我国《民法典》第五百七十七条、第五百七十八条规定要求违约方赔偿损失。

《民法典》第五百七十七条规定:"当事人一方不履行合同义务或者履行合同义务不符合约定的,应当承担继续履行、采取补救措施或者赔偿损失等违约责任。"明确了公益慈善组织要求赔偿损失时所适用的情况。

《民法典》第五百七十八条规定："当事人一方明确表示或者以自己的行为表明不履行合同义务的,对方可以在履行期限届满前请求其承担违约责任。"此外,《民法典》第五百八十条、五百八十一条进一步就损失扩大、双方违约等情况进行了详细规定,公益慈善组织可参照具体的状况要求对方给付违约赔偿。

(三)支付违约金

违约金,是由当事人通过协商事先确定的,在违约发生后作出的独立于履约行为以外的给付。慈善组织可根据我国《民法典》第五百八十五条规定："当事人可以约定一方违约时应当根据违约情况向对方支付一定数额的违约金,也可以约定因违约产生的损失赔偿额的计算方法。"要求对方支付相应的违约金。

另外,若公益慈善组织认为违约金低于自身损失时,可根据《民法典》第五百八十五条第二款规定请求人民法院或者仲裁机构予以增加。

(四) 定金罚则

定金是当事人为保证合同顺利履行,按照合同标的的金额的一定比例,预先支付给对方当事人的钱款。所谓定金罚则即给付定金的一方不履行约定的债务时,无权要求返还定金;接受定金的一方不履行约定的债务时,应当双倍返还定金。

需要注意的是,定金与违约金不可并罚。若公益慈善组织与对方既约定了定金,又约定了违约金,则可根据实际情况选择适用违约金或者定金的条款。定金罚则与赔偿损失则是不同的责任形式,定金罚则不以实际造成损失为前提,因此公益慈善组织可以要求两者并罚。

三、公益慈善项目违约免责事由

免责事由是指免除违约当事人承担违约责任的原因和理由。我国《民法典》中主要的免责事由为不可抗力。《民法典》第一百八十条规定："因不可抗力不能履行民事义务的,不承担民事责任。法律另有规定的,依照其规定。不可抗力是不能预见、不能避免且不能克服的客观情况。"三者在构成不可抗力时缺一不可。

《民法典》第五百九十条规定："当事人一方因不可抗力不能履行合同的,根据不可抗力的影响,部分或者全部免除责任,但是法律另有规定的除外。因不可抗力不能履行合同的,应当及时通知对方,以减轻可能给对方造成的损失,并应当在合理期限内提供证明。"针对之前屡屡发生的企业捐赠承诺未到位的情况,《中华人民共和国慈善法》第四章第四十一条第二款规定:"捐赠人公开承诺捐赠或者签订书面捐赠协议后经济状况显著恶化,严重影响其生产经营或者家庭生活的,经向公开承诺捐赠地或者书面捐赠协议签订地的县级以上人民政府民政部门报告并向社会公开说明情况后,可以不再履行捐赠义务。"

四、公益慈善项目合同纠纷处理

公益慈善组织在与对方当事人发生项目合同纠纷时,可通过协商、调解、仲裁、诉讼四种方式来处置。其中,公益慈善组织应优先考虑通过协商或调解的方式解决纠纷,在无法与对方就协商或调解达成一致时,方可依照法定程序申请仲裁或发起诉讼。

(一)协商

协商又称和解,是指合同双方当事人在自愿互谅的基础上,依据法律法规和合同约定,对纠纷问题进行磋商并达成一致解决方案的过程。公益慈善组织在解决纠纷时,应首先采取协商的方式。与其他方式相比,协商的程序更加灵活便捷,同时也有利于公益慈善组织与对方日后继续合作。但是,协商结果并不具有强制力,因此,在选择是否采取协商的方式时,公益慈善组织应充分考量对方的信誉以避免造成更大损失。

协商的程序比较灵活,但是还应遵循基本的法律程序,而不能由公益慈善组织或对方当事人随意而为。

(1)协商"原则上适用订立合同的要约和承诺的法定程序"。公益慈善组织采用协商的目的是与对方达成纠纷的解决协议,因此协议的本质还是合同。具体而言,公益慈善组织应首先就协议向对方当事人发出要约,等待对方当事人承诺以达成协议。

(2)项目合同对方当事人未在法律规定或合同约定的期限内对慈善组织的要约做出答复时,则公益慈善组织可默认对方同意,协议成立。

(3)公益慈善组织与对方当事人达成的协议应该与原合同形式保持一致,必要情况下可进行公证来加强协议的法律效力。

(二)调解

调解,是指仲裁、诉讼程序以外的由第三人主持的调解。调解不仅与协商一样程序灵活简便,时间成本低,有利于公益慈善组织与对方的长远合作,而且第三人的加入使得纠纷可以从更加客观的角度解决,因此调解也是公益慈善组织调解纠纷首要考虑的途径之一。

合同调解通常需要第三人的介入。公益慈善组织与合同其他当事人选择的第三人不同,调解的具体程序也有所不同。一般有仲裁机构调解、法院调解、联合调解、民间组织或个人调解等方式。

1.仲裁机构调解

公益慈善项目合同双方可在自愿的基础上向仲裁庭提出调解申请。公益慈善组织应明确地以口头或书面的方式告知仲裁庭是否有调解意愿。根据《中华人民共和国仲裁法》(以下简称《仲裁法》)第五十一条规定:"当事人自愿调解的,仲裁庭应当调解。"

仲裁机构调解的全程由仲裁庭主导,调解的开始、进行、终止均都应由仲裁庭的仲裁员共同决定。经仲裁庭调解达成协议的,仲裁庭应当制作调解书或者根据协议的结果制作裁决书。调解书与裁决书具有同等法律效力。

2.法院调解

法院调解一般发生在慈善组织或其他合同当事人提起诉讼后,分为庭审前的调解和庭审中的调解两部分。法院受理慈善组织的诉讼后,若认为有调解的可能,会征询双方当事人的意见。若公益慈善组织同意进行调解,则法院会按《中华人民共和国民事诉讼法》相关规定组成合议庭抑或指定独任审判员处理,由审判人员引导达成调解协议。调解达成的协议将由人民法院再次审查。

3.民间组织或个人调解

公益慈善组织可以与对方当事人共同选择某个双方都信任的民间组织或个人来进行调解工作。公益慈善组织可优先考虑选择专业的律师事务所或律师作为第三人。他们更加了解我国的法律法规,对纠纷的处置更加专业,有利于纠纷的高效解决。

4.联合调解

公益慈善项目若为涉外合同,则发生纠纷后需要合同双方分别向所属国的仲裁机构提出调解申请,再由这些仲裁机构组成"联合调解委员会"进行联合调解。

(三)仲裁

仲裁是指合同双方当事人在自愿的前提下达成一致的协议,将合同的纠纷交由仲裁机构处置。仲裁机构虽然不是国家机关,但是仲裁裁决却具有法律效力,当事人必须执行。此外,与诉讼相比,仲裁更加省时,程序更简单,费用更低。因此,公益慈善组织在与对方当事人无法达成和解或调解的情况下,可以优先考虑仲裁的方式。

根据我国《仲裁法》规定,慈善组织可亲自进行仲裁活动,或委托专业律师等代理人代为处理。若委托代理人处理,则按照我国《仲裁法》第二十九条规定,慈善组织须"向仲裁委员会提交授权委托书"。仲裁一般须经过申请、受理、组成仲裁庭、开庭和裁决等环节。

1.申请

公益慈善组织与对方当事人在达成仲裁协议后,向仲裁机构提交仲裁申请书。慈善组织在申请仲裁时应保证满足以下条件:①已与对方达成书面的仲裁协议;②有具体的仲裁请求和事实、理由;③属于仲裁委员会受理的范围。

在仲裁中,提出仲裁申请的一方为申请人,另一方则为被申请人。公益慈善组织作为申请人有权放弃或变更仲裁请求。若慈善组织作为被申请人有权反驳或接受仲裁请求。

2.仲裁庭的组成

根据我国《仲裁法》规定,仲裁庭可以由三名仲裁员或者一名仲裁员组成。慈善组织与对方当事人约定由三名仲裁员组成仲裁庭的,应当各自选定或者各自委托仲裁委员会主任指定一名仲裁员,第三名仲裁员由双方共同选定或者共同委托仲裁委员会主任指定。第三名仲裁员是首席仲裁员。慈善组织与对方当事人约定由一名仲裁员成立仲裁庭的,应当由双方共同选定或者共同委托仲裁委员会主任指定仲裁员。

若双方没有在仲裁规则规定的期限内约定仲裁庭的组成方法或者选定仲裁员的,由仲裁委员会主任指定。仲裁庭组成后,仲裁委员会应当将仲裁庭的组成情况书面通知当事人。

若仲裁员有下列情形之一的,必须回避,慈善组织有权提出回避申请:①是本案当事人或者当事人、代理人的近亲属;②与本案有利害关系;③与本案当事人、代理人有其他关系,可能影响公正仲裁的;④私自会见当事人、代理人,或者接受当事人、代理人的请客送礼的。

3.公开与开庭

根据《仲裁法》第三十九、四十条规定,"仲裁应当开庭进行"。但若公益慈善组织与对方当事人"协议不开庭的,仲裁庭可以根据仲裁申请书、答辩书以及其他材料作出裁决","仲裁不公开进行"。慈善组织与对方当事人"协议公开的,可以公开进行,但涉及国家秘密的除外"。

公益慈善组织在收到开庭日期通知时,若有正当理由的,可以在仲裁规则规定的期限内请求延期开庭。是否延期,由仲裁庭决定。若慈善组织作为申请人无正当理由不到庭或者未经仲裁庭许可中途退庭的,可以视为撤回仲裁申请;慈善组织作为被申请人无正当理由不到庭或者未经仲裁庭许可中途退庭的,可以缺席裁决。

4.裁决

对公益慈善项目合同纠纷的裁决,应按我国《仲裁法》第五十三条规定:"按照多数仲裁员的意见作出,少数仲裁员的不同意见可以记入笔录。仲裁庭不能形成多数意见时,裁决应当按照首席仲裁员的意见作出。"

裁决书应当写明仲裁请求、争议事实、裁决理由、裁决结果、仲裁费用的负担和裁决日期。

若慈善组织与对方协议不愿写明争议事实和裁决理由的,可以不写。裁决书由仲裁员签名,加盖仲裁委员会印章。对裁决持不同意见的仲裁员,可以签名,也可以不签名。

若裁决书中存在文字、计算错误或者仲裁庭已经裁决但在裁决书中遗漏的事项,公益慈善组织可在收到裁决书之日起 30 日内,可以请求仲裁庭补正。裁决书自作出之日起发生法律效力。

(四)诉讼

公益慈善组织在无法与对方达成和解或调解的情况下,可通过向人民法院提起诉讼的方式处置合同纠纷。

1. 第一审普通程序

1)起诉和受理

公益慈善组织在向人民法院递交起诉状时应按照被告人数提出副本。起诉状应当记明下列事项:①慈善组织的名称、住所和法定代表人或者主要负责人的姓名、职务、联系方式等;②被告的姓名、性别、工作单位、住所等信息,被告法人或者其他组织的名称、住所等信息;③诉讼请求和所根据的事实与理由;④证据和证据来源,证人姓名和住所。

若公益慈善组织的合同纠纷符合起诉条件,法院会在 7 日内立案,并通知公益慈善组织。对于法院认为不符合起诉条件的,则会在 7 日内作出裁定书,不予受理。公益慈善组织对裁定不服的,可以提起上诉。

2)审理前的准备

人民法院受理公益慈善组织的合同纠纷案件后,应当在立案之日起 5 日内将起诉状副本发送被告,被告应当在收到之日起 15 日内提出答辩状。人民法院应当在收到答辩状之日起五日内将答辩状副本发送慈善组织。被告不按期提交答辩状的,不影响人民法院审理。

3)开庭审理

一般来说人民法院会对慈善组织的合同纠纷进行公开审理。若公益慈善组织申请不公开审理的,可以不公开审理。

法庭调查按照下列顺序进行:①公益慈善组织及对方当事人陈述;②法院告知证人的权利义务,证人作证,宣读未到庭的证人证言;③出示书证、物证、视听资料和电子数据;④宣读鉴定意见;⑤宣读勘验笔录。慈善组织及对方当事人在法庭上可以提出新的证据。经法庭许可,慈善组织可以向证人、鉴定人、勘验人发问。公益慈善组织要求重新进行调查、鉴定或者勘验的,是否准许,由人民法院决定。

法庭辩论按照下列顺序进行:①原告及其诉讼代理人发言;②被告及其诉讼代理人答辩;③第三人及其诉讼代理人发言或者答辩;④互相辩论。

法庭辩论终结,由审判长按照原告、被告、第三人的先后顺序征询各方最后意见。

公益慈善组织申请撤诉的,是否准许,由人民法院裁定。人民法院裁定不准许撤诉的,公益慈善组织经传票传唤,无正当理由拒不到庭的,可以缺席判决。

4)判决

对慈善组织的合同纠纷不论是否公开审理,人民法院一律公开宣告判决。慈善组织还可通过判决明确其上诉权利、上诉期限和上诉的法院。

2. 简易程序

如果基层人民法院和它派出的法庭认为公益慈善组织的项目合同纠纷案件事实清楚,权利义务关系明确,争议不大或公益慈善组织与对方当事人提前约定适用简易程序时,法院的审理可适用简易程序。公益慈善组织可以口头起诉,也可与对方同时到基层人民法院或者它派出的法庭,请求解决纠纷。基层人民法院或者它的派出法庭可以当即审理,也可以另定日期审理。

3.第二审程序

如果公益慈善组织不服地方人民法院第一审判决,有权在判决书送达之日起15日内向上一级人民法院提起上诉。若对地方人民法院第一审裁定不服,公益慈善组织有权在裁定书送达之日起10日内向上一级人民法院提起上诉。

公益慈善组织在上诉时应当通过原审人民法院递交上诉状。并按照对方当事人或者代表人的人数提出副本。慈善组织直接向第二审人民法院上诉的,第二审人民法院应当在5日内将上诉状移交原审人民法院。

第二审人民法院对上诉案件,应当组成合议庭,开庭审理。经过阅卷、调查和询问当事人,对没有提出新的事实、证据或者理由,合议庭认为不需要开庭审理的,可以不开庭审理。

本章小结

高效的项目合同管理是公益慈善组织顺利开展项目的保障,也是公益慈善组织规避项目风险,保障其自身权益的有效方式。完整的公益慈善项目合同管理应考虑到合同的订立与履行、合同的变更、解除与终止、违约责任、合同纠纷的处置等方面。其中合同的履行是公益慈善项目进行的关键环节,因而也是公益慈善项目合同管理的重中之重。

课后习题

1.公益慈善组织开展项目合同管理的意义是什么?

2.公益慈善项目合同的履行包含哪些要素?

3.公益慈善组织变更项目合同成立的要件是什么?

4.公益慈善项目合同中违约责任的承担方式有哪些?

5.对于企业承诺捐赠后,资金未到位,慈善组织该如何处理和应对?

6.案例分析。

某一开展农村综合扶贫的国际组织,其主要慈善项目之一是资助乡村修建基础设施。该资助协议甲方为该国际组织(资助方),乙方为村委会(被资助方),甲方资助乙方修建本村道路及建立信息公开栏,资助修路费用为3万元人民币,建立信息公开栏500元人民币,并且要求村民建立工程管理小组,自发投工投劳。管理小组的采购员在采购水泥途中遇交通事故,导致腿部受伤住院。所发生的医院费用并未找该国际机构赔偿,因为在资助协议中明确规定:所发生的意外风险由村委会承担。因此,村委会发起村民捐款,支付其医疗费用。

该项目结束半年后,村里的几个孩子攀爬公布栏,以致公布栏倒塌,将一名儿童当场砸死。死亡儿童父母将该国际组织及村委会告上法庭,认为需要承担法律责任,进行赔偿。

在发生合同纠纷,且对方当事人不同意和解的情况下,对公益慈善组织而言,应采取哪种处置方式更加有利?

第五章　公益慈善项目范围管理

引例

　　李明是国内某知名慈善组织的项目主管,负责由 A 企业全额资助的全国范围的农村发展项目。在该项目合同中,列出了甲乙双方各应负责的工作,明确了甲乙双方的责任和义务,但因为该项目比较复杂,项目合同不能规定所有的细节。为了帮助甲乙双方更好地了解项目的范围和目标以及变更要求等,李明结合自身的项目经验制定了项目的范围说明书。在项目范围说明书中,规定资助方有关工作由其品牌部负责,品牌部主任兼任该项目的资助方代表。然而在项目实施过程中,有时是 A 企业的财务部直接向李明提出变更要求,有时是 A 企业的业务部直接向李明提出变更要求,而且有时这些要求是相互矛盾的。面对这些变更要求,李明试图用项目范围说明书来说服 A 企业。A 企业却动辄引用合同的相应条款作为依据,而这些条款要么太粗略,不够明确,要么双方理解不同。因此李明对这些变更要求不能简单地接受或拒绝而左右为难,他感到很沮丧。如果不改变这种状况,项目完成可能遥遥无期。

　　试分析这些问题产生的原因是什么? 该如何解决? 如果你是李明,你怎样在合同谈判、计划和执行阶段分别进行范围管理?

　　公益慈善项目范围管理涉及确保项目成功完成所需的一系列活动与全部工作环节,包括确定项目需求、界定项目范围、实施范围管理、范围变更控制与管理以及范围核实等。项目管理范围作为公益慈善项目管理中的一个关键部分,会直接影响公益慈善项目的预算、周期、资源分配以及目标实现等。因此,公益慈善项目管理的重点在于定义项目管理的工作边界,确定项目的目标和项目可交付成果,即为项目划定明确的边界,界定哪些事项是属于项目应该做的,而哪些事项不应该包括在项目之内。

第一节　公益慈善项目范围管理概述

一、公益慈善项目范围管理的定义

　　公益慈善项目范围管理是指为了达成公益慈善项目最终成果/服务,对项目所要完成的工作范围进行确定、管理和控制的过程和活动。确定公益慈善项目范围具有以下作用:提高项目经费、时间和资源估算的准确性;提供项目进度衡量和控制的基准;明确双方的责任与义务,有助于清楚地分派工作任务。公益慈善项目范围管理用于确保项目团队及利益相关方(资助方、受益方、政府、专家等)对执行过程及结果的理解达成共识,并通过有效的方法对项目实施的过程进行控制和管理,使公益慈善项目范围得到动态的控制,以确保项目按照既定的目标和需求推进,避免不必要的偏差和变更。由于项目团队及利益相关方所持的立场不同,往往对项目实施过程和项目产品/服务的理解有差异,难以达成共识。这也意味着公益慈善项目范围管理过程中尽可能促使项目的利益相关方在项目理解上达到动态的协调平衡,就项目范围、变更、目标达成等关键问题达成共识。公益慈善项目范围管理的目的是为项目工作划定边界,明确项目应该做什么和不应该做什么,避免项目范围的无序扩张。有学者调查发现,"最小化项目范围"是项目成功的重要因素,且其对项目成功的影响度排在"高管层的支持""客户参与""有经验的项目主管""清晰的目的"之后,位列第5位,影响度为10%。可见,公益慈善项目范围的合理确定与控制是影响项目成功的重要因素。通过对公益慈善项目范围管理可以明确公益慈善项目边界、工作流程、职责分工以及评估标准,有效地避免因公益慈善项目的范围无序扩大与变更、分工混乱与权责模糊以及评估标准不准确等原因引起项目延期、预算增加、质量下降等问题。

按照项目内容分类,公益慈善项目范围管理可以划分为以下两种类型:①公益慈善项目成果/服务范围,主要以项目的结果作为呈现方式,表现为公益慈善项目产品/服务的产出,主要用于回答项目完成什么的问题。②公益慈善项目工作范围,即为达成项目目标成果/服务所必须开展的一系列工作,表现为公益慈善项目在执行过程中对项目目标的界定与分解、范围界定与规划、范围的变更与调整、风险的评估与持续沟通等,主要用于回答项目是如何完成的问题。

二、公益慈善项目范围蔓延

公益慈善项目范围蔓延是指在项目实施过程中,未经适当变更控制,导致项目范围无序扩大的现象。范围蔓延可能会导致项目成本增加、时间延长,甚至影响项目的整体成功。

(一)公益慈善项目范围蔓延的原因分析

公益慈善项目范围蔓延产生的原因可以归结为外部因素和内部因素两个方面。外部因素主要指项目的外部环境发生变化所引起的项目范围蔓延。具体而言,其包括以下方面。

(1)政策和法规的变化。政策变动或新法规的出台可能要求公益慈善项目调整其目标和活动,以符合新的法律要求,从而导致项目范围偏离原来的计划。

(2)科学技术进步。科学技术的发展可能为公益慈善项目提供新的解决方案,但同时也可能给项目带来相关的潜在风险。例如,当公益项目依赖某种技术或工具,一旦该技术或工具出现问题或失效,项目进展可能会受到严重影响。除此之外,在项目执行过程中,可能会出现项目执行人员钻技术"空子",通过非法手段试图从项目中获取私人利益,导致项目范围偏离原来的轨道。

(3)突发事件和紧急情况。自然灾害(如地震)、健康危机(如疫情)或其他紧急情况等可能迫使公益慈善项目扩大其服务范围,以应对突发事件。

(4)资源可用性。资源可用性是影响公益慈善项目范围蔓延的一个关键外部因素。公益慈善项目资源的供应可能受到资助者经济变动、自然灾害等因素的影响,导致资源的不稳定性和不可预测性,进而影响项目能够实施的活动范围和规模。

内部因素主要指在项目实施过程中,由于项目组织内部因素导致项目目标、内容或规模超出最初计划的现象。具体而言,其包括以下两个方面。

(1)项目范围"镀金"现象,指在项目实施过程中,项目团队或个别成员在没有得到项目利益相关者的正式批准的情况下,主动增加额外的项目内容,从而使项目超出了原定的范围和预算。出现上述现象的原因可归结为两个方面:一方面,项目团队成员可能出于对个人职业成就感的追求,而增加一些非项目必需的工作内容,过度优化项目,进而导致项目范围超出原本的计划范围;另一方面,项目团队对项目目标、项目范围缺乏明确的定义和理解,导致后续执行中不自觉地增加超出原定范围的一系列活动。

(2)项目范围"潜变"现象,指在项目实施过程中,不加以控制资助方或服务对象不断提出小的、不易察觉的额外要求,项目范围逐渐且通常是不引人注意地扩大,超出了最初定义的范围,进而造成项目偏离既定目标,导致项目失控或失败。出现上述现象的原因可归结为两个方面:一方面,团队承诺超出项目范围的工作;另一方面,随着项目进展,利益相关者可能会根据外部环境的变化或个人需求调整项目期望,从而要求增加新功能或改变项目目标。在公益慈善项目的实际运作过程中,总是存在各种不确定因素,导致项目在其生命周期内发生各种变化,导致项目范围的蔓延,如图5-1所示。

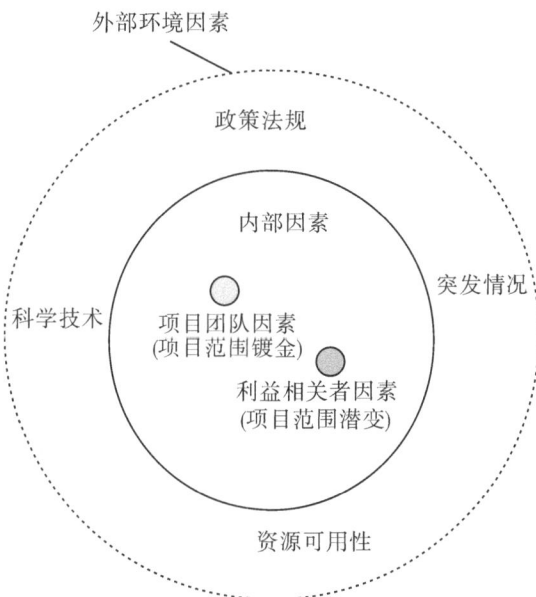

图5-1　不确定条件下公益慈善项目范围蔓延

(二)公益慈善项目范围蔓延的影响

公益慈善项目范围蔓延的主要原因在于未能适当控制范围变更,导致项目范围的无序扩大,进而影响项目的成功完成。因此,厘清公益慈善项目范围蔓延带来的潜在风险是控制项目范围蔓延的关键环节。公益慈善项目范围蔓延可能会给项目带来以下负面影响。

(1)项目成本超支。公益慈善项目范围的蔓延无形中会增加项目经费的支出,导致项目的实际支出超过预先设定的预算,增加组织财务压力。这会导致项目团队为了控制成本,需要从其他项目或活动调配资金,不仅会影响项目的运作,还可能影响组织的整体运营和战略实施。

(2)项目进度延误与人力成本增加。公益慈善项目范围的蔓延意味着项目团队需要在原计划工作内容的基础上,承担更多额外的工作,需要额外增加相应的人力资源和时间资源。

(3)项目资源分配错位。公益慈善项目范围扩大和偏离可能会导致项目资源的重置,部分项目资源需要从项目的核心部分向项目活动增加的部分转移,可能会影响关键活动的执行和资源的有效利用。

（4）目标偏离与项目质量下降。随着项目范围的不断扩大,可能导致项目偏离其原始目标和宗旨,减少项目对既定社会问题的影响力。此外,项目范围的不断扩大可能会引起有限的项目资源（如资金、人力）过度分散,导致项目核心部分资源投入不足,进而影响项目成果的质量。

（5）引发项目的利益相关者不满。对于执行团队来说,项目范围的不断扩大需要额外增加各种人力、物力的投入,进而引发执行团队相关工作人员产生不满情绪。对于资助方和受助群体来说,项目范围的不断变化,可能会导致项目结果偏离原目标或者其所交付的成果未能达到预期,难以达到最初的承诺。

（6）增加项目管理的复杂性。公益慈善项目范围不断扩大对项目的组织、执行和监控带来额外的挑战。例如,随着项目范围的扩大,项目的协调难度也会随之增加,导致协调工作变得更加复杂,沟通的时间和成本增加。

第二节　公益慈善项目范围管理的步骤

公益慈善项目范围管理的过程涉及对项目目标、成果和所需工作的明确定义和控制,具体包括进行需求调研、定义范围、创建工作分解结构（WBS）、控制范围和核实范围。

一、进行需求调研

（一）需求调研的作用

收集需求是为实现公益慈善项目目标而确定、记录并管理相关方的需要和需求的过程。该过程是公益慈善项目范围管理的基础,其主要作用是为定义产品范围和项目范围奠定基础,且仅开展一次或仅在项目的预定义时点开展。基于公益慈善项目利益相关主体的多元性及其需求的多样性、不确定性和个性化的特点,应该足够详细地探明、分析和记录这些需求,将其包含在范围基准中,并在项目执行开始后对其进行测量,为确定项目目标和定义项目范围、创建工作分解结构（WBS）、控制范围、核实控制范围等环节奠定基础。

（二）需求调研的产出

需求调研是掌握各个利益相关主体的需求的关键环节,其目的是收集、分析和记录项目需求的信息。需求调研的步骤和方法在第二章公益慈善项目策划管理部分已经介绍,这里只介绍需求调研的产出。

1.需求文件

需求文件用于描述各种与项目相关的需求。通常而言,只有明确的（可测量和可测试的）、可跟踪的、完整的、相互协调的,且主要相关方都认可的需求,才能作文基准,呈现在需求文件当中。需求文件的格式多种多样,既可以是一份按相关方和优先等级分类列出全部需求的简单文件,也可以是一份包括内容提要、细节描述和附件等的详细文件。公益慈善项目的需求文件指基于项目需求调研结果,并根据数据分析对项目需求按照重要性进行优先排序,按照一定的文件格式对这些项目需求进行描述,形成一份包括内容提要、细节描述和附件等详细的项目需求文件。需求文件具体包括:①业务需求,主要指项目需要解决的问题以及实施项目的原因。②相关方需求,主要包括受益群体、捐赠者、志愿者以及其他利益相关方的需求。③解决方案需求,主要指为满足项目业务需求和利益相关方需求,项目所提供的产品、服务或成果必须具备的特性、功能和特征。④项目变更需求,主要指项目在执行的过程中出现的变更所需要的临时能力和应对措施。⑤过渡和就绪需求,这些需求描述了项目从"当前状态"过渡到"将来状态"所需的临时能力,如数据转换和培训需求。⑥项目需求,主要项目从启动、执行到完成,需要满足的行动、过程或其他条件,如时间、项目经费、合同责任、制约因素等。⑦项目质量需求,用于确认项目可交付成果的成功完成或其他项目需求的实现的任何条件或标准。

2.需求跟踪矩阵

需求跟踪矩阵主要用于确保所有需求从它们的起源到实现、验证和维护的整个过程都被跟踪和记录。它提供了在整个项目生命周期中跟踪需求的一种方法,有助于确保需求文件中被批准的每项需求在项目结束的时候都能交付,同时为管理产品或服务范围变更提供了框架。公益慈善项目的需求跟踪矩阵有助于确保项目需求得到妥善管理,并与项目目标和受益者期望保持一致,可涉及(但不限于)项目目标和 WBS 可交付成果、项目范围、经费预算与使用、任务进度等内容。在需求跟踪矩阵中,应该详细记录每个需求的相关属性,以便于明确每个需求的关键信息。需求跟踪矩阵的关键要素可以包括(但不限于):需求 ID(唯一标识符,用于追踪每个需求)、需求描述(清晰、具体地描述每个需求的细节)、需求收录理由、利益相关者(受益群体、捐赠者、志愿者以及其他利益相关者等)、需求来源、需求的优先级、需求类型、需求状态(如进行中、已取消、已推迟、新增加、已批准、被分配和已完成)、关联任务/活动、验证结果、变更记录、风险评估等。

二、定义范围

定义范围是对公益慈善项目及产品进行系统性描述的过程,涉及对项目目标、成果、任务和边界的明确定义与控制。

(一)定义范围的输入

公益慈善项目范围定义的前提是输入一系列与项目相关的关键信息和要素,确保项目团队对项目的需求有一个清晰和全面的了解。

1.项目章程

项目章程是一个关键的文档,它为项目提供了正式授权,并定义了项目的初步范围,为项目提供了方向和框架。项目团队在定义项目范围时,需要参考项目章程中的信息,确保项目范围与项目目标、利益相关者的期望和组织的策略保持一致。

2.项目范围管理计划

公益慈善项目范围管理计划是项目管理计划的组成部分,主要用于描述如何定义、制定、监督、控制和确认项目范围。该计划主要用于对下述内容做出相应规定:制定项目范围说明书,根据详细项目范围说明书创建 WBS,确定如何审批和维护范围基准,正式验收已完成的项目可交付成果等。

3.项目文件

项目文件主要用于定义公益慈善项目范围的参考依据,这些文件涉及(但不限于)项目假设和约束条件、需求文件、风险登记册、项目启动会议记录、利益相关者登记册等。上述文件提供了项目目标、需求、背景、资源、约束和假设等关键信息,有助于确保项目范围的准确性、完整性和一致性。

4.事业环境因素

公益慈善项目的范围定义不仅受到项目内部因素的影响,还受到外部环境的显著影响。事业环境因素(EEF)是指影响项目成功的外部环境或组织环境的任何或所有因素,包括组织文化、基础设施、合作伙伴和联盟、社会文化因素等。

5.组织过程资产

组织过程资产(organizational process assets,OPA)是执行组织用于开发项目的流程、程序、政策、模板、指南、组织知识库、标准和最佳实践。在公益慈善项目中,定义项目范围时,组织过程资产可以提供重要的输入和参考,帮助项目团队在定义项目范围时遵循组织的最佳实践和标准。能够影响公益慈善项目定义范围过程的组织过程资产包括(但不限于):用于制定项目范围说明书的政策、程序和模板,以往项目的项目档案,历史信息与经验教训。

(二)定义范围的工具与技术

定义公益慈善项目范围的工具与技术包括(但不限于)专家判断法、焦点小组法、数据分析技术、决策技术、产品/服务分析技术等。

1.专家判断法

专家判断法是一种依赖于专家的专业知识和经验以确定项目的目标、范围和需求的方法,包括专家个人意见集合法、专家小组法、德尔菲法等。首先,选择具有相关领域知识和经验的专家,包括(但不限于)项目管理、慈善组织、社会工作、法律、财务等不同领域。在此基础上,通过组织研讨会或访谈向专家收集关于项目目标、预期成果、潜在风险、资源需求等方面的意见,并回收汇总全部专家的意见,并整理出综合意见,作为定义项目范围的依据。

2.焦点小组法

焦点小组法是社会科学研究中常用的质性研究方法,也是资料收集的重要方法,主要通过组织一组具有共同特征或经验的参与者,讨论特定的主题或问题,以收集他们的意见和反馈。其优点在于:资料收集速度快、效率高,而且取得的资料较为广泛;对研究的问题能够做较深入的探索,收集到的资料可以帮助公益慈善项目形成假设,了解服务对象的问题和需求。具体而言,首先选择具有代表性的目标群体,如潜在受助者、志愿者、捐赠者等,组成焦点小组;其次,根据前期项目需求收集所获的资料和分析结果,确定焦点小组讨论的主题,且所设定的主题应与项目范围定义相关,如项目目标、需求、预期成果等。在此过程中,应该详细记录讨论过程,包括参与者的发言、表情和肢体语言等,并在讨论结束后,对记录进行分析,以识别关键主题和共识。焦点小组法在公益慈善项目范围定义中的优势在于能够直接从目标群体中获取深入的见解和反馈,从而为公益慈善项目的范围定义提供宝贵的信息和见解。

3.数据分析技术

数据分析技术主要用于分析需求数据和资料的分析。一方面,它用于分析公益慈善项目的需求,确定项目目标、定义项目范围,以及评估项目的可行性和潜在影响等。另一方面,数据分析技术用于备选方案分析,通过结合项目需求分析结果,生成相应的备选方案。此外,备选方案分析还可用于评估实现项目章程中所述需求和目标的各种方法。

4.决策技术

可用于定义范围过程的决策技术是多标准决策分析。多标准决策分析是一种借助决策矩阵来使用系统分析方法的技术,目的是建立诸如需求、进度、预算和资源等多种标准来完善项目和产品范围。在公益慈善项目范围定义中,这种决策技术是指在项目规划和实施过程中,通过决策矩阵和系统分析方法,帮助项目团队根据项目需求、项目目标、项目成本与项目预算、项目时间等维度进行方案决策和工具选择。

5. 产品/服务分析技术

产品/服务分析技术主要用于定义项目的产品和服务范围,包括针对产品或服务提问并回答,以描述要交付的产品的用途、特征及其他方面。公益慈善项目产品/服务分析技术主要依托前期对利益相关者需求的收集和数据分析,识别目标群体的具体需求,明确项目的产品供给和服务范围,包括产品的类型、服务的起始点、结束点和任何特定的服务限制。公益慈善项目的产品/服务分析技术涉及产品/服务分解、需求分析、系统分析、价值分析、效益分析等。

(三)定义范围的产出

公益慈善项目定义范围的产出是由一系列清晰地描述了项目的工作内容、目标和交付物的文档组成,为项目团队和利益相关者提供了清晰的项目范围视图,有助于确保项目按照既定目标和计划进行。

1. 范围说明书

范围说明书是定义范围的重要产出之一,是对项目范围、预期工作、目标、主要可交付成果和边界、假设条件和制约因素的描述。范围说明书的确认,表示资助方、执行方、受益方及其他利益相关方对项目的预期成果达成了共识。范围说明书对公益慈善项目的成果/服务及工作边界所描述的详细程度,决定着项目团队控制项目范围的有效程度。同时,为便于管理相关方的期望,项目范围说明书可明确指出哪些工作不属于本项目范围。项目范围说明书为项目团队提供了详细规划的依据,在项目执行过程中指导项目团队工作,同时作为评估变更请求或额外工作是否超出项目既定边界的基准。范围说明书构成了公益慈善项目的基本框架,是对项目结果审核的基础,为整个慈善组织项目生命周期中的监测和评价实施情况提供参考。

范围说明书的编制依据包括需求调查表(报告)、相关政策、其他项目经验等。其具体包括以下方面。

(1)立项说明。公益慈善项目的立项说明书主要用于阐述项目设立的理由、目的、预期成果和重要性。其通常在项目的启动阶段准备,并作为项目团队、利益相关者和资助机构之间沟通的基础,涉及项目背景、项目目的、项目目标、项目的可行性与必要性、项目意义、受益群体、组织能力、合作伙伴和利益相关者、项目启动条件以及其他附件和支持文件等。

(2)产品/服务范围描述。这是对公益慈善项目将要形成的成果/服务所具有的特点和属性的详细阐述,它是对项目需求调查表(报告)中相关描述的进一步细化和明确。

(3)可交付的成果。这是指在完成公益慈善项目的某一过程、阶段或项目而必须产出的任何独特且可核实的产品/服务、成果或服务能力。可交付成果也包括各种辅助成果,如项目管理报告和文件。

(4)阶段进展报告。这是指在公益慈善项目实施的某一过程、阶段或完成时,需提交的进展报告。这种报告是公益慈善项目工作成果的重要组成部分。报告的具体提交对象可在范围说明书中明确,通常为资助方或机构内部上层管理部门。

(5)验收标准。这是指可交付成果/服务在结项前必须满足的一系列评估和验收条件。这些标准通常包括验收的时间安排、采用的验收方法以及具体的验收要求等内容。

(6)制约因素。制约因素是对公益慈善项目执行产生影响的限制性因素。这些因素是对项目需求调查表(报告)中相关内容的进一步明确和细化,通常会涉及更多、更具体的限制条件,内容包括但不限于资源、时间、技术、预算等方面。

(7)项目的除外责任(亦称责任免除)。项目的除外责任要求对项目边界进行细致的梳理和界定,准确识别并排除那些不属于项目范畴的内容。明确说明哪些内容不属于项目范围,有助于管理相关方的期望及减少范围蔓延。

2.项目文件更新

公益慈善项目文件更新是指对项目过程中产生的各种文档和记录进行定期或必要时的修订、完善和存档的过程。项目文件更新可确保项目信息的准确性、时效性和可追溯性,同时能为项目团队、利益相关者和项目发起人提供最新的项目进展和决策支持。

(1)问题日志更新。问题日志更新是指记录公益慈善项目执行过程中新出现的问题和解决方案,以及未解决问题的状态。

(2)需求文件更新。公益慈善项目执行过程中因外部环境和内部环境因素导致的项目需求变更,可以通过增加或修改需求而更新需求文件。

(3)需求跟踪矩阵。公益慈善项目执行团队应该随同需求文件的更新而更新需求跟踪矩阵。

(4)相关方登记册。相关方登记册用于记录公益慈善项目执行过程中,收集到的有关现有或新相关方的更多信息。

三、创建工作分解结构

创建工作分解结构(work breakdown structure,WBS)是项目管理中最有用的工具之一。它可将界定好的项目范围按照内在逻辑进行逐层分解,并以图形、表格、目录等有序排列的形式将整个项目要做的工作完全、清晰、有层次地呈现为一个个可预测、可管理的活动。创建工作分解结构是定义范围的延续。在范围说明书明确项目的范围边界后,创建工作分解结构即以可交付成果为导向,对项目工作进行逐层分解,以便把项目工作分解成较小的、便于管理的组成部分(较小的可交付成果),每下降一个层次都代表对工作的更加详细的定义。

创建工作分解结构对公益慈善项目实施的作用包括以下方面:第一,对利益相关方来讲,工作分解结构是沟通的基础性文件,能够促进利益相关方对项目范围达成一致性的理解和认识;第二,工作分解结构有助于强化项目团队的团队建设。它明确包含了团队成员的职责和分配方案,使团队成员清楚自己的任务和责任,从而更好地协同工作;第三,工作分解结构促使项目团队对项目范围进行周全考虑,避免遗漏或多列某些内容;第四,工作分解结构是进行项目执行、监测以及结项评估的重要依据。下文从创建工作分解结构的方法、步骤、产出三个方面分别进行介绍。

(一)创建工作分解结构的方法

创建工作分解结构的常见方法包括按专业分解、按成果/服务结构分解、按项目阶段分解和借鉴已有的工作分解结构。

(1)按专业分解。这种分解方法通常以公益慈善项目主要成果/服务所属专业为依据,按照该专业领域内的知识,将范围划分为更为细小、可操作的内容。这种分解方法的优势是专业领域内的普适性强,但涉及跨领域项目,则会出现资源协调困难的情况。如某公益慈善组织致力于儿童发展领域,这一领域可以细分为儿童权益保护、儿童营养改善、儿童心理干预、儿童助学、儿童父母行为改变、儿童音体美教育等。其中儿童心理干预项目,在按专业分解的方法中,又可以依据该年龄段儿童心理特点,分解为不同子活动,如图5-2所示。

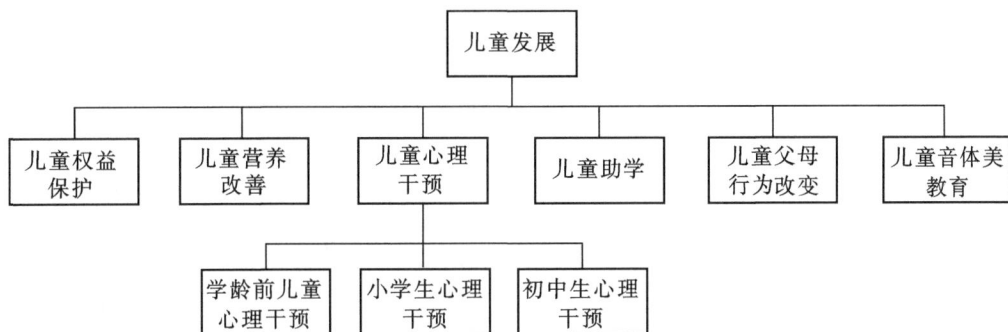

图5-2　儿童发展项目工作分解结构

(2)按成果/服务结构分解。其主要是依据公益慈善项目所需交付的产品/服务进行逐级分解。以成果/服务结构分解,可以清晰界定子项目或子活动,从而在实施过程中对结果进行灵活把控。例如,在农村学校建设营养厨房,有统一的设施设备、人员配置、业务标准等,每一大项下面又有清晰的子项目,各类工作清晰可见,如图5-3所示。

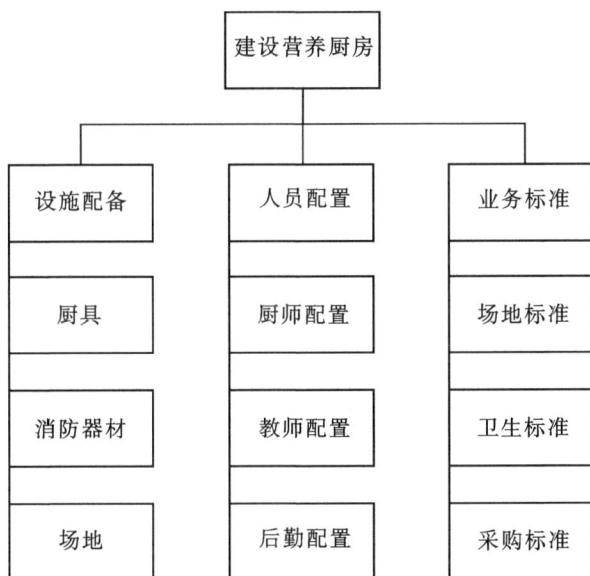

图5-3　农村学校营养厨房建设工作分解结构

(3)按项目阶段分解。这是按照公益慈善项目的生命周期阶段进行分解,这类分解方法有利于项目执行团队实时监控项目的进度,有效地控制项目目标和项目范围,同时确保项目不陷入项目细节中,或者避免项目偏离。例如,儿童营养干预倡导项目,可分为发现和甄别问题、试点前研究、试点研究、政策倡导四个阶段,每个阶段工作分解如图5-4所示。

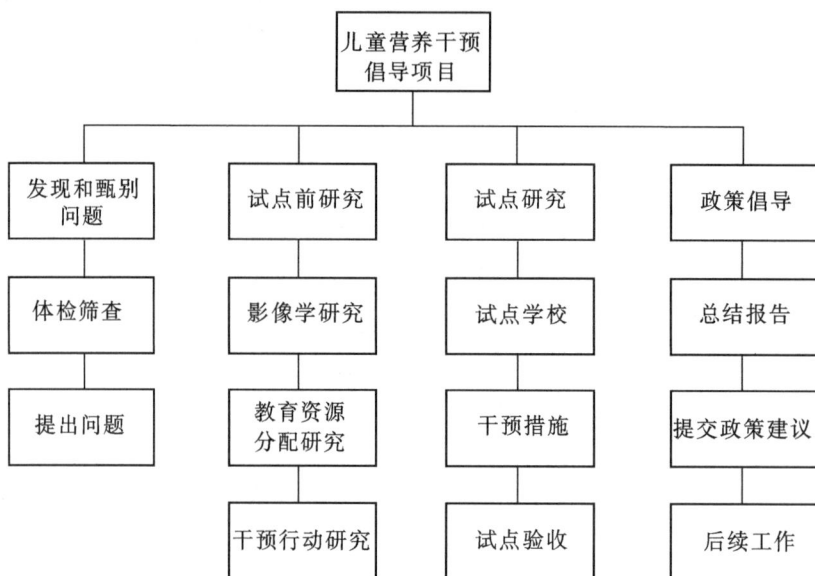

图5-4　寄宿制学校儿童营养干预倡导项目工作分解结构

(4)借鉴已有的工作分解结构。在同一组织中,尽管所有的项目各不相同,但部分项目在上层范围是相似的,如果机构前期已有相对完善的同类型公益慈善项目的工作分解结构,可以在此基础上,结合当前项目的需求和目标适当调整并加以应用,如图5-5所示。

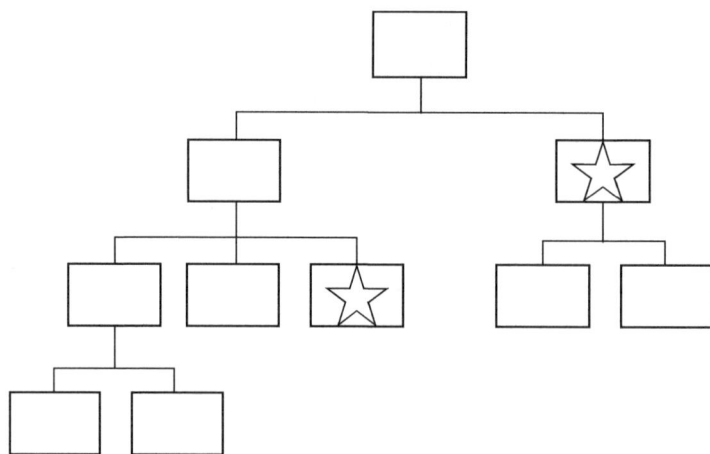

图5-5　借鉴已有的工作分解结构示意图

在创建工作分解结构时,会依据项目的不同性质、目标、范围特点,采取不同的范围分解方法。但无论以何种方式划分,都必须确保全部工作都完整地包含在工作分解结构中。下一层的工作内容汇总应完全等同于上层结构所包含的内容只有当所有子要素工作都完成后,母要素才算真正完成。

分解的下层活动是完成上层活动的基础工作，工作分解结构越细致，对项目的规划、管理和控制就越有力。但在实施过程中需要把握合理尺度，防止因过度细化分解产生过多无效消耗，进而降低资源的使用效率。

(二)创建工作分解结构的流程

创建工作分解结构可以按照以下程序进行：

(1)编制高层级工作分解机构：最高层级工作可以协议中的工作范围为基础，由机构负责人或项目总监进行编制。

(2)分配高层级工作责任：在确定高层级工作后，需要确定该工作的项目主管，即该项目的主要负责人，并明确相关责任与义务。

(3)编制低层级工作分解结构：在编制好高层级工作分解结构的基础上，应进一步将其分解为更多低层级的成果/服务。工作分解结构的层级每增加一个级别，就是对工作范围的进一步细化和更具体的定义。低层级的工作分解结构可由机构负责人、项目主管、项目成员共同编制。

(4)分配低层级工作责任：如项目需要多名项目主管或项目团队，则需根据编制的低层级工作分解机构，确定具体的执行人员并分配各自所负责的工作内容。

(5)审批工作分解结构：工作分解结构由项目主管提交机构审批。在审批过程中，可以征询利益相关方意见，以确保工作分解结构的科学性和有效性，同时保障各方信息的一致性。

(三)创建工作分解结构的产出

创建工作分解结构的产出包括工作分解结构图、表、目录，工作分解结构说明。工作分解结构图的形式是多样的，如树状图、气泡图，各有优缺点。树状图的优点是结构清晰直观，内容一目了然；缺点是内容修改复杂，不适合复杂的项目分解。气泡图的优点是添加、修改内容简单直接；缺点是看起来不直观，同样不适合复杂的项目分解。表格和目录是项目管理软件中常见的分解方式，对于大型、复杂的项目分解适用性好。简言之，若分解范围并不十分复杂，可采取树状图、气泡图两种方式之一；若分解范围复杂庞大，则可采用表格或目录的呈现方式。无论采用哪种产出形式，都应符合相应的规范要求，每个要素的编号要规范，名称不重复，同一层次的分解标准统一，同一层次的各要素的繁简程度基本一致。

工作分解结构说明是对范围分解的进一步解释，包括分解方式、人员安排、资源分配、评估标准等信息。

四、控制范围

工作分解结构能够清晰地定义项目范围。但在具体实施过程中，由于项目本身的限制及外部环境因素的变化，可能造成周期、预算和质量变化，这些变化都将体现在项目范围的变更中。因此，需要通过控制范围过程来明确影响范围变更的因素，并对变更发生后的实际情况进行有效管理。

需要注意的是，发生范围变更不是问题，问题是许多变更处于"非管理状态"。缺乏规范的变更管理过程，则一定程度上反映了项目存在缺陷。通常情况下，范围变更控制是与其他控制过程，如进度控制、预算控制和质量控制等综合开展的，因此范围变更也会导致其他内容同时发生变化。

控制范围需要依据组织的整体变更控制过程。在执行过程中,可采用偏差分析的方法,评估变更前后的差异,以此确定偏离基准的原因和程度,并据此决定是否采取纠正和预防措施。下面将从控制范围的方法、流程、产出三个方面分别进行介绍。

(一)控制范围的方法

控制范围的方法包括绩效评估、召开例会和定期监测。

(1)绩效评估。绩效评估可以帮助项目团队严密监控慈善项目的实施情况以及可能出现的偏差,评估范围偏差对绩效造成的影响程度,并分析导致偏差的原因。在此基础上,团队可以采取针对性的措施,从而改进项目管理绩效。绩效评估可以邀请外部专家进行,也可以借鉴组织前期相关经验在内部开展。

(2)召开例会。召集利益相关方开会,汇报、分析、评价当前项目实施情况,及时采取措施控制项目范围的偏离。

(3)定期监测。在实施过程中,按照一定周期(每月)或形成的阶段性成果,组织人员进行监测评估,控制慈善项目的范围。

(二)控制范围的流程

在控制范围前,公益慈善组织应通过建立一整套与控制范围相关的规章制度来明确具体的变更流程,其关键内容应包括范围变更的基本控制程序、控制方法和控制责任,如图5-6所示。

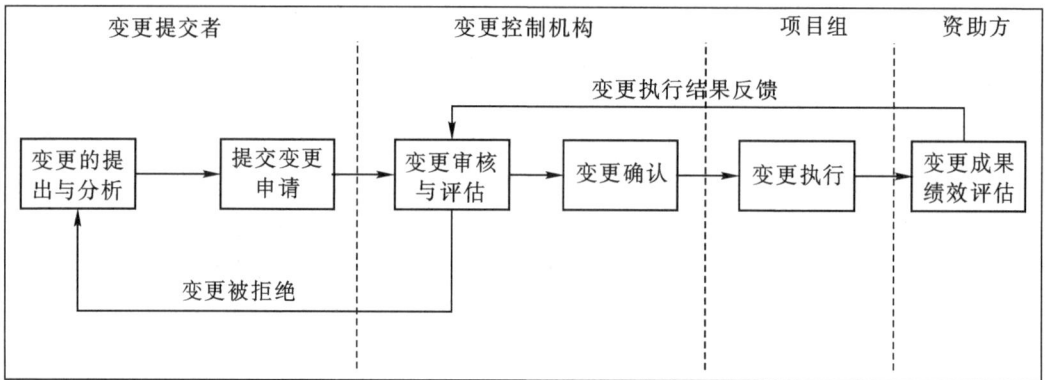

图5-6 慈善项目范围变更流程

1.建立项目变更管理委员会/小组

为加强对范围变更的管理,在项目实施过程中应建立项目变更管理委员会/小组。该委员会/小组最好由执行机构、资助方、受益方等利益相关群体的代表组成。委员会/小组负责对变更进行审核与评估等控制工作,从而提高范围变更的执行效力。同时委员会/小组还可将不同级别的变更授权给相关级别人员负责。例如,委员会/小组授权一个月以内的延期变更由项目主管批准;授权5万元人民币以内的预算增加和3个月以内的项目延期变更由执行机构负责人批准;授权5万元人民币以上预算增加和3个月以上项目延期变更由委员会负责等。

2.变更的提出与分析

在公益慈善项目中,资助方、项目团队均可提出变更申请,有时项目团队可代表受益群体提出变更申请,如项目主管代表脑瘫儿童对面向其服务的项目提出增加服务内容的申请。提出者应分析范围变更对质量、周期和预算造成的影响,增加的风险,给利益相关方带来的变化等,尽可能进行系统、全面的分析,确保慈善项目管理价值最大化。

3.**变更的申请与审核**

因变更涉及相关人员签字确认,所以除紧急情况口头申请变更之外,通常要以书面形式提出范围变更申请,如填写范围变更申请表(见表5-1),并提交给项目变更控制管理委员会或相关负责人(团队)。负责人(团队)应在规定的时间内进行审核,审核重点包括:变更内容、变更理由、对其他管理要素的影响评估意见、导致进度和成本的增减量等方面内容,最后给出是否批准变更的意见并签字确认。

表5-1　×××机构范围变更申请表

项目编号

项目名称				项目官员	
申请人		归属部门		申请日期	
变更内容					
变更原因					
变更影响评估及审批意见					
申请人分析变更		变更控制机构评估		第三方评估	
预算增减估算			周期增减估算		
审批意见					
是否同意变更		参与人签字		日期	
其他说明					
甲方负责人签字: 日期:			乙方负责人签字: 日期:		

4.**变更的执行**

一旦范围变更申请得到相关授权人(团队)审核与批准,范围变更申请表就成为变更执行工作的标准,接下来就可以按照这个新的标准来执行变更了。

5.**变更的绩效评估**

在范围变更实施完毕后,要对变更实施的绩效进行评估,判断该变更实施效果究竟如何。

6.**其他**

如果涉及执行主体机构变更、预算增加等重大事项,需要签署补充协议。

(三)控制范围的产出

控制范围的成果是实施情况报告,报告可以是专门的控制范围情况报告,也可以是定期报告的一部分。其内容应包括实施的情况、变更的分类、范围偏差的原因、影响的程度以及所采取的措施等说明。对于已通过审批的范围变更,需要根据范围的变动来调整、补充、确定新目标计划,这也是对范围进行控制的新的标准。

五、核实范围

核实范围是在项目阶段结束或整个项目结束时,由公益慈善组织或资助方相关人员对项目的成果/服务正式交付验收的过程。核实范围是为了确保公益慈善项目已经按照目标顺利完成,同时检查范围是否需要修正更新。需要注意的是,核实范围并不仅在慈善项目结束时开展,而是在每个阶段性工作完成之后,下一阶段性工作开始之前进行。下面从核实范围的方法、流程、产出三个方面分别介绍。

(一)核实范围的方法

核实范围的方法包括监测和专家评审:

(1)监测。监测是机构内部或资助方通过对比、评估、确认等对公益慈善项目的成果/服务是否符合标准而开展的活动。监测内容可分为已完成的工作是否满足利益相关方的需要,公益慈善项目成果/服务是否符合既定目标两部分。

(2)专家评审。引入相关专家或行业领域的第三方意见,确保慈善项目成果/服务具备科学性、客观性;当对评估结果出现分歧时,可采用决策方法,如一致同意、大多数原则、相对多数原则、独裁(某个人为群体做出决策)等。

(二)核实范围的流程

核实范围一般可按照如下程序:

(1)项目团队内部监测。执行机构对公益慈善项目的成果/服务进行内部监测,符合相应阶段的验收条件后,向资助方提交核实范围申请表,说明验收的内容、时间、标准等情况。

(2)资助方审查验收申请报告。资助方对照公益慈善项目的目标、验收的标准等内容,判断项目团队的成果/服务是否满足核实范围,如果满足,进入资助方核实范围阶段。

(3)资助方核实范围。资助方按监测相关要求开展工作,对符合要求的公益慈善项目进行核实范围确认。在实际操作中,公益慈善项目各阶段的监测方式可能会有不同,尤其是关键性的节点及最终成果/服务的验收,可能会需要采取组织专家论证、第三方评估等多种形式。

(三)核实范围的产出

根据核实范围的流程,核实范围的产出包括由执行机构填写的"核实范围申请表"和由资助方填写的"核实范围意见表"两部分,如表5-2、5-3所示。

(1)"核实范围申请表"是项目团队内部完成该慈善项目阶段成果/服务或结项阶段时,经过内部的核实范围监测后向资助方提交的文件,也可以是定期报告的一部分。申请表是对相关成果/服务监测情况的说明。

(2)"核实范围意见表"是执行方在开展核实范围后的结论和说明。其应具体阐述下列情况:一是通过监测的情况,即符合核实范围标准的可交付成果/服务,需有资助方相关人员签字确认;二是已经完成但未通过核实的可交付成果,详细记录未通过的原因,并提出相应的处理措施、可能对后续或整个工作的影响等内容。

表 5－2　×××项目范围核实申请表（执行机构填写）

项目编号：

项目名称	
成果/服务内容	
项目主管意见	签字： 日期：
机构监测意见	
机构监测结论	签字： 日期：

表 5－3　×××项目核实范围意见表（资助方填写）

项目编号：

项目名称	
成果/服务内容	
机构监测意见	
验收标准	需求调查表（报告）、项目范围说明书、范围变更审批情况以及协议书等相关内容
核实范围时间	
资助方监测意见	签字： 日期：
专家意见	签字： 日期：
监测结论	签字： 日期：

本章小结

科学、规范的管理是公益慈善项目成功的起始，而其中范围管理直接影响公益慈善项目的预算、周期、目标产出的实现，因此尤为重要。在范围管理中，需要重点把握两方面内容：一是明确慈善项目的目标，二是控制范围变更。在执行过程中，常常会发生计划外的变更，有效管理控制范围,使一切变更都得到明确评估并且可控,是范围管理的关键所在。这不仅能确保项目按计划推进,还能为后续采取预防、纠正、补救或改善等措施提供依据。当前,公益慈善组织普遍面临人员紧张、资金缺乏的困境。在这种情况下,做好项目范围管理就显得尤为重要。一方面,精准的范围管理可以提高预算、时间和所需人力等资源的准确性。这使得在对外筹款时有清晰的指向,在对内调配人员时有明确的分工,确保每项任务都有专人负责,从而最大程度发挥项目价值,提高工作效率。另一方面,明确项目范围的内容是确定项目进度和开展项目控制的基本依据。这有助于项目团队对实施过程及关键点进行有效的掌握和控制,从而促进目标顺利实现。

课后习题

1. 简述公益慈善项目范围管理的内容。

2. 什么是范围蔓延?范围蔓延产生的原因是什么?

3. 创建工作分解结构的常见方法有哪些?

4. 案例分析。

某资助型基金会资助第三方评估机构对 A 机构所执行的留守儿童有声阅读项目进行效果评估。该评估分为基线评估、中期评估及结果评估,主要围绕以下四个方面展开:寄宿学生的阅读能力和阅读习惯;心理发展和心理健康(自尊心、自信心及抗逆力);听故事对语文和数学考试成绩的影响;校园人际关系(校园暴力和欺负现象)。通过这些评估,分析该项目在执行中期和结果阶段是否有助于解决上述问题。第三方评估机构在基线调研后向资助方进行汇报,资助方认为还有其他的问题需要进一步调研,建议在调研评估中再增加一些问题。如果第三方评估机构答应其要求,那么在时间、人力及预算方面都会有所增加。为此,第三方评估机构经过谨慎考虑,拒绝了资助方增加其他调研内容的建议。

请问在这个案例中,造成项目范围蔓延的原因是什么?第三方评估机构研究团队的做法是合理的吗?如果你是项目主管,你会如何做?

第六章 公益慈善项目进度管理

引例

一份失败的研究项目

　　A 中心是国内一家老牌的慈善研究机构。A 中心主要从事公益慈善行业研究与咨询相关业务,因为起步较早,并且成员大多数都有海归和实务的双重背景,在圈内具有较好的声誉,发展迅速。A 中心在内部设置了基金会发展、农村发展和政策倡导三个研究部,聘请了 10 多位全职研究人员,年筹资额超过 300 万元。2016 年,A 中心下设的基金会研究部策划了一个有关筹款的研究项目,由于恰好契合了国内一些基金会的需求,该项目同时获得多家基金会的联合资助,资助总金额达到 180 万元,项目周期为一年。这个项目是该中心年度最大的研究项目,在实际执行过程中他们发现,仅仅凭借自身的研究实力无法完成该项目,因为该研究部只有两位研究人员,而且他们手里还有其他的项目要完成,其他部门的同事对这个议题又不熟悉。由于资助项目合同中明确规定不能外包给第三方,开始机构负责人还很乐观,认为可以对外招聘的方式补充人手不足的问题,"重赏之下必有勇夫",直到项目开展到半年的时候才开始发布招聘启事,但应聘者寥寥,背景条件也都不符合项目的要求。最终,该项目未能如期完成。A 中心向资助方申请延期半年获得批准。半年后,在资助方的不断催促之下,A 中心在负责人的直接参与下加班加点赶出一份研究报告,并十分忐忑地提交给了资助方。但在结项答辩会上,多家资助方包括外部聘请的专家对这份报告的质量明确表示了不满。A 中心在会议上继续提出延期申请,但被几个资助方言辞激烈地拒绝了。有人甚至发现里面的很多内容与之前看过的一份国外研究报告内容重合度很高,疑似有抄袭嫌疑。在会上,资助方一致决定终止该项目,不再拨付尾款。为避免破坏合作关系,维护声誉,该中心只得退回了前期款项,并承受了不小的损失。

　　如何在限定的时间内完成预期的项目成果是每个项目团队面临的挑战。在公益慈善组织的项目管理中,时间问题是造成项目冲突的主要因素,时间对项目的成败起着非常关键的作用。除了启动阶段,在计划、执行和结项阶段,时间问题都是冲突的最主要来源,并且越到项目后期,时间冲突越严重。由于这关系到服务对象能否及时得到组织提供的服务,因此进度管理在项目管理中显得尤其重要。在确定了项目范围之后,就要编制项目进度计划。项目进度管理就是要在工作分解结构的基础上,列出为完成项目而必须进行的所有活动,然后再分析这些活动之间的逻辑关系和各自所需要的工期,并制订出项目的进度计划。项目进度管理旨在协条同时进行的多项活动,确保它们能够高效推进。通过识别关键路径上的活动,可以确定完成项目的最短可行时间。

第一节　公益慈善项目进度管理概述

一、公益慈善项目进度管理的定义

项目进度管理的核心是在规定的时间内，制订出合理的进度计划。在计划执行过程中，需要检查实际进度是否与计划进度相一致，若出现偏差，便要及时查原因，采取必要的措施。如有必要，还要调整原进度计划，以确保项目按时完成。公益慈善项目的进度管理又称为时间管理，其核心在于运用科学的方法来精准确定项目的目标进度。这一过程涵盖编制进度计划和资源供应计划，并实施有效的进度控制。进度管理的主要目标是在给定的限制条件下，用最短时间、最低成本，以最小风险完成项目工作。

范围管理、进度管理、成本管理是确保公益慈善项目顺利完成的三个最基本的要素。每个项目都有一个生命周期，有明确的开始和结束时间。在这一过程中包含项目执行下去所必需的一切活动，这些活动在时间上的前后顺序、活动之间的关系，及每个活动完成的时间都需要得到严格的控制，否则很难保证项目能够按时完成。

项目时间的拖延容易使项目范围发生变化，进而会导致时间的进一步拖延，很容易陷入恶性循环。在项目管理的各项约束中，时间限制几乎是最重要的条件。如果项目不能按时完成，就必须按照协议的规定受到相应惩罚。而且，时间问题还涉及项目成本、质量等方面，如果进度管理不善，其他方面也会受到极大影响。

在计划的执行过程中，由于各种因素的影响，往往使得项目很难按照计划的进度进行。因此，在计划的执行过程中，要随时掌握项目实施动态，检查计划的执行情况，并要随着情况的变化对计划进行调整，这对保证项目目标的顺利实现具有重要的意义。

二、公益慈善项目进度管理的相关内容

为了保证项目能按时完成，要根据工作分解结构对项目所有活动进行分解，列出活动清单。工作分解是着眼于工作成果，而活动分解是对完成工作所必须进行的活动进行分解，使之变成易执行、易检查的活动，且有具体期限和明确的资源需求。在进度管理中另一个很重要的内容是确定活动的顺序关系，只有明确了活动之间的各种关系，才能更好地对项目进行时间安排。

(一)项目活动

项目活动是指为完成项目而必须进行的具体的工作。在项目管理中，活动的范围可大可小，一般应根据项目具体情况和管理的需要来确定。项目活动是编制进度计划、分析进度状况和控制进度的基本工作包。

(二)项目进度

进度是指活动或工作进行的速度。确定项目进度，就是依据已批准或签订的项目协议或合同，对项目的执行进度作进一步的具体安排。项目进度计划是对执行的活动和关键性的节点制定的工作完成计划，也是跟踪项目进展状态的依据。

(三)活动的顺序关系

为了进一步制订切实可行的进度计划，必须对活动（任务）进行适当的顺序安排。项目各

项活动之间存在相互联系与相互依赖的关系,根据这些关系安排各项活动的先后顺序,如图6-1所示。

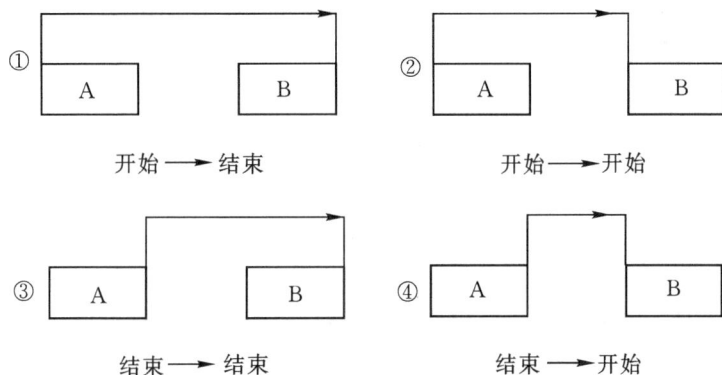

图6-1 项目活动之间的依赖关系

其中:
①开始→结束,表示 A 活动开始的时候,B 活动结束;
②开始→开始,表示 A 活动开始的时候,B 活动也开始;
③结束→结束,表示 A 活动结束的时候,B 活动也结束;
④结束→开始,表示 A 活动结束的时候,B 活动开始。

(四)项目活动的依赖关系

在确定活动之间的依赖关系时,需要具备必要的专业知识,因为有些强制性的依赖关系或称硬逻辑关系是来源于专业知识领域的基本规律。一般来说,决定活动之间关系的依据有以下几种。

1.强制性依赖关系

强制性依赖关系是工作任务中固有的依赖关系,是一种不可违背的逻辑关系。它是因为客观规律和物质条件的限制造成的,有时也称为内在的相关性。例如,物资采购必须要在发放之前完成。

2.软逻辑关系

软逻辑关系是由项目管理人员确定的项目活动之间的关系,是人为的、主观的,是一种根据主观意志去调整和确定的项目活动的关系,也可称为指定性相关或偏好相关。例如,在安排计划时,先在 A 社区开展服务,还是同时在 A 和 D 两个社区开展服务,都可以由项目管理者根据资源、进度来确定。

3.外部依赖关系

外部依赖关系是项目活动与非项目活动之间的依赖关系。例如,开展驻校社工服务需要取得学校对此事的支持与认可。

(五)里程碑

在项目管理中,里程碑指的是项目中的重大事件或关键节点,通常是指能够交付具体成果的阶段。里程碑标志着项目关键阶段的完成,对项目的整体进度监控至关重要。比如,某公益慈善组织资助农民种植经济茶树,第一批作物的成功产出便可以视为一个重要的里程碑,象征着项目初步成果的实现。此类里程碑不仅是项目进展的体现,同时也是后续活动计划的基础。

第二节　公益慈善项目进度管理的步骤

项目进度管理的过程包括规划进度管理、定义项目活动、排列活动顺序、估算活动时间、制定进度计划和控制进度六个过程,这些过程既相互影响,又相互关联。

一、规划进度管理

规划进度管理是为规划、编制、管理、执行和控制项目进度而制定政策、程序和文档的过程。其主要作用是为整个项目过程的进度管理提供指南和方向,确保项目进度的合理性和可控性。

(一)规划进度管理的依据

1.历史资料

历史资料既包括通过查阅资料所收集的各种历史信息,也包括项目组织过去开展过的类似项目所积累的各种经验。历史资料可以为项目活动的定义提供各种有用的信息,具有很强的借鉴作用。

2.项目的约束条件和假设因素

项目的约束条件是指限制项目团队进行选择的因素。任何一个项目都会面临着各种各样的限制条件,这些约束条件既可能是内部的,也可能是外部的。在项目定义的过程中,由于存在一些不确定因素,因此需要作出一些假设。这些假设通常包含一定的风险,假设是对风险的一种预判,因此要考虑这些假设因素的真实性、确定性。

(二)规划进度管理的方法

1.专家判断

专家判断是指由有经验的专家通过对比类似的项目或历史经验给出相关指导。

2.分析技术

在规划项目进度时,明确应选用何种专业工具来辅助进度管理,确定表述项目进度的合适格式,分析项目是否适合采用并行工作模式,以及全面识别采用上述进度规划方法可能引发的项目风险。

3.会议

项目进度计划会议能够帮助项目管理人员进行有效沟通,并最终确定项目进度管理方式。

4.敏捷框架的应用

在项目进度管理中,可引入敏捷框架,如 Scrum,其时间盒模型可定义每个 Sprint 的工作量。定期开展回顾会议和计划会议,使团队能够根据实际进展调整未来的工作计划,优化资源配置,从而提升项目适应性和团队协作效率。

(三)规划进度管理的成果

规划进度管理的核心成果是项目进度管理计划。该计划详细阐述了针对进度变化应采取的变更措施以及开展项目时间控制的具体安排。根据实际需要,进度管理计划可做得非常详细,也可高度概括,可用正式形式表示也可以用非正式形式表示。但无论采取什么方式,它都是整个项目计划的一部分。

二、定义项目活动

定义项目活动是识别和记录为完成项目可交付成果而采取的具体行动的过程。这一过程将项目工作进一步分解为更小、更易管理的工作包,也称为活动或任务。这些活动或任务应是能够保障完成交付物的可实施的详细任务。在活动定义中,会建立更详细的工作分解结构,并对其进行相关解释。活动清单应该包括对相应工作的定义以及一些细节说明,以便项目其他过程的使用和管理。在项目实施中,需将所有活动列成一个明确的活动清单,其目的是确保项目组成员对必须完成的工作有一个完整且具体的理解。随着项目活动分解的深入和细化,工作分解结构可能需要修改,这也会影响项目的其他部分。例如,在更详尽地考虑了活动后,成本估算可能会有所增加。因此,完成活动定义后,需要更新项目工作分解结构上的内容。

(一)定义活动的依据

1. 工作分解结构

项目活动定义所依据的项目工作分解结构的详细程度和层次主要取决于两个因素:一是项目组织中各项目小组或个人的工作责任划分以及他们的能力水平;二是项目管理与项目预算控制的要求高低以及具体项目团队的管理能力水平。

2. 项目范围界定

项目范围界定是项目活动定义的另一个依据。项目范围的界定可以防止我们在项目活动定义的过程中漏掉一些必要的项目活动,或者是将一些与项目无关的活动定义为必要的活动。因此,恰当的项目范围界定对项目的成功来说是十分关键的。

3. 历史资料

在定义项目活动过程中,要考虑历史资料。历史资料既包括查阅资料所收集的各种历史信息,也包括项目组织过去开展过的类似项目所积累的各种经验。历史资料可以为项目活动的定义提供各种有用的信息,具有很强的借鉴作用。

4. 项目的约束条件和假设因素

项目活动定义的依据还包括项目的约束条件和假设因素。项目的约束条件是限制项目管理小组进行选择的因素。任何一个项目都会面临各种各样的约束条件,这些约束条件既可能是内部的,也可能是外部的。同时,由于在项目定义的过程中还存在一些不确定因素,因此要作出一些假设。这些假设通常包含一定的风险,假设是对风险确认的结果,因此要考虑这些假设因素的真实性、确定性。

(二)定义活动的方法

1. 分解法

分解法是把项目的组成要素细分为更小的部分,以便更好地管理和控制。范围定义和活动定义两个过程都运用这个方法,但这里讲的分解和范围定义中讲的分解之间的主要区别是:分解用于范围定义时,最后的结果是可交付成果;分解用于活动定义时,最后的结果是更小的、易于操作的活动。

2. 模板法

模板法则是使用类似项目的活动清单或部分活动清单作为新项目活动定义的模板,并根据新项目的实际情况,结合当前项目的各种具体要求和限制条件,对模板进行调整和修改,从而得到一个新项目的活动目录。在定义活动时,它是一种简单、高效的工具技术或方法。

3. 敏捷方法

敏捷方法,尤其是 Scrum 框架,其是一种敏捷开发方法,旨在通过小型、跨功能的自组织团队来支持复杂软件项目的开发。在 Scrum 框架中,项目活动的定义是一个动态过程,利用任务板(如 Kanban)和敏捷工具(如 Jira)来持续更新和细化任务。这些工具使项目团队能够以可视化的方式实时监控活动进度,并通过每日 Scrum 会议促进团队成员间的即时沟通和协作,从而增强了跨团队的协作和项目管理的透明度。这种方法的关键优势在于它允许团队根据项目进展和外部反馈灵活调整活动清单,确保项目目标与当前环境保持一致。

(三)定义活动的成果

1. 活动清单

活动清单是项目活动定义阶段的核心产出文件,其准确性与完整性至关重要。该文件应详尽包含各项活动的具体描述,确保项目团队成员能理解,并准确执行各项工作任务。活动清单可视为项目工作结构的一个细化,它比项目工作分解结构给出的项目工作更具有可操作性。对于活动清单有两点要求:一是这个活动目录应是完备的,它不包含任何不在项目范围里的活动;二是不能包括任何与项目目标无关的活动。

在活动定义过程中,项目团队通过分解技术可能会发现原项目工作分解结构中遗漏的、错误的或不合理的地方,从而对其进行更正。同时,也要对其他的相关管理文件进行更新。

2. 清单说明

清单说明是指用于支持和说明项目活动清单的各种具体文件与信息。它既包括对所有假设和限制条件的说明,也包括对项目活动目录的各种解释和说明。清单说明可用于分配执行具体工作的负责人,确定开展工作的地点等。

3. 里程碑清单

里程碑是项目中关键的事件及关键的目标时间,是项目成功的重要因素。里程碑清单列出了所有项目的里程碑,并指出每个里程碑是强制性的还是选择性的。

三、排列活动顺序

排列活动顺序是指通过确定各活动之间的相互依赖关系,对项目各活动的先后顺序进行安排,并形成文档的过程。为了编制切实可行的进度计划,首先应对活动进行排序。在产品描述、活动清单的基础上,要找出项目活动之间的依赖关系和特殊领域的依赖关系、工作顺序。在这里,既要考虑团队内部希望的特殊顺序和优先逻辑关系,也要考虑内部与外部、外部与外部的各种依赖关系及为完成项目所要做的一些相关工作。为了制定项目时间(工期或进度)计划,必须准确合理地安排项目各项活动的顺序,并依据这些活动顺序确定项目的各种活动路径,以及由这些项目活动路径构成的项目活动网络。这些都属于项目活动排序工作的范畴。设立项目里程碑是排序工作中很重要的一部分。

(一)排列活动的依据

1. 活动目录和清单说明

活动目录和清单说明是在活动定义过程中得到的成果文件。其中,项目活动目录给出了项目开展所需的全部活动,而清单说明则说明和描述了项目活动目录的各种细节,因此,可以通过对活动目录和细节说明的分析来确定项目活动的顺序。

2.各活动之间内在的相关性

各活动之间内在的相关性包括强制性依赖关系、可自由决定的依赖关系和外部依赖关系等。强制性依赖关系就是所做工作中固有的依赖关系;可自由决定的依赖关系是指由项目团队确定的那些依赖关系;外部依赖关系就是项目活动与非项目活动之间的依赖关系。各活动之间的相关关系是项目活动之间的一种逻辑关系,它也是项目活动排序的依据之一。

3.指定性的相关性

指定性的相关性是指由项目管理团队所规定、确定的相关性,它是人为规定的项目活动之间的关系,因此应小心使用并加以充分陈述,因为承认并使用这样的相关性进行排序会限制以后进度计划的选择。指定性相关也可称偏好相关或软相关。这种相关性通常发生在以下一些情况:

(1)在一个特定应用领域有一个最佳实践。

(2)因某种原因可能会偏爱一个特定的活动排序关系。

4.约束条件及假定

在活动排序的过程中,也要考虑到约束条件和我们作出的相关的合理假定。项目活动的约束条件是项目活动所面临的各种资源与环境条件的限制因素,这些约束因素既有自然因素也包括社会因素。项目活动假定是对项目活动所涉及的一些不确定性条件的人为假定。这些约束条件和假定都会影响项目活动的排序。

5.目标群体的需求

项目活动的优先次序也与目标群体需求紧密相关。在很多情况下,为了项目能够达到效果,可按照目标群体需求为项目活动排序。表6-1提出了一份灾民需求打分表,0～10分中,分数越高表示越重要。通过各位灾民的打分进行汇总后,可以大致判断出灾民多种需求的顺序,进而确定项目活动的优先级。

表6-1　灾民对灾后重建项目的选择排序

项目选择	灾民需求打分					分值排序
	灾民1	灾民2	灾民3	灾民4	灾民5	
房屋重建	10	9	10	8	10	第1
生计发展	8	6	7	5	10	第2
清洁用水	4	10	5	4	6	第3
临时幼儿园	7	3	2	7	9	第4
垃圾处理	2	3	2	4	3	第5

6.敏捷框架的活动排序适应性

在敏捷框架中,活动的排序特别强调各活动间的相互依赖性及其对项目交付周期的影响。采用敏捷方法,如Scrum或Kanban,可以更灵活地调整关键路径活动和非关键路径活动的排序。这种灵活性主要体现在:

(1)快速响应。敏捷框架允许团队在短迭代中快速响应外部变化和内部反馈,及时调整活动优先级和资源分配。

（2）持续迭代。每个迭代或冲刺的结束都伴随着回顾和计划会议，使得活动排序可以根据实际进度和效果持续优化。

（3）透明沟通。敏捷方法强调日常的透明沟通（如每日站会），确保所有团队成员都对项目活动的当前状态和即将到来的任务有清晰的理解。

（二）排列活动的方法

1.紧前关系图法（PDM）

紧前关系图法是一种项目网络图编制技术，它采用节点作为活动的抽象标识，通过带箭头的线段（箭线）来直观展现活动之间的逻辑关系，如图6-2所示。

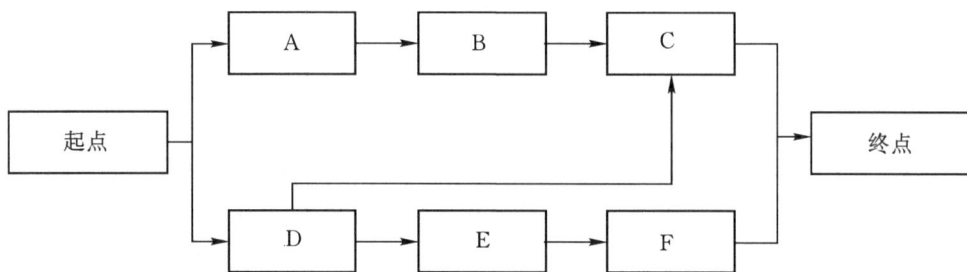

图6-2　紧前关系图法

2.箭头图方法（ADM）

箭头图方法是一种利用箭线代表活动而在节点处将活动联系起来表示依赖关系的编制项目网络图的方法。这种方法也叫双代号网络图法，虽比PDM法较少使用，但在某些应用领域仍是一种可供选择的技巧。ADM仅利用"结束→开始"关系以及用虚工作线表示活动间逻辑关系。ADM法可手编也可在计算机上实现，如图6-3所示。

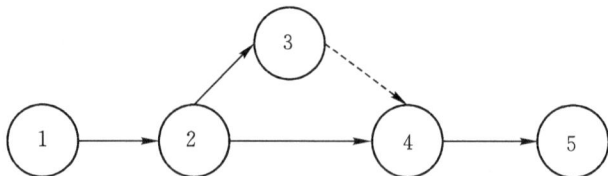

图6-3　箭头图法

在箭头图中，活动由连接两个点的箭线表示，有关这一活动的描述可以写在箭线的上方，代表项目活动的箭线通过圆圈连接起来，这些连接用的圆圈表示项目的具体事件。

3.敏捷迭代规划（AIP）

敏捷迭代规划是敏捷项目管理中的一项关键过程，旨在通过系统的规划会议确定每个迭代周期内的活动清单及其优先级。这个过程不仅确保了任务选择的合理性，也增强了项目对变化的响应能力（见图6-4）。以下是详细步骤的描述和逻辑关系：

（1）初始评估。初始评估是对项目范围和现有资源的初步评估，以及对前期迭代的成果和挑战的复审。此评估为后续任务的选择和优先级设定提供了数据支持。

（2）任务选择与优先级设定。在冲刺规划会议中，团队成员集体审查产品待办事项清单（product backlog），选择与迭代目标对齐的任务，并根据其紧急性和重要性进行排序。这一步骤是动态的，允许根据项目进展和外部因素的变化进行调整。

（3）能力匹配与资源配置。团队根据成员的可用性和专业技能，估算能够承担的工作量，确保任务分配的实际可行性。这一阶段的准确性直接影响迭代的执行效率。

（4）适应性调整与优化。通过每日 Scrum 会议，团队可监控任务进展和面临的障碍，实时调整活动的顺序和资源分配。这种高频率的交流和反馈机制使得敏捷团队能够迅速适应内外部环境的变化。

（5）反馈循环和持续改进。每个迭代结束时，通过冲刺回顾和反思会议评估成果和过程，识别改进点。这不仅促进了项目质量的提升，也增强了团队的协作和问题解决能力。

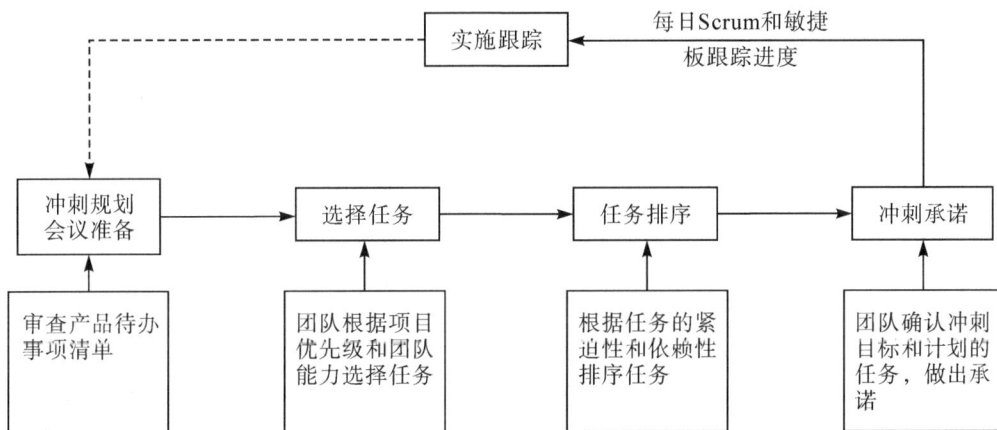

图 6 - 4　敏捷迭代规划

四、估算活动时间

估算活动时间就是根据项目范围、资源状况计划列出项目活动所需要的时间。项目活动历时的估算在项目管理中具有很重要的作用，其结果兼具合理性、可执行性及质量保障性。

（一）估算活动时间的依据

1.活动清单

活动清单是在活动定义时所得到的文件之一，是进行项目历时估算的重要依据。因为在项目历时的估算中，只有清晰定义了每一个活动并且完全了解每个活动的目的、成员的职责，才能确保项目历时估算的准确性。

2.约束和假设

约束和假设是指项目活动在时间估算过程中所依据的各种约束条件和假设因素。其中，约束条件是指限制项目管理团队进行时间选择的因素，假设条件是项目开展过程中依据的各种假设因素。只有在明确了各种约束条件和假设因素后，我们才可能对活动的历时进行估算，从而得出项目整体的时间计划。

3.资源的数量和质量

大多数活动所需时间是由项目所需相关资源和所能达到的资源的数量和质量决定的。

4.历史资料

在估算和确定项目活动所需时间的过程中,还要参考有关项目活动工期的一些历史资料。

(二)估算活动时间的方法

1.专家判断法

估计一个项目所需时间往往是很困难的,因为许多因素会影响所需时间,如资源质量、劳动生产率等。因此,我们可以借助一些专家的经验来进行判断。对于一个有经验的专家来说,当前进行估算的活动可能和以往所参加的项目中一些基本活动较为相似,借助这些经验可以得到一种具有现实根据的估计。当然,现实中不可能有完全相同的活动,因此还需要一些推测,最终得到一个可以接受的时间估算。

2.类比估算法

在大量文献资料中,相关行业积累了丰富的信息资源,这些数据可作为估算工作的重要参考依据。其来源不仅涵盖正式出版的学术刊物、期刊、报纸等权威渠道,还包括非正式出版物。此外,正规且成熟的公益慈善组织通常保存有历史项目档案,其中记录的翔实数据与经验案例,亦能为项目估算提供可靠支撑。

3.参数估算法

参数估算法是根据历史资料,在一个因变量与一个或几个自变量之间建立某种统计关系,并据此预测因变量的值。线性回归分析是最典型的参数估算,用公式表示为:

$$Y = a + bx_1 + cx_2$$

使用参数估算,必须先找出会影响活动工期的一个或几个关键因素,并获取大量的历史资料。只要找出了这些相关的变量,随后的分析与估算就不再需要估算者的经验了。

4.三点估算法

当项目活动比较简单,项目活动时间的估计就比较准确,但是当项目的干扰因素比较多时,项目活动时间的估计就很难那么准确,编制的项目进度计划也是不可靠的。对于不确定性较大的问题,可以预先估计三个时间值,然后运用概率的方法计算各项活动时间的平均值和方差,如表6-2所示。

表6-2　三点估算法

序号	名称	表示符号	说明
1	最乐观时间	a	完成该项活动所需的最短时间
2	最悲观时间	b	完成该项活动所需的最长时间
3	最可能时间	c	在正常的情况下完成该项活动所需的时间

活动时间的平均值和方差计算如下:

平均时间

$$t = \frac{a + 4c + b}{6}$$

均方差

$$\sigma = \frac{b-a}{6}$$

5.模拟估算法

模拟估算法是指根据各活动的可能工期的概率分布及活动之间的逻辑关系,在计算机上多次模拟项目实施,并画出项目可能工期的概率分布图。如果说三点估算法考虑了三种可能性,那么模拟估算法则要考虑许多种可能性。常用的模拟估算法是蒙特卡洛模拟法。模拟估算法一般用来对整个项目进行模拟,而不对每个活动进行模拟。

(三)估算活动时间的成果

1.各活动所需时间的估计

活动所需时间的估计是关于完成一项活动需多少时间的定量估计。项目活动所需时间的估计既包括项目活动本身所需的时间,也包括项目活动时间可能的变化范围。通常,活动所需时间的估计值会用某一范围表示,例如:

(1)2周±2天,表示该活动至少需 12 天和最多不超过 16 天。

(2)超过 3 周的概率为 15%,表示有 85% 的概率活动将在 3 周或更短时间内完成。

2.估计的基础

在进行估算时,我们所做的各种合理的假定,使用的各种约束条件,参照的各种历时信息以及项目活动目录与所需资源数量和质量等资料都必须以基础文档的形式保留下来,作为备查资料,也是我们进行风险管理和控制的关键依据之一。

3.项目文件更新

在项目活动时间估算的过程中,同样也会发现现有的活动目录的一些问题和遗漏,因此同项目活动排序一样,在项目活动时间估计之后,也要进行活动目录更新。

五、慈善组织项目进度计划编制

公益慈善项目进度计划编制是分析活动顺序、持续时间、资源需求和进度制约因素,创建项目进度模型的过程。编制公益慈善项目的进度计划意味着明确定义项目活动的开始和结束日期,这是一个反复确认的过程。公益慈善项目进度计划是公益慈善项目管理计划中最为重要的计划之一,这种计划的编制需要反复地试算和综合平衡,因为它涉及的影响因素很多,而且它的计划安排会直接影响到项目总体计划和其他管理计划。所以这种计划的编制方法比较复杂,制定项目进度计划时,需要项目主要利益相关方、项目组织的主要负责人参与,明确各自的职责,安排项目活动相应的时间进度。

(一)制定活动计划的依据

1.项目网络图和项目活动所需时间估计

项目网络图是项目活动排序得到的项目各项活动的内容,以及它们之间的逻辑关系示意图。项目活动所需时间的估计是在项目活动时间估计阶段得到的项目活动时间和项目总体时间的估计文件。它们是项目时间计划制定的依据之一。

2.项目的资源要求和共享说明。

项目的资源要求和共享说明包括有关项目资源质量和数量的具体要求以及各项目活动以何种形式与项目其他活动共享何种资源的说明。对进度编制而言,需要什么资源,有什么资源,在什么时候,以何种方法可供利用是必须知道的。安排共享资源可能是一项特别困难的任务,因为这些资源的可利用性是高度可变的。

3.资源日历表

资源日历表明确了特定资源可用于项目活动的日期范围。项目日历表则对所有资源的可用性产生全局性约束。例如,部分项目需严格遵循法定工作时间执行,而另一些项目可通过三班倒模式延长作业时间。此外,各类专项资源日历表(如人力资源、设备资源等)会对特定资源施加差异化限制。例如,项目团队成员可能因培训计划无法参与工作,或因劳动合同条款限制实际出勤天数。

4.约束条件

在制定项目进度计划时,有两类主要的约束条件必须考虑:强制的时间(服务对象或其他外部因素要求的特定日期)、关键时间或主要的里程碑(服务对象或资助方要求的项目关键时间或项目计划中的里程碑)。

5.超前与滞后

为了精确说明活动间相互关系,有些逻辑关系可能需考虑超前和滞后的时间。

(二)制定活动进度的方法

不同类型的进度计划,采用的编制方法也有所不同。

1.系统分析法

在不考虑资源和约束的情况下,通过计算所有项目的最早开始时间和最晚结束时间等方法,可以计算出项目的时间,以此来安排进度计划。编制进度的基本方法有关键日期表、甘特图、CPM 和 PERT 等方法。

2.资源水平法

使用系统分析法制订项目时间计划的前提是项目的资源充足,但是在实际中多数项目都存在资源限制,因此有时需要使用资源水平法去编制项目的计划。这种方法的基本指导思想是"将稀缺资源优先分配给关键路线上的项目活动"。这种方法制订出的项目计划常常比使用系统分析法编制的项目计划要长,但是更经济和实用。

具体采用哪种进度方法需要综合考虑以下因素:

(1)项目规模的大小。小项目适合采用简单的进度计划方法,大项目一般要用较为复杂的进度计划方法。

(2)项目的复杂程度。大的项目不一定就复杂,也可以用简单的进度计划方法。而一些小的项目,需要很复杂的步骤和很多专家的参与,就需要复杂的进度计划方法。

(3)时间要求。紧密的项目,比如救灾活动,要求用最好的方法,最快的速度来进行,因为时间是最宝贵的。

(4)发布指示的紧急性。项目急需进行,特别是在开始阶段,需要对各项工作发布指示,以便尽早开始工作。

(5)对项目的细节掌握程度。如果项目成员对项目细节不怎么了解,CPM 和 PERT 法就不适用。

(三)制定活动进度的成果

1.进度基准

进度基准是经过批准的进度模型,只有通过正式的变更程序才能进行变更。它被利益相关者接受并批准,包含基准开始日期和基准接受日期。进度基准为监控项目的时间进展情况提供了一个基础,用于与实际结果进行比较。

2.项目进度计划

项目进度计划书是通过项目进度计划编制而形成的,至少应包括每项活动的计划开始日期和计划结束日期等信息。一般在项目资源配置得到确认之前,这种项目计划只是初步计划,在项目资源配置得到确认之后,才能形成正式的项目进度计划。项目进度计划可以用摘要的文字描述形式给出,也可采用图表的形式呈现。

3.详细说明

项目进度的详细说明要包括对所有假设和约束条件的说明和具体实施计划的措施说明等。

4.项目文件的更新

在项目时间计划编制中,资源调整和活动目录的修改可能对资源的初始估计产生很大的影响,往往会出现对项目资源需求的各种调整和改动。因此,在项目时间计划的制订过程中,需要对所有的项目资源需求调整和改动进行必要的管理,并编制一份更新后的项目资源需求文件。

六、慈善组织项目进度控制

公益慈善项目进度控制就是将项目的进度计划与项目的实际进展情况进行对比、分析和调整,从而确保项目进度目标的实现。项目进度控制应该按照事先制定的项目整体变更控制系统的程序和规范,对项目进度的变更进行管理和控制,包括:

(1)确定项目的进度是否发生了变化,如果发生了变化,找出变化的原因,如果有必要就要采取措施加以纠正。

(2)对影响项目进度变化的因素进行控制,从而确保这种变化朝着有利于项目目标实现的方向发展。

为了保证公益慈善项目按进度计划顺利推进,采取各种方法进行有效的进度计划控制是非常重要的,否则,进度计划做得再好而没有进行控制的话,就没有任何意义了。

(一)控制活动进度的依据

1.项目进度计划

项目进度计划提供了度量项目实施绩效和报告项目时间计划执行情况的基准和依据,是项目总计划的一部分,是项目时间计划控制的最根本依据。

2.项目进展报告

这一报告提供了项目进展方面的信息,包括哪一项活动如期完成了,哪一活动未如期完成以及项目时间计划的总体完成情况。报告中也可提醒项目团队值得注意的问题。通过比较项目时间计划和项目时间计划执行情况报告,可以发现项目时间计划实施的问题和差距。

3.项目时间变更的要求

项目时间变更的要求是对项目时间计划所提出的改动要求。它可以由任何一个项目相关利益方提出。要求改变进度的形式有多种,口头或书面的,直接或间接的,外部或内部因素导致的,强制性的或有多种选择的。这些具体的变便要求的结果可能是加快进度,也可能是延缓进度。

(二)控制进度的方法与步骤

1.控制进度的方法

绩效审查是一种用于测定和评估项目的实施情况的管理控制方法。通过绩效审查,可以确定项目时间计划完成程度,以及项目实际完成情况与计划要求之间的差距大小。绩效审查是项目进度控制系统的一个重要组成部分,它能够帮助判断是否需要对已经发生的进度偏差采取纠正措施。此外,绩效审查法还可用来评估实际时间进度与计划时间进度之间的差异大小。例如,在一个非关键活动的一个较大时间延误也许只对项目产生较小的影响,而在关键活动的较小延误也许就需要马上采取纠正措施。这一方法要求有固定的项目时间计划实施情况报告周期,要求定期不定期地度量和报告项目时间计划的实施情况。从项目控制的角度来看,报告周期越短越有利于及早发现问题并采取纠正措施。

2.控制进度的步骤

项目进度控制包括以下四个步骤:

(1)分析进度,找出需要采取纠正措施之处。

(2)确定应采取的具体纠正措施。

(3)修改计划,将纠正措施列入计划。

(4)更新项目进度,估计纠正措施的效果。

如果计划采取的纠正措施仍无法获得满意的进度安排,必须重复以上步骤。

3.控制进度的成果

(1)进度计划的更新。进度更新是指根据执行情况对计划所进行的调整。如有必要,必须把计划更新结果通知有关方面。进度更新有时需要对项目的其他计划进行调整。在有些情况下,进度延迟十分严重以致需要提出新的基准进度,给下面的工作提供现实的数据。

(2)纠正措施。这里的纠正措施是指为纠正项目进度的实际情况与项目时间计划之间的偏差所采取的各种具体行动。在项目时间控制中,需要采取纠正措施以确保某一活动按时完成或尽可能减少延误而采取特殊措施。

(3)变更请求。用于审查项目进度执行的实际结果,可能需要进行纠正/预防措施。

(4)经验与教训。在项目时间控制中所获得的进度产生差异的原因,采取纠正的措施和理由,项目时间计划失控造成的各种问题和损失以及其他方面的经验教训都应当被记录下来,成为执行本项目和今后其他项目的历史数据与资料。

本章小结

在快速发展与瞬息万变的经济社会背景下,公益慈善项目也越来越追求高效率与快节奏。在公益慈善项目管理中,时间问题是造成项目冲突的主要因素,时间对项目的成败起着非常关键的作用。因此,如何保证在限定的时间内完成既定的项目成果是每个项目团队面临的挑战。公益慈善项目进度管理的目的是保证按时完成项目、合理分配资源、发挥最佳工作效率。它的主要工作包括规划进度管理、定义项目活动、排列活动顺序、估算活动时间、制订进度计划和控制进度等内容。

课后习题

1.举例说明公益慈善项目活动中的里程碑。

2.为一家从事灾后重建的公益慈善组织排列项目活动。

3.简述排列活动的方法。

4.控制进度的步骤有哪些?

5.计算题。

活动	前导活动	历时/月	最早开始时间	最早结束时间	最晚开始时间	最晚结束时间
A	—	1		1月		1月
B	A	3	1月	4月	1月	4月
C	A	2	1月	3月	2月	4月
D	B、C	5	4月	9月	4月	9月
E	C	2	3月	5月	7月	9月
F	D、E	3	9月	12月	9月	12月

根据上表所给条件,绘制网络图,并回答下列问题。

(1)利用前推法计算各项活动的最早开始时间和最早结束时间。

(2)利用后推法计算各项活动的最晚开始时间和最晚完成时间。

(3)确定关键路径和非关键路径。

第七章 公益慈善项目成本管理

引例

公益慈善零成本之争?

近日,一场关于"公益活动是否需要成本、需要多少成本"的争论在网上展开,这场论战引起公益界广泛关注。

公益活动是否需要成本?成本应该包括哪些?这些成本应该怎样支出?从哪里支出?中国青年报记者通过梳理争论的主要观点,并采访了一些公益从业人士,另外约请学者撰文,力图厘清这个公益界和公众普遍关注的问题。

10%,出现在《基金会管理条例》中的这个百分比,是目前我国现行法律中关于公益组织从事公益活动支出成本范围的"硬杠杠"。

我国现行法律中没有关于公益组织运行成本的直接规定,只是对公益组织人员工资福利和办公费用等作出了简单的限制性规定。从2004年起开始实施的《基金会管理条例》规定:"基金会工作人员工资福利和行政办公支出不得超过当年总支出的10%。"依据此规定,国内公益慈善组织一直以来都有在接收的捐款中提取不超过10%的"管理费"的"明规则"。

此次争论中,有一种声音主张:公益慈善组织从事公益活动的支出不应该从接收的善款中列支。

接受中国青年报记者采访的多名公益组织负责人认为,这场争论反映出我国公众慈善意识不成熟,公益慈善组织缺少有效监督,捐款的税收激励政策不够等不足。从事公益活动不需要成本,可以最大限度降低成本的观念,会让一些公益组织陷入发展困境,工作人员也不可能职业化、专业化,直接限制了公益慈善组织的资源动员能力。

资料来源:侯力新.公益需要多少成本引争论 折射公益组织缺有效监督[N].中国青年报,2015-10-29.

在公益慈善组织中,无论机构规模大小,成本管理都同等重要。公益慈善组织资金有限,哪怕一个项目的失败,都有可能使整个组织陷入险境。因此,公益慈善项目成本管理成为公益慈善项目管理的重中之重。

第一节 公益慈善项目成本管理概述

一、公益慈善项目成本管理的定义

公益慈善项目的成本管理是指为使公益慈善项目在预算内完成而对成本进行规划、估算、预算、控制的方法。成本管理的目的是确保项目在预算的资金范围内完成。公益慈善项目涉及的人员、资金、物资等多种资源,所有活动的开展均需要资金支持。公益慈善项目成本管理包括成本管理工作的规划、项目成本的估算、制定预算,以及项目执行过程中的控制预算等环节。其中,成本估算是对项目所需资金的近似估算,而预算则是通过立项的项目资金额度。对于某些范围特别小的项目,成本估算和预算之间的联系非常紧密,甚至可以视为同一个过程,在较短时间内确定。

公益慈善项目成本管理重点关注完成项目活动所需要的资源成本,同时还要考虑项目整体需求对成本的影响。如增加项目评估环节,可能会导致成本的增加。项目早期设计阶段,就应该对成本管理工作进行规划,建立成本管理各过程的基本框架,以确保执行中各环节的有效性及过程的协调性。

公益慈善项目的成本管理需要掌握好成本和效益的平衡。公益性与效益性的双重目标使得慈善项目的成本管理既不能以成本越低越好为目标,因为过低的成本可能会影响项目效果;也不能成本过高,因为过高的成本会造成项目效益低下,增加公益慈善组织的资金负担。因此,公益慈善项目的成本支出必须与其提供的社会服务相适应,确保有限的资金能够最有效地转化为社会服务能力。这要求以高效率的意识进行管理,实现高效益、低成本的目标。

公益慈善项目的成本管理是一项需要运用综合方法对项目进程进行干预的活动。在当前公益慈善组织资源有限的条件下,成本管理对项目执行和组织发展都非常有必要。准确的成本估算是后续管理决策和成本控制的前提,而有效的成本控制又是项目成本的基础与保障。公益慈善项目成本管理既要满足项目进度和质量要求,准确实现组织的社会目标,又要借助计划、组织、控制、协调等方式尽可能地降低成本,最大限度节约资源。资金是公益慈善组织开展项目的基础,但由于行业发展的阶段性限制,公益慈善组织在资源调动上仍有制约。因此,如何用有效的资源最大限度上实现组织的社会目标则尤为重要,意味着公益慈善管理者需要掌握多种成本管理的有效方法,尤其是在数字化时代需要学习数字化工具的应用。好的成本管理可以对项目执行过程中各种资源的消耗进行科学的指导、监督、调节和限制,及时纠正可能发生的或已经产生的偏差,使得各项花费均在计划或可控范围之内,最终实现项目目标和社会价值。

二、公益慈善项目成本管理的构成

根据成本管理的定义,可以知道公益慈善项目的成本管理包括规划成本管理、估算成本、制定预算与控制成本四个过程,每个过程有不同的工作依据、方法及成果产出。

(1)规划成本管理,即制定公益慈善项目成本的管理、使用、控制计划的过程,其产出也是项目整体计划的一部分。

(2)估算成本,即依据过往项目信息、团队经验、项目范围等对完成公益慈善项目所需的资金资源进行近似估算的过程。

(3)制定预算,即汇总所有项目的单个活动而最终确定的项目全部资金及各工作阶段所需的资金资源的过程。

(4)控制成本,即根据项目各阶段的状态,发现项目资金的实际支出与计划使用差异并及时采取纠正措施的过程。

第二节　公益慈善项目成本管理的常见问题

尽管成本管理对项目的顺利开展和组织的持续发展有着重要的意义,但现实中成本管理的问题仍屡见不鲜:有的组织在制定预算时花费大量精力,而项目一旦申请成功,获得拨付资金后没有对成本使用进行有效监管,最终产生成本偏差导致项目失败;有的组织项目团队未对成本管理进行有效的重视,在执行中片面追求低成本而忽视项目质量和团队建设,最终导致项目无法进行;还有的组织仅进行简单的成本估算,并未做细致的预算分析就申请项目,结果实际需求资金远远超出申请额度,造成项目风险。这些都是公益慈善项目在成本管理中遇到的问题,需要引起大家的普遍重视。具体来说,成本管理常见的问题包括如下几个方面:

(1)成本意识不强,成本监控不到位。成本管理不能只注重在项目的开展阶段,应该贯穿于项目整个阶段,实现项目成本全流程调控。在项目前期应该编制详细的成本预算,如果没有详细的成本预算,或者成本预算编制的马马虎虎,极易使得成本预算不能顺利执行,造成项目中出现资源浪费、项目人员工作效率低下、成本增加等问题。由于慈善资金具有某种公共性,在公益慈善项目成本管理过程中,不仅需要公益慈善组织管理者应对树立成本意识,还需要项目管理人员和一线项目操作者具备成本意识。

(2)项目管理费零支出,公益属性过度放大。项目管理费包括管理人员的工资、办公费、差旅费、社保金等各种费用,有的公益慈善组织为了吸引筹款,过度压低管理费支出甚至零支出,造成资源有效利用的假象,既不利于团队稳定和组织的长久发展,又不利于社会大众对公益慈善项目有科学合理的认识。

(3)财务监管缺位或不力,未起到约束作用。近年来不断发生的公益丑闻大多涉及财务方面问题,这也反映出公益慈善组织财务的专业性和规范性有待加强。公益慈善组织一旦在成本管理方面缺乏有效的财务监督机制,则更加容易滋生腐败或公益资源滥用等问题。

(4)成本制度不健全,未形成完整体系。在许多初创及小规模的公益慈善组织中,各项制度并不健全,成本核算流于形式,成本分析有名无实,成本管理手段落后,这些问题严重影响了成本管理的准确性和科学性。此外,这些组织往往缺乏相应的成本管理流程,不能将项目管理责任落实到具体的项目主管身上。同时,监督、考核、奖惩机制的缺失,也不利于组织长期发展和科学管理体系的建立。

(5)过分在财务管理中强调成本支出控制,而忽视了社会效益最大化。例如,有的公益慈善组织的财务管理以成本控制为导向,规定了较为严苛的差旅报销制度;有的公益慈善组织追求公益慈善项目的单个服务成本。宾纳展示了在对住院病人的心理护理过程中,如果使用了不同的分析单位,在进行成本分析时会产生巨大的差异。最明显的方法就是计算每天的成本。例如,100位病人在一个机构中,年成本是7300000美元,那么每位病人每天的成本是200美元。每人每天的美元数是一个合理的分析单位吗?这需要根据机构的目标来判断。如果机构的目标仅仅是将人安置在公共机构中,那么每人每天的成本可能是一个合适的分析单位。如果目标是帮助病人恢复在社会生活中的机能,进而离开这个机构,那么每人每天的成本就是一个给人以误导的单位。使用这个单位会鼓励管理者诱导资金提供者寻找每天成本更低的方法,从而服务更多的人。试图以最低成本装进更多的人被称为"人口仓储行为"。如果目标是真帮助人们康复,使他们能够在社会中独立生活,那么更好的分析单位是每位康复并离开机构的病人的成本。

第三节 公益慈善项目成本管理的步骤

项目成本管理是指在项目的进程中,为了确保项目能够在规定的预算内达到项目目标所进行的管理过程。对项目进行成本管理就是为保障项目实际发生的成本不超过项目预算。项目成本管理主要解决以下四个问题:采取什么样的方式进行成本管理?项目将花费多少资金?何时需要这些资金?如何使用项目资金?上述四个问题分别对应项目成本管理的四个过程:规划成本管理、估算成本、制定预算、进行成本控制。项目成本管理的四个过程确保了在规定的预算内完成项目的目标。

一、规划成本管理

《礼记·中庸》中的"凡事豫则立,不豫则废"意为不论做什么事,事先有准备,就能得到成功,不然就会失败。成本管理同样如此。规划成本管理,即对项目成本的管理、使用和控制制订计划,为成本管理工作提供指南和方向。这是开展一切成本管理工作的基础。

规划成本管理应该在项目早期进行,建立成本管理各过程的基本框架,以便与项目管理的其他方面有机协调。成本管理计划也是项目管理计划的重要组成部分。

(一)规划成本管理的依据

成本管理作为项目管理的一部分,在形成过程中必然要服从项目的整体管理计划。项目的范围说明书、分解的工作内容、起始与结束时间、整体进度安排、潜在风险与沟通机制等,均会对成本产生影响。因此在制订成本管理计划时,上述因素均需纳入考虑范围。

在规划成本管理中,如果公益慈善项目的资金来自境外组织,还涉及货币汇率等重要参考信息。

(二)规划成本管理的方法

(1)专家判断法。专家判断法是指由项目成本管理专家根据经验进行判断的一种方法。选择专家时,要根据问题本身的性质、复杂程度和问题的求解方法来确定。这些专家不仅包括学者,还可以是任何具有特殊知识或经过特别培训的组织和个人,如类似项目的项目主管、机构顾问、行业协会人员等。专家的选择应该充分考虑到专家代表的广泛性,确保对所研究问题持有不同观点的专家都有参与机会。同时,所选专家应该具有广博的专业知识和丰富的实践经验。

(2)资料统计法。资料统计法是指参考以往类似项目的历史统计数据和相关资料,计算和确定项目资源规划的一种方法。其优点是利用这种方法能够得出比较准确、合理和可行的项目资源规划。其缺点是对所采用的历史统计数据不但要同本项目有足够的可比性,并且要求足够详细。显然,这种方法不适用创新性很强的项目,仅能作为规划成本管理的辅助手段。

(三)规划成本管理的成果

规划成本管理的直接产出是确定慈善组织项目的成本管理计划。成本管理计划是项目管理计划的组成部分,描述了如何规划、安排、控制项目成本,以及成本管理过程涉及的相关工具和技术。

成本管理计划通常包括以下内容：

(1)计量单位。如时、日、周等时间单位；米、升、吨等数量单位；单价、总价等金额单位。

(2)准确度。规定成本估算的可接受范围。

(3)控制临界值。为监督成本绩效而明确的偏差最大临界值，通常可用百分比表示。

(4)过程描述。对成本管理的过程进行书面描述。

(5)其他信息。汇率波动方案、筹资方案等。

二、估算成本

估算成本是指为实现项目的目标，根据项目资源计划所确定的资源需求，以及各种资源的价格信息，对完成项目所需成本进行的估计。由于项目经常发生变更，且在项目的整个生命周期内，宏观环境的变化(如利率、通货膨胀率的波动)、资源价格的变化(如人力资源的成本、材料、设备等价格的变化)、经营成本的变化、成本估计中利益相关方行为的变化，以及项目活动进行中项目团队的学习曲线的变化等，都会导致项目成本估算在一个不确定性程度很高的环境下进行，使之成为一个很复杂的工作。

(一)估算成本的依据

工作分解结构对成本估算至关关键，因为它支持自下而上的估算方法，使项目的各项任务能在成本列表中得到体现，便于监控。历史数据也是非常重要的因素，因为很多时候进行成本估算是建立在历史资料的基础上的。进行成本估算还需要会计科目表，因为成本估算必须按照成本分类进行，成本类别通常包括人力、物料、费用等。此外，成本会随着活动排序与时间的不同而变化，因此需要网络图来明确各项任务的时间顺序和相互关系。对于长期项目来说，项目成本会因为价格波动而发生变化，因此也需要进度计划来合理安排成本支出。

(二)估算成本的类型

项目成本估算比较复杂，特别是对持续时间比较长的项目。虽然项目成本估算在项目开始前就已经完成，但是随着项目的进行可能会出现新的可利用的资源，并且原来的资源价格也可能发生变化，所以项目成本的估算应该随项目的进展而不断进行适当的调整，以确保项目的实施能以项目的估算为依据。项目成本估算既要成为项目执行的约束条件，也要成为项目执行的动力。按照项目不同阶段进行的成本估算有三种类型：

(1)量级估算。量级估算是一种粗略的成本估算方法。它通常在项目早期，甚至在项目正式开始之前进行，主要为项目的初步选择和决策提供参考，精确度较低。

(2)预算估算。预算估算主要用于将资金分配到组织的预算中，通常在计划编制阶段进行。

(3)确定性估算。确定性估算则提供了一个精确的项目成本估算，常用于资金使用决策的制定，其精确度非常高。

估算成本的精确度可能受益于项目进展期间项目信息的不断充实，在整个项目生命周期内，项目成本估算的精确性随着项目进展而不断提高，下表描述了项目不同时期成本估算类型的比较，如表7-1所示。

表 7-1　估算类型比较

估算类型	准确度	说明
量级估算	-25%～+75%	通常在概念形成与启动阶段； 基于具有比例因子的某一工作范围； 用于可行性研究
预算估算	-10%～+25%	通常发生在计划编制阶段； 一种自上而下的估算方法
确定性估算	-5%～+10%	最准确的估算； 在计划编制阶段进行； 用 WBS 进行自下而上的估算

(三)估算成本的方法

估算项目成本是一项富有挑战性的活动,既讲究科学性,又讲究艺术性。项目成本估算要考虑机构所属的领域(如老年服务或大病救助)、成本管理能力、成功的项目管理历史经验、过去完成类似项目的数量、项目管理人员的知识和才能,以及机构的预算要求等。具体可采用以下方法:

1.经验估算法

进行项目成本估算的人应该具备专业知识和丰富经验,从而提出一个近似的数字。这种方法是一种最原始的方法,还称不上估算,只是利用类似项目的成本对当前项目所需的费用进行一种近似的猜测,也是一种专家评价法。它适用于需要迅速提供大致成本数据的项目,但难以满足要求详细成本估算的项目。此种方法主要适用于机会研究,可以作为提出项目任务的参考。

2.自上而下估算法

自上而下估算法,又称类比估算法。该方法由上至下层层进行,它是最简单的成本估算方法,但通常只在项目初期或是信息不足的时候才采用此方法。自上而下估算法是将以前类似工作的实际成本的历史数据作为估算依据,并以此估算项目成本的一种方法。该方法的主要步骤为:

(1)由项目人员收集类似项目成本的相关历史数据。

(2)项目人员在相关成本专家的帮助下对项目的总成本进行估算。

(3)按照工作分解结构的层次把项目总成本的估算结果自上而下估算,在此基础上,对各子项目或子任务的成本进行估算。

(4)继续向下逐层传递估算,一直传递到工作分解结构的最底层为止。

自上而下估算法的优点主要有:

(1)简单易行、花费少,尤其是当项目的详细资料难以获取时非常有效。

(2)在总成本估算上具有较强的准确性。由于在预算过程中,总是将既定的预算在一系列工作任务间分配,避免了某些任务获得了过多预算而某些重要任务又被忽视的情况。

(3)对各活动的重要程度有清楚的认识,从而可以避免过分重视某些不重要的活动或忽视某些重要的活动。

但这种估算方法也存在缺陷:当估算的总成本按照工作分解结构逐级向下分配时,可能出现下层工作成本估算不足,难以完成相应任务的情况。这样显然会增加估算的偏差,造成成本的浪费,甚至导致整个项目的失败。

3.自下而上估算法

自下而上估算法,是从工作分解结构(WBS)的底层开始进行的自下而上的估算形式。负责活动的项目人员先估算各个活动的独立成本,然后层层累加汇总到 WBS 更上层的任务,最后加上管理费、项目储备金等,从而得到完成整个项目的总成本。

自下而上估算法的优点在于它是一种参与式管理的估算方法,比起那些没有亲自参与项目实际工作的管理人员而言,那些在一线工作的项目人员往往对资源的需求状况有着更为准确的认识。此外,基层的项目人员直接参与到估算工作中,可以促使他们更愿意接受成本估算的最终结果,提高工作效率。共同参与也是一种良好的管理培训技术,会使基层管理人员在做估算和预算准备工作以及相关知识方面获得更多的宝贵经验。可以说,自下而上估算法对细节部分的估算更为精确,同时这种全员参与式的管理有助于成本估算。但是,自下而上估算法的缺点也非常明显。其存在一个独特的管理博弈过程。基层人员可能会过分夸大自己负责活动的预算。一方面,他们担心管理人员会削减他们的估算成本;另一方面,他们害怕实际成本高于估算成本而受到惩罚,同时又希望实际成本低于估算成本而获得奖励。然而,管理人员通常会按照一定比例削减基层人员的成本估算,这使得双方陷入一个博弈怪圈。此外,采用自下而上估算法估算项目成本时,由于参加估算的部门较多,必须把不同度量单位的资源转化成可以理解的单位形式(货币形式),因此用于估算的时间和成本就会增加。

4.参数模型估算法

参数模型估算法是一种比较科学的、传统的估算方法。它是把项目的一些特征作为参数,通过建立一个数学模型来估算项目成本的方法。参数模型估算法在估算成本时,只考虑那些对成本影响较大的因素,而对那些对成本影响较小的因素忽略不计,因而这种方法估算的成本精确度不高。采用参数模型估算法时,建立一个合适的模型,对于保证成本估算结果的准确性非常重要。为了保证参数模型估算法的实用性和可靠性,在建模时,必须注意以下几点:

(1)用来建模所参考的历史数据的精确度。

(2)用来建模的参数是否容易定量化处理。

(3)模型是否具有通用性。通用性也就是说模型不仅适用于大型项目,而且在经过适当调整后也适应于中小型项目。

(四)估算成本的成果

成本估算过程有项目成本(费用)估算文件、详细依据和项目成本管理计划三个成果。

1.项目成本估算文件

项目成本估算文件是项目管理文件中最重要的文件之一,它包括项目各活动所需资源(包括人力、财力、物力,并考虑通货膨胀或意外事故等)及其成本的定量估算,这些估算可以用简略或详细的形式表示。成本通常以货币单位(如元、欧元、美元等)表示,但有时为了方便,也可用人/天或人/小时这样的单位。在某些情况下,为便于成本的管理控制,在成本估算时须采用复合单位。

2.成本估算的详细依据

详细依据包括基本规则、估算所作的假设、用作估算基础的项目描述(包括项目范围说明、工作分解结构等)、费用估算的详细工具和技术,以及结果误差范围的说明。这些详细依据的数量和形式会因应用领域不同而有所差别。当需要时，这些详细依据可以作为原始资料，使估算更新或类似估算变得容易。成本估算的详细依据应该包括以下内容。

（1）项目工作范围的说明，通常从工作分解结构中得到。

（2）项目成本估算的基础，说明估算是怎样做出的。

（3）项目成本估算所作的假设说明，如项目所需资源价格的估计。

3. 项目成本管理计划

项目成本管理计划是整个项目计划的一个辅助部分，说明了如何管理实际成本与计划成本之间发生的差异，差异程度不同则管理力度也不同。成本管理计划根据项目的需要，可以是高度详细或粗略框架的，同时既可以是正式的，也可以是非正式的。

三、制定预算

成本预算是指将估算的成本按照时间段配置到项目各个活动中去，并建立一个衡量绩效的基准计划。对于一般的项目，要进行精确的成本预算比较困难。虽然说历史信息对于成本预算很重要，但有时候当项目编制人员拿以往类似的项目数据作为参考时，这些参考资料只可以作为粗略的指导。因为所有的项目都是独一无二的，而且所有项目的预算工作都需要以资源使用情况和相关成本的估计情况为基础，而资源的使用情况和相关成本是具有不确定性的，所以项目成本预算涉及风险。

对于跨越多个年度的项目来说，还会产生另外一个问题。这类项目的计划和进度早在项目生命周期的开始阶段就已经设定好了，但几年后，对于资源的预测或许就会因为替代性的工具、学习曲线或人力资源的相应更新而发生变化，因为这些新的投入不同于预算时的成本。项目的持续时间越长，项目管理人员对项目开始阶段做的成本预算的信任度越低。另外，管理者对项目的关注度高于日常工作，并且他们还总是觉得做得不够。因此，在进行项目成本预算时，必须预先防范因管理介入导致的预算超支风险。

（一）制定预算的依据

制定预算应以成本估算为基础，并综合考虑估算依据、项目进度计划（开始结束时间、里程碑计划等）、资源日历、风险登记册等信息。

（二）制定预算的方法

（1）成本汇总：以工作分解结构中的工作包为单位对活动成本估算进行汇总，然后再由工作包汇总至工作分解结构的更高层次，并最终得出整个项目的总成本。

（2）专家判断：从组织内的其他部门、顾问、利益相关方、行业团体/协会等多种渠道获取制定预算的信息。

（三）制定预算的步骤

（1）将项目的总预算成本分摊到各项活动中。根据项目成本估算确定出项目的总预算成本之后，将总预算成本按照项目工作分解结构和每一项活动的工作范围，以一定的比例分摊到各项活动中，并为每一项活动建立总预算成本。

（2）将活动总预算成本分摊到工作包。这是根据活动总预算成本确定出每项活动中各个工作包具体预算的一项工作，其做法是将活动总预算成本按照构成这一活动的工作包和所消耗的资源数量进行成本预算分摊。

（3）在整个项目的实施期间，对每个工作包的预算进行分配。确定各项成本预算支出的时间以及每一个时点所发生的累计成本支出额,从而制订出项目预算计划。图7-1列出了香港乐施会采用的预算编制流程。

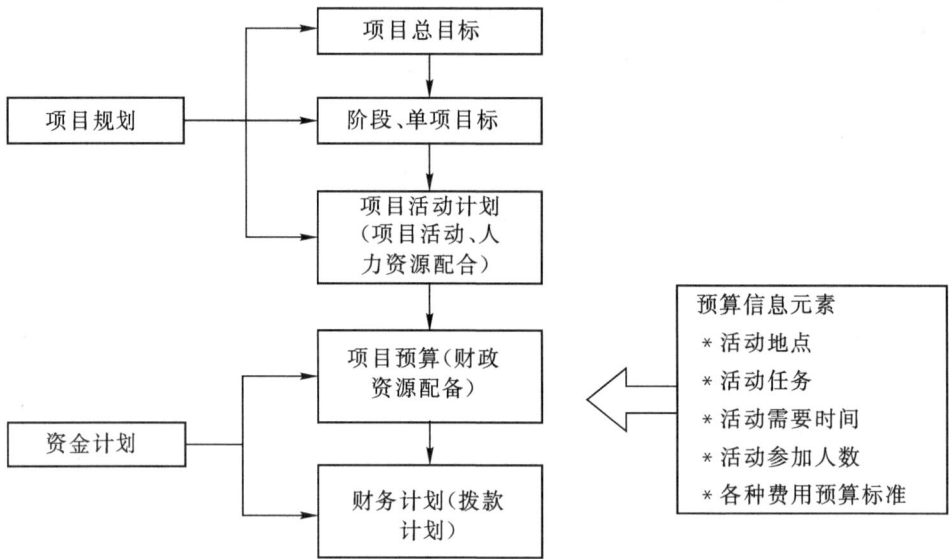

图7-1　香港乐施会项目预算编制流程

(四)制定预算的成果

(1)成本基准,即经过批准且按时间段分配资金的预算,是每个时间段的预算之和,通常用S曲线表示,用来测量和监控项目的成本绩效。

(2)项目资金需求,即成本基准与管理储备之和,通常表示为阶梯状递增的曲线。

在公益慈善组织实际运作中,估算成本和制定预算不一定有清晰的界定,可以同步进行。但对于大型项目或严格的成本管理,估算成本的成果是制定预算的依据,即预算是在成本估算的基础上来确定的,如表7-2所示。

表7-2　估算成本与制定预算间的共性与差异

共性与差异		估算成本	制定预算
不同点	依据	人力资源管理计划等	协议、活动成本估算、估算依据等
	方法	类比估算、参数估算、自下而上估算、三点估算、质量成本、群体决策等	成本汇总、历史关系、资源限制平衡等
	成果	活动成本估算、估算依据等	成本基准、项目资金需求等
相同点	依据	成本管理计划、范围基准、项目进度计划、风险登记册、组织过程资产等	
	方法	专家判断、储备分析	
	成果	风险登记册等	

四、进行成本控制

项目成本控制是降低项目费用所进行的管理工作。任何一个项目不是孤立存在的,它是由若干个项目活动组成的,所以项目成本控制必须从控制项目各个工作包或项目活动开始,通过减少和消除其中的无效活动,改进其中的低效活动,最后达到控制资源浪费的效果,并使得项目资源更合理利用。

(一)成本控制的内容

项目成本控制是按照项目成本预算过程所确定的成本预算基准计划,通过运用多种恰当的方法,对项目实施过程中所消耗的费用使用情况进行管理控制,以确保项目的实际成本限定在项目成本预算所规定范围内的过程。项目成本控制的主要目的是对造成实际成本与基准计划发生偏差的因素施加影响,使其向有利的方向发展;同时对已经与成本基准计划发生偏差和正在发生偏差的各项成本进行管理,以保障项目顺利进行。项目成本控制主要包括如下内容:

(1)检查成本执行情况,监控成本执行绩效。

(2)发现实际成本与计划成本的偏差。

(3)确保所有正确的、合理的、已经核准的变更都包括在项目成本基准计划中,并把变更后的项目成本基准计划通知相关人员(资助方等)。

(4)分析成本绩效从而确定是否需要采取纠正措施,并且决定要采取哪些有效的纠正措施。

项目成本控制的过程必须和项目的其他控制过程(如项目范围变更控制、计划进度变更控制和项目质量控制等)紧密结合,防止因单纯控制成本而出现项目范围、进度、质量等方面的问题。

(二)成本控制的方法

有效的成本控制关键是及时分析成本执行绩效,及早发现成本无效和出现偏差的原因,以便在项目成本失控前能够及时采取纠正措施。项目成本控制措施有成本变更控制系统、绩效审查法、附加计划法等。

1.项目成本变更控制系统

项目原成本计划指标是成本控制的依据。然而在项目的实际实施中,会对原计划进行调整,这些调整使得项目成本状态不断发生变化。因此,项目成本的状态一直处于动态更新之中,这就需要不断地进行跟踪。项目成本变更控制系统就是一种通过建立项目变动控制体系,对项目成本进行控制的方法。这包括从变更申请,到批准变更,再到最终变更项目成本预算的整个变更控制过程。成本变更控制过程与项目变更控制系统相一致,如图7-2所示。

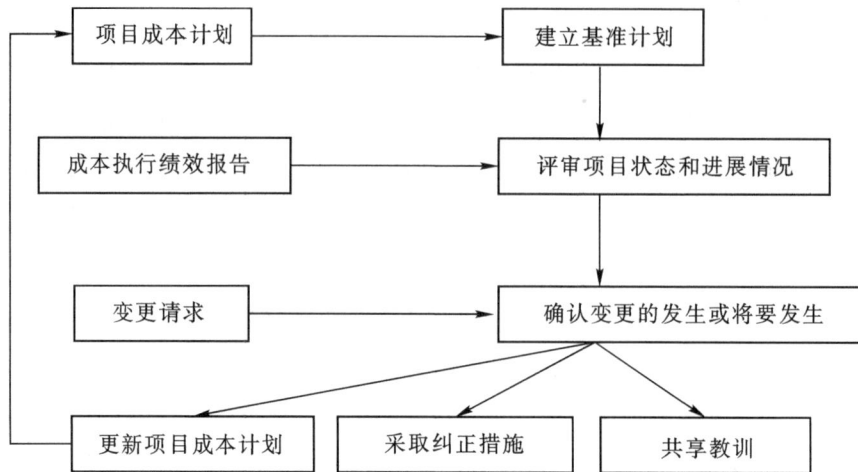

图 7-2 项目成本变更系统

2.项目成本绩效审查法

项目成本控制关键在于及时分析项目成本状况,尽早发现项目成本偏差,争取在情况变坏之前采取措施予以纠正。"挣值"法就常常被用于对项目实际成本的绩效测量。其基本思想就是结合项目的实际完成工作量,引进"挣值"这个中间变量来帮助项目管理者分析正在进行的项目的完成程度,衡量正在进行的项目的成本效率,为成本控制措施的选取提供依据,同时还对项目的发展趋势做出科学的预测与判断,提出相应的对策。

绩效审查通常通过召开会议,审查并评估计划活动或工作包的成本状态和绩效,以及成本绩效随时间的变化情况。一般而言,绩效审查会与偏差分析、趋势分析结合使用。

(1)偏差分析。分析成本偏差、进度偏差和完成工作偏差的原因和影响,然后分析偏离成本基准的原因和程度,以确定是否采取纠正或预防措施。需要说明的是,项目开始时可允许较大的偏差,之后随着项目逐渐接近完成,偏差需不断缩小。

(2)趋势分析。通过审查项目绩效随时间的变化情况,将当前的发展趋势与未来的项目目标进行比较,以利于决策采取何种措施。

▶ ┄┄┄┄┄┄┄┄┄┄┄┄┄

偏差分析与趋势分析的比较

偏差分析是在某个时间点,看目标值与实际值的差值;趋势分析是统计不同时期表现,估计发展趋势。例如,某项目计划今天完成 10 个活动,实际完成 15 个活动。偏差分析的结果是多了 5 个活动;如果做趋势分析,则需要统计昨天、前天、大前天分别完成了多少活动,假定为 10 个、8 个、5 个,则趋势分析的结果就是工作增长。只看当天结果是无法做趋势分析的。

┄┄┄┄┄┄┄┄┄┄┄┄ ◀

(3)附加计划法。现实中,很少有项目是按照原定计划完成的。所以在制订计划时,可以提前将可能发生的变化考虑进去。附加计划就是通过新增或修订原有计划来对项目的成本进行有效的控制。这样就能成功地避免当突然遭遇意外情况时,项目管理者不知所措、无力应付而使项目成本失控的情况。所以,制订附加计划法是未雨绸缪、防患于未然的项目成本控制方法之一。

3.借助数字化工具实施成本控制

数字化工具能够简化流程,提高成本控制的科学性和效率,具有多方面的赋能优势。运用数字化工具实施成本控制需要注意以下步骤:首先,明确数字化工具介入成本控制的量化目标,如专注于降低成本或者提高透明度。其次,需要选择合适的数字化工具,包括云计算、数据分析、人工智能、机器学习、物联网(IoT)等。再次,识别可以自动化的重复性手动任务,并实施工作流程自动化工具,以简化流程、减少人为错误并提高效率。在此基础上,提高成本控制管理流程的协作顺畅度。最后,定期评估数字化工具对成本控制的影响效果,以便持续更新成本控制策略。

(三)成本控制的成果

开展项目成本控制的直接结果是项目成本的节约和项目效益的提高。开展项目成本控制的间接结果是生成了一系列的项目成本控制文件。这些文件主要有:项目成本估算的更新文件、项目预算的更新文件、项目活动改进的文件等。

本章小结

项目成本是公益慈善组织需要认真对待的议题。随着公益慈善事业发展越来越关注服务与效果,项目管理中的成本管理也越来越受到重视。当前公益慈善组织的成本管理仍存在很大不足,这一方面与资源供给体系相关,另一方面也与机构贯彻项目管理制度的决心和项目主管的成本意识相关。未来公益慈善组织逐步走向专业化,加强成本管理无论对项目服务还是组织发展,都有十分重要的现实意义。本章主要介绍了公益慈善项目成本管理的概念、意义以及常见问题,并对成本管理的过程进行了详细阐述。

课后习题

1.如何理解公益慈善项目成本意识的重要性?

2.公益慈善项目成本管理包括哪四个过程?

3.为什么估算公益慈善项目成本是一项复杂性的工作?

4.制定公益慈善项目预算都有哪些步骤?

5.公益慈善组织控制项目成本的主要内容有哪些?

6.比较自上而下估算法和自下而上估算法的优缺点。

第八章 公益慈善项目质量管理

![引例图标] 引例

捐赠医疗器械的质量安全责任

某企业给某基金会捐赠了一批老人康复治疗仪的设备,由于设备质量原因导致受助老人被烫伤,老人将基金会以及治疗仪的生产商起诉至法院,要求基金会和生产商承担赔偿责任。

法院经审理查明,该基金会在接受捐赠物资过程中未对捐赠的治疗仪器的安全性进行实质性审查,亦未要求捐赠方提供产品合格证明、质量检测报告等必要文件;公益宣传存在失实表述,在公开宣传中声称"某企业生产的治疗仪器安全可靠、质量无忧",但未对相关声明进行真实性核查。民政部印发的《关于规范基金会行为的若干规定(试行)》中规定:"基金会接受食品、药品、医疗器械等捐赠物品时,应当确保物品在到达最终受益人时仍处于保质期内且具有使用价值。基金会接受企业捐赠本企业生产的产品,应当要求企业提供产品质量认证证明或者产品合格证,以及受赠物品的品名、规格、种类、数量等相关资料。"《中华人民共和国慈善法》第三十六条规定:"捐赠人捐赠的实物应当具有使用价值,符合安全、卫生、环保等标准。捐赠人捐赠本企业产品的,应当依法承担产品质量责任和义务。"法院据此认定,基金会与捐赠企业构成共同侵权,依法判决双方共同承担由此产生的损害赔偿责任。

项目质量管理(project quality management)是在项目环境内使用政策和程序,实施组织的质量管理体系,并以项目团队的名义进行持续的改进活动。项目质量管理需要确保项目需求得到满足,包括产品和服务两方面的需求。公益慈善项目质量管理包括项目团队确定质量制度、目标与职责的各过程和活动,从而使项目满足其预定的需求。

项目质量管理要兼顾项目管理和项目可交付成果两个方面。其适用于所有项目,无论项目的可交付成果具有何种特殊性。质量的测量方法和技术则需要专门针对项目所产生的可交付成果类型而定。无论什么项目,一旦未达到质量要求,都会给公益慈善组织、服务对象和利益相关方带来负面影响。因此,项目质量管理需要采取不同的方法和措施。

第一节 公益慈善项目质量管理概述

美国质量管理协会(PMI)关于质量的定义是某种产品或服务的特性和品质的总和。这些特性和品质将影响产品或服务满足各种显性或隐性需求的能力。公益慈善项目质量管理是对项目最终成果/服务,以及为确保成果/服务所必须完成的工作进行评定并控制的过程。对于公益慈善项目而言,其质量包括两个方面:项目质量(又称为结果质量)和过程质量。由于项目质量涉及的是服务对象最终可以看到或感受到的内容,故容易感知且评价比较客观。过程质量则指公益慈善组织如何提供服务或产品以及服务对象如何得到服务的过程,包括服务的程序、方法、内容、方式等。过程质量具有无形的特点,因此难以做出客观的评价。在对慈善项目的质量评估中,服务对象的主观感受仍占据主导地位。

公益慈善项目质量管理是项目管理的重中之重,它贯穿于立项、实施和结项的全过程。项目质量管理的成功与否,直接关系着项目的成败。要提高项目质量,就必须对项目各个阶段的质量管理工作进行严格管理。

在公益慈善项目中,项目主管对项目质量承担最终责任。质量管理与预算管理、进度管理同等重要,因此,衡量项目的质量是项目主管的直接责任。在质量管理中,项目主管应当熟悉以下六大常用的概念。

1.质量政策

质量政策也称为质量方针,是由相关专家制定并由机构负责人认同的管理文件。质量政策对质量目标、机构可接受的质量水平以及质量管理负责人的责任做出明确规定。质量政策有助于机构服务/产品、品牌的持续维护。例如,"本机构的质量政策就服务情况而言,在于提供一定质量的产品和服务以满足受益对象最初的持续的需要和期望,而且在质量声誉方面保持领先地位。"这类的质量政策尽管没有错误,但针对机构的重大事情缺少具体的行动指南,显得较为空洞。质量政策的指南需要明确指导机构内部员工了解对他们有哪些期待,同时也能让机构外部的人清楚地知道他们可以对机构有哪些期待。例如,北京亿方公益基金会的质量政策是"人本、专业、创新、前瞻"。

2.质量目标

质量目标是机构质量政策的一部分,并且有时间要求。质量目标的确定必须遵循合理化原则,选择无法实现的质量目标将会给项目团队带来挫败感。适宜的质量目标应是定位清晰明确,内容易于理解,并且可实现的。质量目标有四个基本要求:一是要可量化;二是要有挑战性;三是满足服务需要的全部内容,例如政府政策和受益群体的实际需要;四是最高层参与。

3.质量保证

质量保证是贯穿项目执行和项目管理两部分活动的工作,目的是确保公益慈善项目最终的产品/服务能够满足受益方需求。项目管理人员需要通过建立相关制度进而确保项目质量的相关活动顺利开展,如项目前期评审、中期评估与审核机制等。质量保证就是要通过一定的制度、规章、方法、程序和机构等把质量保证活动加以系统化、标准化及制度化,也通常被称为质量保证体系(quality assurance system,QAS)。质量保证分为内部质量保证和外部质量保证。内部质量保证通常是建立起完整的质量监测体系和内部控制制度;外部质量保证通常是加入国际或国内某一类认证体系,获得外部的认可。比如上海真爱梦想基金会2017年获得两个国际认证:LRQA颁发的国际ISO 9001:2015认证证书,SGS的国际NGO基准认证。

4.质量控制

质量控制是为了达到质量要求所采取的作业技术和活动,如识别质量问题产生的原因,利用统计方法减少质量偏差进而提高过程管理的质量等。质量控制是确保机构质量目标实现的前提。这里的质量要求包括明示的、习惯上隐含的或必须履行的规定三个层次。明示的比如说双方合同约定,习惯上隐含的比如一些行业内默认的规则,必须履行的规定是国家政策要求达到的。

5.质量审计

质量审计是指具有相关资质的人员对项目质量进行评价的过程,目标是确保项目符合质量管理文件的相关要求。质量审计包括以下几方面的内容:①识别全部正在实施的良好/最佳实践;②识别全部差距/不足;③分享所在组织和/或行业中类似项目的良好实践;④积极、主动地提供协助,以改进过程的执行,从而帮助团队提高生产效率;⑤强调每次审计都应对组织经验教训的积累作出贡献。

6.质量计划

质量计划是将项目的各个活动环节分解为在质量上可识别的工作任务的过程。质量计划是由项目管理人员和项目团队共同制定,以特定项目为对象,将质量保证标准、质量手册和程序文件的通用要求与特定项目联系起来的文件。质量计划仅需涉及与特定项目有关的那些活动,对一般要求可直接采用或引用现行的质量文件。质量计划应形成书面文件,它是质量体系文件的组成部分。

第二节 公益慈善项目质量管理的原则

一、PDCA 循环原则

PDCA 循环是美国质量管理专家戴明博士首先提出的,所以又称戴明环。全面质量管理的思想基础和方法依据就是 PDCA 循环。PDCA 循环的含义是将质量管理分为四个阶段,即计划(plan,P)、执行(do,D)、检查(check,C)、处理(action,A)(见图 8-1)。在质量管理活动中,要求各项工作按照制订计划、执行计划、检查执行效果、处理检查结果的流程进行质量管控。

(1)计划,包括方针和目标的确定,以及活动规划的制定。

(2)执行,根据已知的信息,设计具体的方法、方案和计划布局,再根据设计和布局进行具体运作,实现计划中的内容。

(3)检查,总结实施执行的效果,根据不同的结果分析问题及原因。

(4)处理,对总结检查的结果进行处理,对成功的经验加以肯定,并予以标准化;对于失败的教训进行总结,引起重视。对于没有解决的问题,应提交给下一个 PDCA 循环去解决。

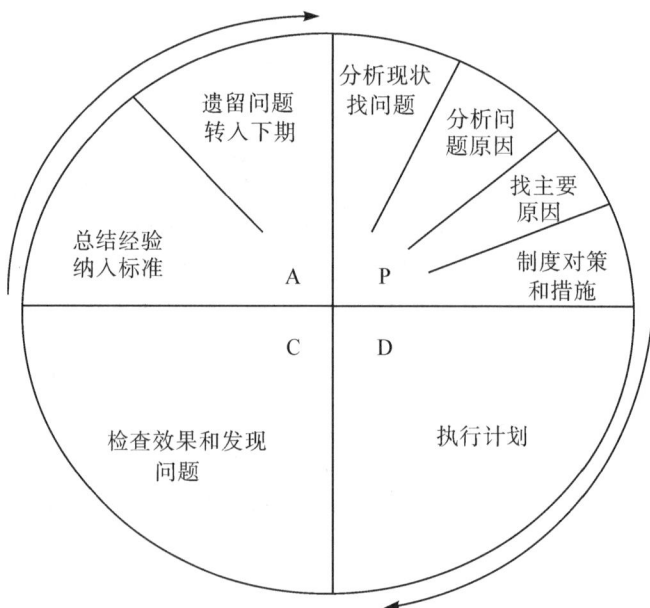

图 8-1 PDCA 循环

二、"事前、事中、事后"三环节控制原则

事前控制包括两层意思,一是对质量目标的计划预控,二是对质量活动前的准备工作状态的控制。在公益慈善项目实施阶段,编制项目实施计划必须建立在切实可行,有效实现预期质量目标的基础上。

事中控制包含自控和他控两大环节:自控是对质量活动行为的约束,对项目团队的系列行为进行约束控制,同时,通过充分发挥自身技术能力来完成预定质量目标的作业任务。他空是对质量活动过程和结果的外部监督和控制。

事后控制包括对质量活动结果的评价认定和对质量偏差的纠正。项目执行过程中不可避免地会存在一些计划时难以预料的影响因素,必须认真分析原因,采取纠正措施,使质量保持受控状态。

"事前、事中、事后"这三大环节并非孤立或截然分开的,它们相互依存,构成一个有机的系统过程。其实质是循环过程的具体化,在每一次循环中不断提高,达到质量管理和质量控制的持续改进。

三、三全控制原则

三全控制原则包括全面质量控制、全过程质量控制和全员质量控制。

全面质量控制是指对项目质量和工作质量的全面控制。工作质量是产品质量的基石,直接影响项目质量的形成。全面质量控制不仅涵盖了项目本身的各个环节,还包括对项目参与主体(如受益方、政府、资助方等)的项目质量和工作质量的全面控制。任何一个主体在任何一个环节的疏忽或责任不到位,都会对项目质量产生负面影响。

全过程质量控制是质量管理体系中强调的重要原则之一。在任何一个过程中,都存在输入和输出,而前一过程的输出往往就是后一过程的输入。此外,每个环节又由诸多相互关联的活动构成,这些活动共同构成了具体的过程。

全员质量控制要求组织中的所有成员共同参与质量管理活动,共同承担责任,形成全员责任意识。全员质量控制是目标管理所不可缺少的重要手段。

第三节　慈善组织项目质量管理的过程

质量管理的过程包括质量计划、质量保证和质量控制三个方面。

一、质量计划

质量计划是识别项目及可交付成果的质量要求及标准,并书面描述项目将如何证明符合质量要求和标准的过程。本过程的主要作用是,为整个项目中如何管理和确认质量提供指南和方向。

编制项目计划包括初期质量计划。虽然对于项目概念仍较模糊,但项目质量计划的编制仍是必要的,主要根据立项的公益慈善组织及其他利益相关方的要求及初期项目目标来制定。

项目质量计划是项目质量管理的一部分。质量管理是指导和控制与质量有关的活动,质量计划属于"指导"与质量有关的活动。在质量管理体系中,质量计划的地位低于质量方针的

建立,但它是设定质量目标的前提,高于质量保证和质量控制。质量保证和质量控制只有经过质量策划,才可能有明确的对象和目标,也才可能有切实的措施和方法。

质量计划致力于设定质量目标。质量计划是根据质量方针,结合具体情况确立设定质量目标。质量计划应为实现质量目标提供必要的条件。质量目标设定后,就需要考虑为实现质量目标应该采取哪些措施,必要的执行过程及提供必要的条件,包括人员和设备等资源。这样,项目的质量保证、质量控制等质量管理活动才能得以顺利实施。

质量计划应与其他计划过程并行开展,因为质量的改变同样会导致实践、预算的变更或项目范围的改变。

(一)质量计划的方法

1.成本效益分析

成本效益分析是一种通过比较项目的全部成本和效益来评估项目价值的方法。它通过对实施该项目所需要的人力、财力和物力等资源进行计价,并估算项目预计带来的收益,进而根据行业或机构的历史数据,判别项目成本与效益的对比关系,从而确定其合理性。对于慈善项目成本效益分析,主要考察其预期成本与预期财务效益,或转化为社会效益的其他效益。虽然财务效益的衡量相对简单,但是社会效益却很难量化。

2.基本质量工具

(1)检查表。检查表(见表8-1)又称调查表、统计分析表。检查表是质量管理七大手法中最简单也是使用最多的手法。但因为其简单而不受重视,所以在使用检查表的过程中存在很多问题。

使用检查表的目的是系统地收集资料、积累信息、确认事实并对数据可进行粗略的整理和分析,也就是确认检查是否有遗漏。

表8-1 检查表

类别	次数	频率
属性1		
属性2		
……		
属性n		

(2)帕累托图法。帕累托图法是找出影响质量主要因素的一种有效方法。

制作帕累托图的步骤如下:

①收集数据,即在一定时期里收集有关项目质量问题的数据。如可收集1个月或3个月或半年等时期里项目出现问题的数据。

②进行分层并列成数据表,即将收集到的数据资料按不同的问题进行分层处理,每一层也可称为一个项目。然后,统计各类问题(或每一项目)反复出现的次数(即频数)。根据频数从大到小顺序,依次将数据整理成表,作为后续计算和作图时的基本依据。

③进行计算,即根据数据,相应地计算出每类问题在总问题中的百分比。

④作帕累托图,即根据表8-1数据进行作图。需要注意的是累计百分率应标在每一项目的右侧,然后从原点开始,点与点之间以直线连接,从而作出帕累托曲线,如图8-2所示。

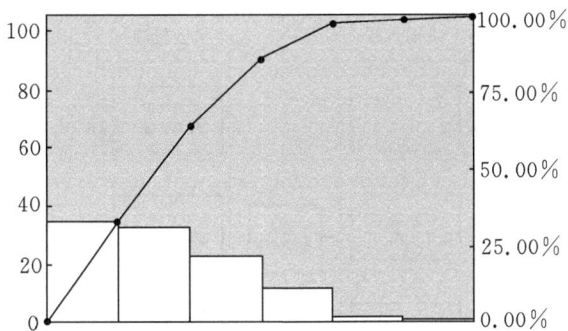

图 8-2　帕累托图示意图

（3）因果图法。因果图，又叫特性要因图，按其形状，有人又叫它树枝图或鱼刺图。它是寻找质量问题产生原因的一种有效工具，如图 8-3 所示。

制作因果图的步骤如下：

①针对问题点，选择层别方法（如人、机、料、法、环等）。

②利用头脑风暴分别在各层别、类别找出所有可能原因（因素）。

③将找出的各要素进行归类、整理，明确其从属关系。

④分析选取重要因素。

⑤检查各要素的描述方法，确保语法简明，意思明确。

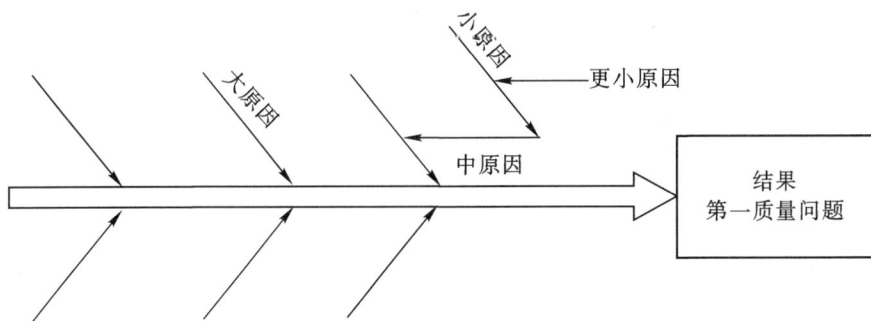

图 8-3　因果图示例

画因果分析图的注意事项：

①影响项目质量的大原因，通常从五个大方面去分析，即人、机器、原材料、加工方法和工作环境。每个大原因再具体化成若干个中原因，中原因再具体化为小原因，越细越好，直到可以采取措施为止。

②讨论时要充分发挥技术民主，集思广益，记录多种意见。

（4）流程图法。流程图也叫过程图，用于显示一个或多个输入转化为一个或多个输出的过程中所需要的步骤顺序和可能的分支。它可以清晰地呈现活动流程、决策点、分支循环以及整体处理顺序，如图 8-4 所示。

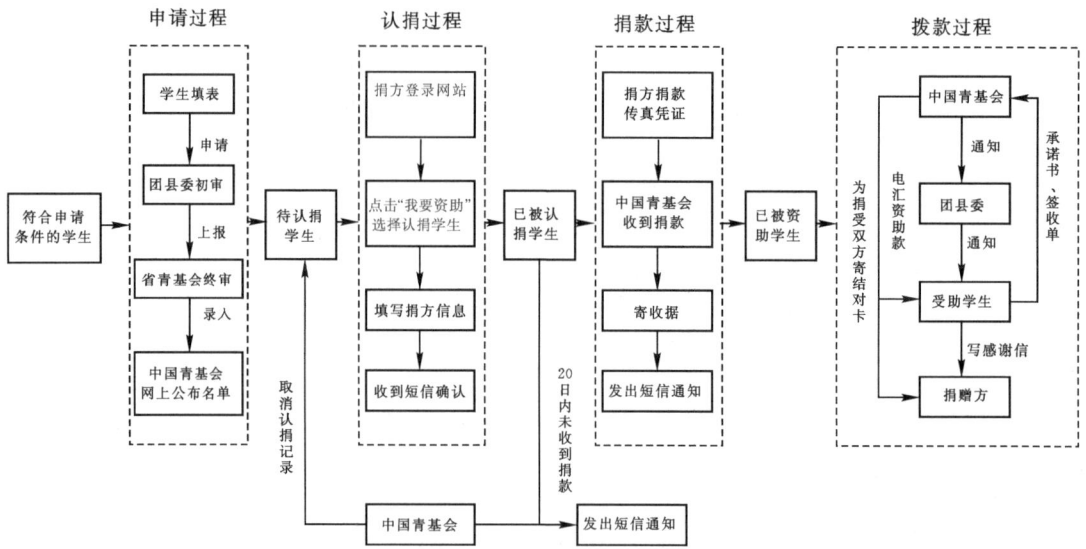

图 8-4　流程图示意图

　　流程图有助于了解和估算某一过程的质量成本。通过分析工作流的逻辑分支及相对频率,可以对项目质量成本进行估算。逻辑分支可反映为完成符合要求的成果而需要开展的一致性工作和非一致性工作。

　　(5)直方图法。直方图(histogram)是频数直方图的简称。它是用一系列宽度相等、高度不等的长方形表示数据的图。长方形的宽度表示数据范围的间隔,长方形的高度表示在给定间隔内的数据数,如图 8-5 所示。

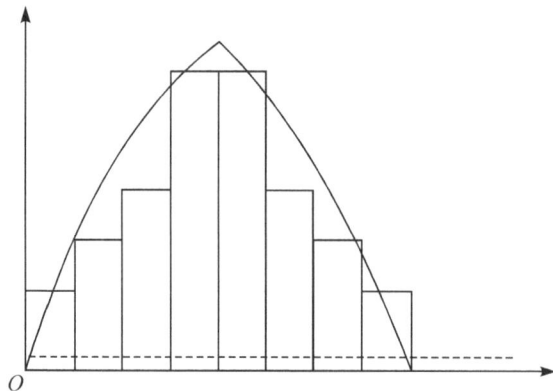

图 8-5　直方图示意图

直方图的作用如下:
①显示质量波动的状态。
②较直观地传递有关过程质量状况的信息。
③通过研究质量波动状况之后,就能掌握过程的状况,从而确定在什么地方集中力量进行质量改进工作。

　　(6)控制图法。控制图法是以控制图的形式,判断和预报项目过程中质量状况是否发生波动的一种常用的质量控制统计方法。它能直接监视生产过程中的过程质量动态,具有稳定生产、保证质量以及积极预防的作用,如图8-6所示。

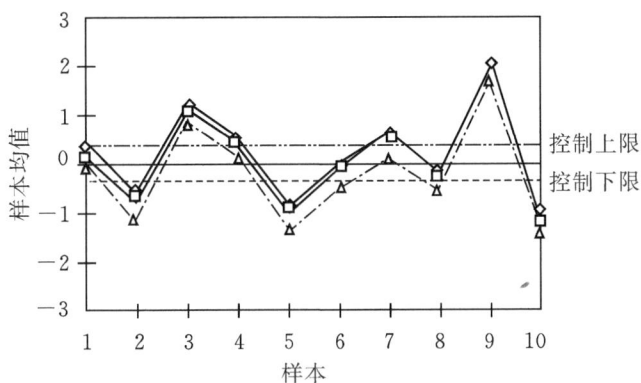

图8-6 控制图结构示意图

控制图的观察原则如下:

如果点子落到控制界限之外,应判断质量发生了异常变化。如果点子虽未跳出控制界限,但其排列有下列情况,也判断质量有异常变化。

①点子在中心线的一侧连续出现7次以上。

②连续7个以上的点子上升或下降。

③点子在中心线一侧多次出现,如连续11个点中,至少有10个点(可以不连续)在中心线的同一侧。

④连续3个点中,至少有2个点(可以不连续)在上方或下方两横线以外出现(即很接近控制界限)

⑤点子呈现周期性的变动。

(7)散点图法。散点图又称相关图,是指在X、Y的二维坐标轴中标注坐标点,以此介绍因变量Y相对于自变量X的变化。相关性可能成正比例(正相关)、负比例(负相关)或不存在(零相关)。如果存在相关性,就可以划出一条回归线,来估算自变量的变化将如何影响因变量的值,如图8-7所示。

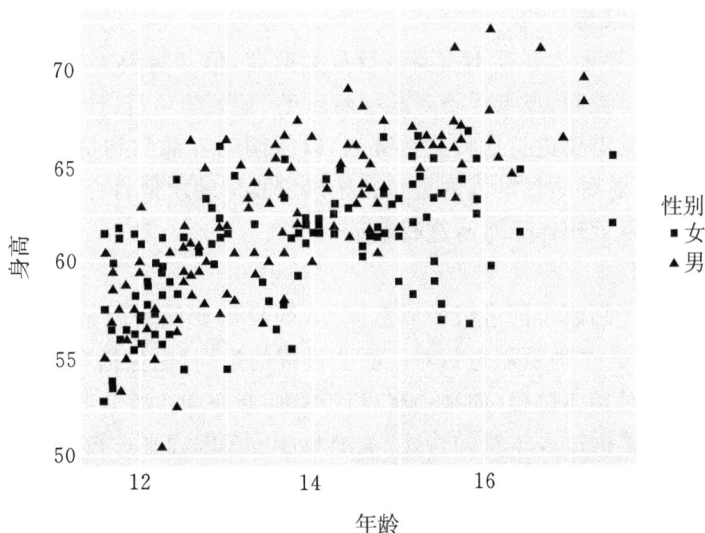

图8-7 散点图示意图

七种基本质量工具为有效收集资料提供了服务,同时还可以对资料的模式进行辨析,并对可变性做出测量。图8-8说明了七种工具之间的关系,以及他们对改进机会辨析和分析的作用。

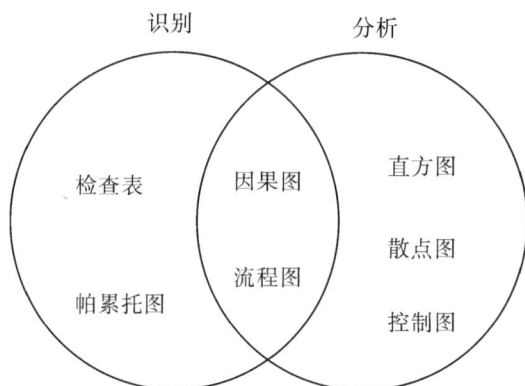

图8-8 七种基本质量工具

(二)质量计划的流程

进行项目质量管理首先要制定本项目的质量方针,对项目的大方向进行总体的把握。在此基础上,进行一系列的质量策划。针对影响项目绩效的关键部分进行策划,主要包括以下几点:

1.有关质量管理体系的策划

质量管理体系的策划是一种宏观的质量策划,应由最高管理者负责实施,它依据质量方针所确定的方向,设定质量目标,确定质量管理体系的要素,并分配质量职能等。当组织尚未建立质量管理体系而需要建立时,或虽已建立但需要进行重大改进时,就需要进行这种质量策划。

2.有关质量目标的策划

组织已建立的质量管理体系虽不需要进行重大改变,但却需要对某一时间段,如中长期、年度、临时性的绩效进行控制,或者需要对某一特殊的、重大的项目、产品、合同和临时的、阶段性的任务进行控制时,就需要进行这种质量策划,以便调动各部门和员工的积极性,确保策划的质量目标得以实现。这种质量策划的重点在于确定具体的质量目标和强化质量管理体系的某些功能,而不是对质量管理体系本身进行改造。

3.有关过程的策划

针对具体的项目、产品或合同进行的质量策划,同样需要设定质量目标,但重点在于策划必要的过程和相关资源。这种策划包括对产品全过程的策划,也包括对某一过程(如设计和开发、采购)的策划,以及对具体过程(如某一次设计评审、某一项检验验收过程)的策划。也就是说,有关过程的策划是根据过程本身的特征、范围和性质等因素来进行的。

4.质量改进的策划

质量改进虽然也可视为一种过程,但却是一种特殊的、可能脱离了公益慈善组织常规的过程。因此,更应当加强质量策划。有关过程的策划一旦确定,这些过程就可以按策划规定重复进行,而质量改进则不同,一次策划只可能针对一次质量改进项目。因此,质量改进策划可以经常进行,而且是分层次组织的,包括组织内的部门、小组或个人都可以参与其中。

(三)质量计划的产出

通过质量策划,将质量策划所设定的质量目标及其规定的作业过程和相关资源用书面形式表示出来,就形成了质量计划。质量计划的产出包括质量管理计划更新、绩效考核指标确定、技术质量规范等内容。质量计划更新是通过工具或者技术对输入资料进行评估和讨论,从而对原有的质量计划进行更新,以满足后续质量实施保证和控制的需要。绩效考核指标是根据预测的网络质量和采取措施可控制的影响,编制出最终和各个阶段质量目标在各个阶段的预期指标,使各分解指标切合实际,有一个逐步提升的过程。技术质量规范是根据项目质量要求开展的流程以及质量控制需要编制的质量规范,包括滚动评估规范、优化测试实验规范、系统数据分析规范等。

二、质量保证

质量保证过程是执行项目质量管理计划中所定义的一系列有计划、有系统的行动和过程。它通过在规划阶段预防缺陷,或者在执行阶段对正在进行的工作检查出缺陷,来保证质量的确定性。实施质量保证是一个执行过程,它使用规划质量管理和控制质量过程中所产生的数据。公益慈善组织的项目团队经常要对质量保证活动进行监督。实施质量保证过程也为持续过程改进创造条件。持续改进过程是指不断地改进所有过程的质量。通过持续过程改进,可以减少浪费,提升效率和效果。

质量保证是所有计划和系统工作实施达到质量计划要求的基础,为项目质量系统的正常运转提供可靠的保证,它应该贯穿于项目实施的全过程之中。在系统实施之前,质量保证通常被描述在质量管理计划之中。质量保证通常是由慈善组织专门负责的部门或者类似的部门提供。

项目质量保证是在执行项目质量管理计划的过程中,对整个项目质量计划的执行情况进行的经常性评估、核查和改进等工作。项目质量保证工作主要有六个方面:清晰的质量要求说明、科学可行的质量标准、组织建设项目质量体系、配备合格和必要的资源、持续开展有计划的质量改进活动和项目变更的全面控制。

(一)质量保证的方法

(1)质量保证过程使用规划质量管理和控制质量过程的工具与技术。除此之外,还包括关联图、矩阵图等工具。其中,关联图是把现象与问题有关系的各种因素串联起来的图形。通过关联图可以找出与此问题有关系的一切要素,从而进一步抓住重点问题并寻求解决对策。矩阵图是从多维问题的事件中,找出成对的因素,排列成矩阵图,然后根据矩阵图来分析问题,确定关键点的方法。

(2)质量审核。质量审核是一种系统且独立的审查活动,旨在确定质量活动及其有关结果是否符合计划安排,并评估这些安排是否得到有效执行且适合于实现既定目标。通过质量审核,可以评价审核对象的现状是否符合规定要求,并确定是否需要采取改进或纠正措施。这有助于确保项目质量符合规定要求,保证设计、实施与组织过程的合规性,同时确保质量体系的有效运行并不断完善,从而提高质量管理水平。

质量审核的分类包括:质量体系审核、项目质量审核、过程(工序)质量审核、监督审核、内部质量审核、外部质量审核。质量审核可以是有计划的,也可以是随机的,可以由专门的审计员或者是第三方质量系统注册组织审核。

(3)过程分析。过程分析是指按照过程改进计划中列明的步骤,从组织和技术角度识别所需的改进。其中,也包括对遇到的问题、约束条件和无价值活动进行检查。过程分析包括根源分析,即分析问题或情况,确定促成该问题或情况产生的根本原因,并为类似问题制定纠正措施。

(二)质量保证的内容

项目质量管理过程的质量保证活动的基本内容如下:

1.制定质量标准

每个项目所涉及的领域不一定相同,即使是相同领域的项目,由于环境和规模等不同,其适用标准都不尽相同。因此,制定质量标准的目的是确保项目实施过程中能够达到或超过既定的质量标准。在制定质量标准时,可以采用现行的国家标准和行业标准。

2.制定质量控制流程

不同种类的项目在不同实施阶段,其质量保证所采取的控制流程都各不相同,每一控制流程的制定都应反映特定项目的质量特征。项目质量控制流程不是孤立的,一般总与组织的质量管理体系紧密相连,并且体现了全员参与的思想。项目的相关方各司其职,各有侧重地开展质量保证工作。

3.质量保证所采用的方法和技术

项目质量保证采用的一些方法、技术主要包括:

(1)制定质量保证规划。质量保证规划是进行质量保证的依据和指南,应在对项目特点进行充分分析的基础上编制。质量保证规划包括质量保证计划、质量保证大纲、质量标准等。

(2)进行质量检验。通过测试、检查、试验等检验手段确定质量控制结果是否与要求相符。

(3)确定质量保证范围和等级。质量保证范围和等级要相适应,范围小、等级低的项目可能达不到质量保证的要求;范围大、等级高的项目应增加管理的工作量和费用。

(4)进行质量活动分解。对于与质量有关的活动需要进行逐层分解,直到最基本的质量活动,以实施有效的质量管理和控制。质量活动分解的方式有多种,其中矩阵式是常用的形式。

(5)建立质量保证体系。第一,确立质量方针。明确质量目标并在全员范围内宣贯,确保价值观统一。第二,落实质量责任。建立覆盖管理层、执行层、操作层的全流程责任体系,实现质量责任可追溯。第三,完善制度文件。编制质量保证手册、程序文件等规范性文件,为操作提供标准化依据。第三,强化能力保障。开展针对性培训,确保所有相关人员掌握质量体系要求。第四,建立评估机制。定期开展内部审核与管理评审,通过数据监测验证体系运行有效性,持续推动改进闭环。

(三)质量保证的产出

质量保证的产出包括采取措施提高项目的效率和效益,为项目相关人员提供更多的利益。项目保证的结果是质量的提升。在大多数情况下,完成提高质量的工作要求做好改变需求或采取纠正措施的准备,并按照整体变化控制的程序执行质量改进。质量改进包括以下行动:增加项目有效性和效率以提高项目资助方的利益,纠正不正确的行动以及克服这种不正确行动的过程。

项目的质量保证可以分为项目管理过程的质量保证和项目产品与服务的质量保证。项目管理过程的质量保证要有一套完善的管理程序,清晰地说明如何有效管理好资源,以及这些程序是如何基于历史经验的标准制定的。这些经验可能来自机构自身的实践,也可能是借鉴外部成功的案例。这些政策、方法和程序由独立的第三方来检查。对质量管理承担的义务必须要从组织的最高层开始。程序常常需要定期向高层管理者报告,高层管理者采用这些报告进行决策,从而对公益慈善组织和项目运行产生积极影响。为了保证项目产品或服务的质量,要做好以下工作:制定清晰的规格说明,使用良好定义的标准,借鉴历史经验,配置合格的资源,进行公正的设计复审,以及实施有效的变更控制。

三、质量控制

质量控制是为达到质量要求所采取的作业技术和活动。这就是说,质量控制是为了通过监视质量形成过程,消除质量环上所有阶段引起不合格或不满意效果的因素,以达到质量要求,获取经济效益,而采用的各种质量作业技术和活动。在公益领域,质量控制活动主要是机构内部的现场管理,它与是否有资助无关,是指为达到和保持质量而进行控制的技术措施和管理措施。

项目质量控制的主要内容包括项目质量实际情况的度量,项目质量实际与项目质量标准的比较,项目质量误差与问题的确认,项目质量问题的原因分析和采取纠偏措施以消除项目质量差距与问题等一系列活动。

(一)质量控制的方法

除了一些基本质量工具外,质量控制还可以采用程序手册、服务流程图等方法。

1. 程序手册

程序手册是比较普遍的控制质量工具。它是一种标准控制文件,记录了执行每一步工作的具体程序和系统。这种程序和系统是在对服务对象研究的基础上,从服务对象的观点出发,从"关键成功要素"中得出的。

2. 服务流程图

服务流程图是一种帮助机构管理人员了解服务过程、控制服务过程的工具。它也可以称为服务图(用于描绘服务过程的当前状态)或服务蓝图(用于设计一个新的或已修正的程序,以及描述服务应如何运作)。通常,服务流程图不仅描绘服务对象从进入服务营运系统到离开系统所经历的一系列活动,还会展示这些活动中涉及的机构支持活动。

(二)质量控制的流程

质量控制的流程:第一,要明确目标;第二,根据公益慈善项目管理活动,编写一张构成所有活动的清单;第三,要选用合适的质量控制方法,确定控制的关键点和责任人;第四,根据项目开展情况进行动态质量控制和检查。

(三)质量控制的产出

质量控制的产出包括:质量控制测量结果,即对质量控制活动的书面记录;核实的可交付成果,即可以作为项目最终交付物的产出;工作绩效信息,即对各控制过程中收集的资料,并结合相关背景和领域关系整合分析而得到的绩效数据。

本章小结

质量管理是公益慈善项目管理的重要方面之一,它与范围、成本和时间都是项目成功的关键要素。本章首先介绍了公益慈善项目质量管理的内涵和意义,其次对质量管理相关概念和基本原则进行阐述,最后根据公益慈善项目质量管理的三个过程,即质量计划、质量保证和质量控制分别进行分析。本章还具体介绍了公益慈善项目质量管理中涉及的主要工具和技术。

课后习题

1. 简述质量管理的三全控制原则。

2. 简述七种基本质量工具。

3. 试述 PDCA 的基本原理。

4. 阐述公益慈善项目质量管理的三大过程。

第九章　公益慈善项目采购管理

引例

某基金会 AED 设备采购项目招标公告

1. 招标条件

某基金会 AED 设备采购项目,建设资金来自社会捐款,招标人为某基金会,项目已具备招标条件,现对该项目进行公开招标。

2. 项目概况与招标范围

(1)项目概况。

本项目预计在某公共场所铺设 AED(含智能机柜)500 套。本批 AED 计划在 12 月底开始配送至某市。布设、安装和管理等工作由某市卫健委和某基金会配合执行。

(2)招标范围。

采购 AED(含智能机柜)500 套,具体要求见技术规格书。

(3)交货期。

交货期:自合同生效日起 10 个日历天内开始交货到采购人指定的地点,首批配送不少于合同总额的 10%,并于合同签订后 30 天内完成全部安装、调试并通过验收。质保期:5 年。

3. 投标人资格要求

3.1 资质要求:

(1)投标人应依法组建,并在中华人民共和国注册,具有独立的法人资格;投标人具有合法有效的营业执照(提供营业执照复印件);

(2)投标人需具备本次投标产品在中国大陆地区内有效的《医疗器械产品注册证》和《医疗器械生产许可证》,不接受经销商或代理商投标。

3.2 信誉要求:

(1)投标人或其法定代表人和其拟委任的项目负责人自 2019 年 1 月 1 日至今从事经营活动中没有违法记录,投标人投标时需提供无行贿犯罪记录承诺;

(2)投标人未被"信用中国"网站(www.creditchina.gov.cn)列入失信被执行人名单;

(3)投标人未被工商行政管理机关在全国企业信用信息公示系统中列入严重违法失信企业名单。

3.3 财务要求:财务经营状况良好,提供近 1 年(2021 年)的财务报表。

3.4 联合体要求:不接受联合体投标。

3.5 资格审查方式:资格后审。

4. 招标文件的获取

4.1 本项目招标文件采用网上报名方式发放,不向投标人提供纸质招标文件。

4.2 招标文件发售时间:即日起到 2022 年 12 月 16 日下午 17:00 时。

4.3 有意向的投标人应先在通用招标网(http://www.china-tender.com.cn)免费注册,注册完成后凭登录账号,按照网上操作流程进行购买。

申请人先在通用招标网招标文件获取一栏中对应的项目(标)下填写招标文件购买申请,填写招标文件购买申请后,具体购买方式包括:选择网上支付方式购买招标文件的申请人在标书款支付成功后,即可下载招标文件。招标文件购买发票在网上直接申请开具电子发票。

特别提示:

提示 1:每次购买文件申请系统生成的账号不同,请按照系统生成的账号进行付款,不要重复支付;

提示 2:汇款金额必须与系统提示金额相同,否则将会被退回。

4.4 招标文件售价:500 元人民币/本,售后不退。

4.5 通用技术大厦标书室地址:北京市丰台区×××路×××大厦 1 层标书室

4.6 联系电话:400 - 680 -××××

5. 投标文件的递交

5.1 投标文件递交的截止时间为 2022 年 12 月 30 日上午 9:30 时,投标人应于当日 9:30 时前,将投标文件递交至某基金会×××会议室(地址:北京市×××基金会)。

5.2 逾期送达或未送达指定地点的投标文件,招标人不予受理。

6. 发布公告的媒介

本次招标公告在中国招标投标公共服务平台(http://www.cebpubservice.com)上发布。

7. 联系方式

招 标 人:某基金会

地　　址:

邮政编码:

联 系 人:

电　　话:

招标代理机构:中技国际招标有限公司

地　　址:

邮　　编:

联 系 人:

电话/传真:

电子邮件:

2022 年××月×日

在此份招标公告中,可以得到某基金会项目招标的采购方信息、采购物品及数量、投标人资格要求、投标文件的获取和递交等信息,这些都是公益慈善项目采购管理中的重要环节。那么公益慈善项目采购管理要经历哪些环节?在公益慈善组织的采购规划、询价等重要环节中需要坚持哪些原则,注重哪些细节?如果因项目采购不当或管理不善导致所采购产品不符合项目要求,将会对项目顺利实施产生哪些负面影响?

大多数项目都需要从外部组织采购一些货物或服务。这种采购通常是通过签订和履行合同的方式来完成的。在项目采购管理中,需要回答三个基本问题:一是需要采购哪些货物或服务?二是应该以什么方式来确定供应商以及签订相应的合同?三是在合同有效期内,应该如何履行合同,并管理合同当事人之间的关系?

第一节　公益慈善项目采购管理概述

一、公益慈善项目采购的定义

公益慈善项目采购是指公益慈善组织从外部购买所需要的有形物品或无形服务的行为。采购在公益慈善组织中起着至关重要的作用,因为它是确保组织获得有效执行任务所需的材料和服务的方式。公益慈善项目采购的对象或标的物包括有形物品及无形服务。项目采购中常见的有形物品有原料、辅助材料、工器具及设备、办公和消费用品等。无形的服务主要包括技术、服务、工程服务三种类型。

公益慈善项目采购工作是项目实施的重要环节,也是公益慈善组织财务管理的组成部分。公益慈善项目采购工作具有高度敏感性,往往牵一发而动全身。有效采购对公益慈善组织有如下益处:第一,节省成本。通过仔细选择供应商和谈判优惠条款,组织可以在不影响质量的情况下找到最具成本效益的解决方案,从而优化其预算分配。第二,确保交易透明度和问责制。公益慈善组织通常依赖捐赠获取资金,这意味着对资金分配和使用的适当监管变得至关重要。通过实施合理的采购方式,如竞争性招标程序或与供应商谈判优惠条件,可以对赠款进行负责任的管理。第三,提高运营效率。公益慈善组织通过建立明确的采购政策与程序,最大限度地减少重复性工作,从而提高整体效率。第四,风险管理。有效采购包括对潜在供应商或服务提供商进行尽职调查,以降低与产品质量或交货延迟相关的风险。公益慈善组织必须优先考虑符合其价值观且信誉良好的供应商。第五,建立战略伙伴关系。有效的采购还能促进与可靠供应商的战略伙伴关系。这种关系不仅能确保持续获得必要的资源,还能带来支持长期组织目标的协作机会。

总之,高效的采购战略可以使采购双方共赢,还能够起到促进市场公平、良性竞争的作用。但是,如果采购方式不当或者管理不力,所采购的物品或服务则不能满足项目需求。这不仅影响项目的顺利实施,而且还难以达到项目预期效益,甚至导致项目失效。

二、公益慈善项目采购的原则

公益慈善项目采购的基本原则要遵循项目执行方和资助方的共同利益与采购倾向。

(1)质量标准。公益慈善项目采购必须坚持明确的质量标准,采购符合要求的材料、设备和服务。

(2)经济性。公益慈善组织在保证采购质量标准的前提下,遵守"经济、节约、效果最大化、性价比高"的原则,减少中间环节,降低采购成本。

(3)效率性。考虑到项目成本和时间,公益慈善项目必须提升采购流程的效率。

(4)竞争性。竞争性原则是市场经济的普遍原则,公益慈善项目采购应该确保采购过程公开、公正、公平,促进市场公平竞争。

(5)透明度。确保采购过程的透明度和问责制。公开透明的采购程序对公益慈善组织保持信任和信誉至关重要。公益慈善组织必须遵守严格的道德标准,对所有采购活动进行仔细监控和记录,提高采购的公开性。

(6)反欺诈及腐败。采购参与者,包括招标人、投标商、承包商或分包商、咨询顾问、工程师等在采购过程中和履行合同时,应当遵守最高道德标准,任何获得非应得利益的行为都是不适当的。

(7)职业道德标准。公益慈善项目采购人员应当廉洁自律、遵纪守法,坚决不做违反法律和公序良俗之事;自觉维护组织利益,努力提高采购物品质量,降低采购成本;严格按采购制度和程序办事,自觉接受监督。

(8)避嫌。当采购人员与咨询顾问、投标商有利益关联时,应当回避。

相比其他类型项目,公益慈善项目主要可交付物常常是社会服务,项目采购的内容相对比较简单。

▶ --

下面列出了白求恩公益基金会的采购制度:

采购基本程序

一、编制采购预算

年初编制采购预算,如遇特殊情况需追加预算,应提出书面申请,报理事长授权人批准,财务部备案。

二、提出采购申请

采购部门在采购前须提出采购申请,内容包括采购方式、采购项目的名称、采购预算、采购数量、资金来源、交货(工)时间、技术指标和服务要求等,按程序报相关领导批准。

三、确定并实施

(一)采购金额一次性达到500万元以上(含500万元)的服务项目及200万元以上(含200万元)的货物采购。

1.成立评审小组。由副秘书长、项目人员、法务人员、财务人员组成,负责采购评审工作,必要时可请外部专业技术人员参加。

2.确定评审标准,应根据采购要求,对有资质的供应商,从资质、方案和报价、声誉和业绩等方面综合评审考察,审定评审文件,选择性价比最优的供应商,原则上需有三家以上供应商提供方案和报价,经评审工作小组研究后最终确定供应商和价格。

(二)采购金额一次性达到100万元以上、500万元以下的服务项目及100万~200万元的货物采购项目。采购部门须制定采购方案并履行采购比价程序,落实三方比价,提供比价方的相关资料,须有三家以上供应商提供报价(报价单须有联系人、联系电话并加盖公章),在权衡质量、价格、交货(提供服务)时间、售后服务、资信、客户群等因素的基础上进行综合评估,按照基金会审核批准流程经财务部审核、理事长授权人审批,确定最终供应商和价格。

(三)采购金额一次性100万元以下的服务项目及货物采购,可采用从优质供应商库直接询价的方式采购。按照基金会审核批准流程经财务部审核、理事长授权人审批,确定最终供应商和价格。

四、签订采购合同

采购合同由基金会法人签字并加盖公章。合同供应商应具有合法经营主体资质,信誉及服务等条件良好。

五、支付采购资金

采购货物（或服务）完成以后，由秘书处会同采购部门两人以上进行验收。物品采购到货后，按数量、完好程度、技术标准、型号规格等要求对物品验收，验收合格后方能确认收货；服务采购完成后，依据约定的服务项目和质量等进行评估验收，并出具验收证明。验收合格后，根据合同约定及实际情况办理资金支付手续。财务部严格审核采购合同约定的付款条件以及采购发票、验收报告、验收证明等相关凭证的真实性、完整性、合法合规性后方可付款。合同履行过程中遇有特殊问题影响合同正常履行，应签订补充附加合同，与原合同具有同等法律效力。

六、办理货物入库手续

货物验收合格并支付资金后，经办人持验收单、发票等到财务部办理入库手续。

三、公益慈善项目采购的组织方式

公益慈善项目采购的组织方式有公开招标、邀请招标、细分化采购、竞争性谈判、单一来源采购、询价、比选等形式。采购活动可委托第三方招标代理机构或公益慈善组织自己执行。

（1）公开招标。公开招标是公益慈善组织主要的采购方式。采购人按照法定程序，通过发布招标公告，邀请所有潜在的不特定供应商参加投标。采购人依据招标文件中确定的标准，从所有的投标单位中择优评选出中标单位，并与之签订采购合同。

（2）邀请招标。邀请招标也称选择性招标，是采购人根据供应商或承包商的资信和业绩，选择一定数目的法人或其他组织（一般不少于 3 家），向其发出投标邀请书，邀请他们参加投标竞争，并从中选定中标供应商的　种采购方式。这里邀请的对象是特定的潜在投标人。这里的特定不是排斥性的选择，更不是内定，而是公开、公平、公正地择优邀请。一般来说，公益慈善组织都要建立一个潜在供应商的数据库，从数据库中进行选择邀请。

（3）细分化采购。为了克服总部和分支机构集中采购的缺陷，细分化采购将采购责任细化分解。一般由组织总部的采购中心负责制定采购战略，而采购与供应管理的任务则交由预算部门负责执行。该方式明确了各部门之间的权力与责任，简化了采购管理工作。缺点则在于赋予预算人员采购特权和决策权，采购者可能基于个人好恶进行采购；分支机构各有一套独立的采购和供应体系，总部缺乏对采购价值的控制力；基层采购部门增加，从而导致雇佣过多的采购人员。

（4）竞争性谈判。竞争性谈判是指采购人或代理机构通过与多家供应商（一般不少于 3 家）进行谈判，最后从中确定中标供应商的一种采购方式。其核心一是要有竞争，参与谈判的供应商不少于 3 家；二是要有谈判，即最终的结果必须要在谈判的基础上确定。离开了这两条，行为和结果就是不合理、不规范，甚至是违法违规的。

（5）单一来源采购。单一来源采购也称直接采购，是指采购方直接向唯一的供应商进行商品或服务采购的方式。该方法通常适用于已达到采购限额标准和公开招标数额标准，但所采购的商品或服务来源渠道唯一，或是涉及专利产品、首次制造、原有合同追加、既有采购项目的后续扩展，以及因不可预见的紧急情况而无法从其他供应商处获得所需商品或服务的情况。这种采购方式的最主要特点是没有竞争性。

（6）询价。询价是指采购人向有关供应商发出询价单让其报价，在报价基础上进行比较并确定最优供应商的一种采购方式。询价工作是投标程序中重要的一环,它有利于投标人优化报价并为报价决策提供依据。承包人询价是一种意向性行为,并非一定要与所询价的分包人签订分包合同,而接受询问的分包人的报价,同样不必是日后签订分包合同的合同价值。

(7)比选。比选是一种在评审非价格因素的基础上进行"比价"的采购方式。比选一般运用在简单小额的采购项目中,通过选择性邀请的方式邀请潜在申请人参与比选活动。

第二节　公益慈善项目采购管理的步骤

公益慈善项目的资金大多来源于政府资助、社会募捐、基金会等公共渠道,所以这也对项目资金支出的透明度提出了更高要求,包括款项是否落到实处、供应商选择是否公正、项目团队工作是否严格按照采购计划实施等。公益慈善项目采购管理要经历以下几个阶段。

(1)确定采购需求。在进行物资及服务采购前,公益慈善组织需要明确采购的需求。通过与项目负责人、部门负责人的沟通,了解项目的具体需求,明确采购的物资种类、数量以及服务内容。

(2)编制采购计划。在选定供应商之后,公益慈善组织需要编制采购计划。采购计划应该包括采购的具体内容、时间安排、预算等内容,以便于采购工作有序进行。根据不同项目需要,采购计划可以是正式或非正式的,可以是非常详细或高度概括的。

(3)发布采购公告。根据采购计划,公益慈善组织要发布采购公告,以便吸引更多的潜在供应商参与竞标。采购公告应包含采购物资或服务的详细描述,包括技术要求、投标截止日期、联系人信息等内容。在发布渠道上,按照公益慈善组织的相关政策,以正式的方式向潜在供应商发出投标邀请,并在传统媒体、网络平台或登记机关进行公告。

(4)调研与选定供应商。在发布采购公告后,公益慈善组织要根据投标的供应商开展评审,并从中选择合适的供应商。评审应该结合评估标准,并根据供应商的信誉、价格、服务质量等指标进行综合评估和筛选,最终确定中标供应商。

(5)签订与履行合同。在确定中标供应商后,公益慈善组织需要与供应商进行合同谈判,并签订正式合同。与此同时,公益慈善组织需要对采购项目建立采购档案,记录招投标文件、评审结果、合同等重要文件。合同应明确双方的权益和义务,包括物资或服务的交付时间、质量标准、价格、付款方式等内容。签订合同后,监督供应商按照合同履行义务,并及时向其拨款。

(6)进行绩效评估。公益慈善组织在采购完物资或服务后,应对采购活动开展绩效评估,衡量采购结果是否达到预期目标,为以后的采购工作提供参考。

本章小结

采购是公益慈善组织财务管理的关键方面。通过了解采购的定义、作用和流程,公益慈善组织可以做出明智的决策来改进其采购流程。高效采购可确保公益慈善组织以最佳性价比获得商品和服务。从办公用品到项目材料,每一次采购都会对其整体预算产生影响。通过实施有效的采购实践,如进行彻底的市场调查、获得竞争性投标和谈判有利的合同,公益慈善组织可以最大限度地利用其资源并实现更大的财务可持续性。总之,采购直接影响组织财务状况的重要战略决策。通过高效的采购实践,公益慈善组织可以优化其有限的预算,确保采购过程的透明度和问责制,从而更好地履行其使命。

课后习题

1.简述公益慈善项目采购的定义与作用。

2.简述公益慈善项目采购的方式及其优缺点。

3.简述公益慈善项目合同管理的作用。

4.简述公益慈善项目采购管理的过程。

5.案例分析。

2017年"慈善医疗阳光救助工程"第三十二批采购项目招标公告

发布日期:2017－05－04

联系人:×××

电话:1851979×××

招标编号:CMEETC－177XP115AA20

开标时间:2017－05－23

招标人:慈善医疗阳光救助工程办公室

资金来源:受"慈善医疗阳光救助工程办公室"委托,就"慈善医疗阳光救助工程"第三十二批采购项目进行公开招标,现邀请合格投标人就下列货物和服务提交密封投标。

一、项目信息

项目名称:"慈善医疗阳光救助工程"第三十二批采购项目

招标编号:CMEETC－177XP115AA20

二、招标内容

包号 货物名称及数量 交货地点 交货期

01 人体成分计量仪等设备(碳14 1套、人体成分计量仪1套、乳腺检查仪1套、脑电图1套)用户指定地点 合同签订后3个月内

02 眼底彩色照相等设备(眼底彩色照相1套、电测听1套、测听室1套、视力表2套)

03 数字乳腺钼靶机1套

04 口腔CT 1套

05 骨科C臂1套

注:本次招标投标人必须以包为单位进行投标响应,评标和合同授予也以包为单位。

三、招标用途:自用

四、项目资金情况:本项目资金已落实

五、招标文件售价、文件出售时间、地点、联系方式、银行信息

(1)文件售价:每包人民币500元,如需邮寄,另加邮费50元,售后不退。

(2)招标文件出售时间:2017年05月03日至2017年05月09日,工作日9:00—11:30,13:30—16:30。

(3)购买地点:北京市。

购买或翻阅招标文件时需携带:营业执照(副本)原件及复印件、组织机构代码证(副本)原件及复印件、税务登记证原件及复印件、有效的医疗器械生产或经营许可证、投标单位出具的对购买人的授权书或介绍信原件、购买人的身份证原件及复印件、开户许可证原件及复印件,

所有复印件均需加盖公章,原件备查。

六、投标人资格要求

(1)具有独立承担民事责任的能力;

(2)具有良好的商业信誉和健全财务会计制度;

(3)本项目不接受联合体投标;

(4)按照招标公告要求购买了招标文件;

(5)制造商或代理商均可,代理商投标时需提供合法授权文件;

(6)具有医疗器械生产或经营许可证;

(7)所投产品需具备国家食品药品监督管理局颁发的医疗器械注册证。

七、投标文件递交截止时间和地点:2017 年 5 月 23 日 9:30(北京时间),北京市

八、开标时间及地点:2017 年 5 月 23 日 9:30(北京时间),北京市

报名前与联系人联系获取投标报名表。

联系人:徐××

手 机:1851979××××

邮 箱:1851979××××@163.com

请结合本章慈善组织项目采购管理相关知识,分析该案例中采购物品的类别、供应商潜在选择对象的范围,并拟定一份项目采购合同。

第十章 公益慈善项目人力资源管理

引例

"格桑花"的人力资源管理

"格桑花",原名为"格桑花西部助学网",是由热心网友本着以资助西部贫困儿童完成学业愿望而成立的网络慈善组织。但是,其管理与运营方式还在摸索阶段,随着组织的壮大产生了一系列问题。根据财务报告,领薪人员迄今为止只有个位数,同时项目人员中还有人离职。"格桑花"的成员数量少,流动性大,并且专业性不高,在很大程度上阻碍了组织的发展。因此,在充分了解组织内部人力资源存在的问题后,组织内部进行了一些调整:①开发电子化的人力资源管理,试着开发电子招聘软件,同时还与一些高校网络教育学院合作,争取让更多员工参加网络培训;②加强员工能力开发,组织为义工提供形式多样的培训内容,有针对性地进行能力提升训练,并且根据培训效果在不同阶段提供不同层次的岗位实习和培训机会;③建立了科学绩效评估系统,根据员工工作性质、职务高低、工作的时限等客观因素,制定科学合理的绩效评估标准,将评估标准进行细化,增加人力专员在评估过程中的可操作性;④完善福利待遇政策,加大了对员工福利的关注与投入力度,建立激励制度,正激励和负激励相结合,鼓励员工为实现组织的目标而贡献力量。通过种种措施,"格桑花"对人力资源的管理更加精细化,对志愿者的培训更加专业,对工作人员的激励力度不断加大,这在一定程度上缓解了人才过度流失、人员流动性过大的状况。

公益慈善项目人力资源管理是指一系列系统的、协调的活动和策略,旨在吸引、发展、激励和保留能够高效完成公益慈善项目的各种人力资源,从而实现组织的社会使命和目标。这包括员工、志愿者以及其他相关人员的管理。公益慈善组织环境的变化强调了管理者需要了解战略、人力资源管理和组织效能之间的关系。近年来,临时性公益慈善项目不断增加,但公益慈善组织内部却出现了很多问题。例如,专职人员数量较少且流动性大,其他人员专业化程度低,薪酬体制不健全,绩效管理难以有效运行,人员激励不足等。此外,公益慈善项目有关人力资源管理的规划相对落后,简单的数量分析已经不能满足日益发展的公益慈善组织的需求。有效的人力资源管理对公益慈善组织的发展具有积极作用。因此,对人力资源的管理应该具有远瞻性和计划性。

第一节　公益慈善项目人力资源管理概述

一、公益慈善项目人力资源的构成

公益慈善组织的特殊性决定了公益慈善项目人力资源管理的特殊性。公益慈善组织中包括许多的人员,如全职员工(full-time employees)、兼职员工(part-time employees)和志愿者(volunteers)等。

(一)全职员工

公益慈善项目的全职员工是指以公益慈善组织的工作为职业,在公益慈善组织全职工作的人员。一般来说,他们在公益慈善组织中领取报酬和薪水。由于慈善组织专业化运作的特殊性,在公益慈善组织规模扩大时,其所需要的员工就必然要有越来越高的工作技能,来满足复杂程度较高、管理难度较大的管理工作。只有走专业化道路,录用专业的全职员工,公益慈善组织才可能不断提高工作的绩效与服务质量。全职员工除了拥有过硬的专业知识和专业能力以外,还要具备职业道德和职业素养,要诚实守信、尊重他人、勇于承担责任。全职员工中最为重要的是项目负责人或称项目主管,是公益慈善项目人力资源管理的核心资源。

(二)兼职员工

在公益慈善项目中,兼职人员通常扮演着一种衔接和支持的角色,在完成八小时工作任务以外,利用业余时间从事公益慈善项目的管理,参与公益慈善项目的运行,并且取得一定的物质报酬。他们可以在不同的项目阶段和特定的职能领域发挥作用,主要的角色和作用包括以下几个方面:

(1)专业技术支持。兼职人员可能具备特定领域的专业知识和技能,如法律、财务、医疗等,他们为项目提供专业的咨询和支持,解决特定问题或提供专业意见。

(2)项目管理和协调。在项目执行过程中,兼职人员可以担任项目管理、协调和监督的工作,确保项目按时完成、资源合理配置,并协调各方资源的整合。

(3)培训和教育。兼职人员可能负责为志愿者和社区成员提供培训和教育服务,传授专业知识、技能或项目相关的信息,提升参与者的能力。

(4)策划和执行活动。兼职人员可以参与到项目活动的策划和执行中,包括组织公益活动、社区服务等,帮助项目顺利进行并达到预期效果。

(5)监督和评估。在项目实施过程中,兼职人员可能负责监督和评估项目的进展和效果,提出改进建议和优化方案,确保项目的有效性和可持续性。

兼职人员的作用在于通过其专业能力和有限的时间投入,为项目提供必要的支持和服务,补充专业知识和人力资源,增强项目的运作效率和质量。他们通常能够灵活地在项目需要时提供支持,为公益事业的发展和推广作出贡献。

(三)志愿者

公益慈善项目人力资源最大的特点是能够动员海量的志愿服务力量。志愿者是公益慈善项目中非常重要的一部分,他们不以获得报酬为目的,自愿参与到项目中,为项目的实施和推广提供各种形式的支持和帮助。《中国志愿服务发展报告(2022—2023)》显示,我国注册志愿者已达2.32亿人,组建了135万支志愿服务队伍,实施了文明实践、阳光助残、环境保护、为老服务等多主题的 1127 万个志愿服务项目。公益慈善项目中志愿者发挥着非常重要的作用,他们可以在多个方面为项目的实施和推广提供支持和帮助,主要包括以下几个方面:

(1)执行项目活动和服务。志愿者可以直接参与到项目的执行中,例如组织活动、服务社区、教育宣传等,为受益群体提供具体的服务和支持。

(2)筹款和募捐。志愿者可以参与到筹款活动中,帮助组织筹集资金和物资,扩大项目的资金来源,支持项目的持续运作和扩展。

(3)宣传和传播。志愿者可以帮助组织宣传项目的理念、目标和成果,通过社交媒体、活动宣传等方式扩大项目的影响力,吸引更多人关注和支持。

(4)提供专业技能和支持。有些志愿者可能具备特定的专业技能,如医疗、法律、教育等,他们可以提供专业的支持和服务,增强项目的专业性和效果。

(5)建立社区网络和支持系统。志愿者可以帮助组织建立和维护社区内外的网络和支持系统,促进资源共享和社区凝聚力的增强。

(6)监督和评估。志愿者可以参与项目的监督和评估工作,帮助组织及时了解项目的进展和效果,并提出改进建议和优化方案。

二、公益慈善项目人力资源的特点

公益慈善项目的人力资源管理具有一些独特的特点,这些特点既反映了公益组织的性质,也对人力资源管理提出了特定的挑战和要求。

(一)公益慈善价值的使命驱动

公益慈善项目的人力资源相较于企业人力资源通常具有强烈的使命感和社会责任感,员工和志愿者往往因对项目使命的认同而加入。

(二)成员来源的开放性

公益慈善项目内部的人力资源来源具有广泛性。全职员工和兼职员工的招聘和吸纳,既可以面向社会公开招募,也可以通过内部推荐的方式进行。只要符合条件,这些人员都可以参与慈善项目并提供服务。

(三)成员行为目标的非营利性

公益慈善组织属于非营利组织,不得在项目成员之间进行盈余分配。志愿者加入公益慈善项目的目的是奉献爱心、服务社会,而不是为了获得物质上的报酬。

(四)成员地位的平等性

大多数公益慈善项目的组织结构呈现出扁平状,没有严格的等级制度,管理者和被管理者之间不存在传统的上下级关系,成员都有着使命感和责任感,彼此之间互相协调,为实现公益慈善项目顺利完成的目标而团结一致,努力奋斗。

(五)成员具备持续学习力

随着内外部环境的变化,基于机构的使命,战略或项目执行策略会持续调整,因此成员必须具备较强的学习能力,以适应新的环境。大部分公益慈善组织都会将员工的能力建设视为机构人力资源管理的重要工作之一。

三、公益慈善项目人力资源管理的特征

基于成员来源开放性、目标的非营利性、地位的平等性等特征,公益慈善项目人才资源管理呈现出不同于其他类型组织人力资源管理的特征。

(一)项目的价值目标与使命感至上

公益慈善项目必须有明确的价值取向和目标,这是对项目成员有效管理的基础。公益慈善项目所体现的奉献和服务的使命感促使组织成员拥有平等团结、互助合作、积极志愿服务的内在动力,从而激发项目成员高度的使命感和责任感。同时,价值感和使命感为项目赋予明确的目标,为成员赋予明确的使命。

(二)人力资源管理与项目的责信度相结合

当慈善组织出现以公益慈善名义从事非法或满足个人私利的举动时,社会公众会采取谴责的方式发泄自己的不满,或者采取更加消极的态度对待公益慈善组织。因此,公益慈善项目的责信度是慈善项目顺利开展的生命线,也是公益慈善组织开展招聘培训、考核与激励、约束的重要衡量标准。

(三)成员价值取向与专业技能的双重考核

公益慈善项目主管在面向社会选择项目成员时,应秉持理性的态度并明确目标导向。在确定成员名单时,需要对成员价值取向和专业技能进行双重考核,其中价值观的考核是最主要的也是最重要的。选择适合本慈善项目需要的专业技能人才,不仅能够节省项目前期的培训资源,还有利于在项目开展过程中合理配置资源,从而更加高效地完成项目。

(四)强调成员的发展

人力资源管理的核心目标是为每一位成员提供持续成长、挖掘个人最大潜力以及争取最符合自身的职业发展机会。公益慈善项目的人力资源管理强调对员工开展针对性培训,成员通过培训可以提升职业技能,提高职业素养。同时,注重工作的扩大化和丰富化,以此提高成员的工作积极性。根据马斯洛的需要层次理论与生存、成长、发展的需要理论,重视成员的个人需要的递进性满足,最终使员工得到精神上的满足。

四、公益慈善项目人力资源管理存在的问题

(一)公益慈善项目人员流动性较大

首先,由于项目性质的周期性,一些公益项目可能是临时性的,或者有明确的项目周期。当项目完成或者阶段性任务达成时,团队成员可能会选择离开或转至其他项目,导致流动性增加。其次,由于专职人员职业发展的需要或个人追求新的挑战,可能会选择流动到其他领域或组织,导致人员流动。再次,由于志愿者的工作是无偿的,他们可能会因为个人生活变化或兴趣转移而流动性较大。最后,由于公益慈善组织的工作环境和文化对员工的留存和流动具有重要影响。如果组织内部的工作环境不稳定或者文化不符合员工价值观,可能会促使员工选择流动到其他组织或行业。除此之外还有薪酬和福利的影响,尽管大部分公益慈善项目依赖于志愿者的无偿工作,但专职员工的薪酬和福利待遇也是影响他们是否选择留在组织的重要因素。薪酬待遇不合理或福利条件不佳可能会导致员工流动性增加。

（二）公益慈善项目内部缺乏对志愿者的管理

公益慈善项目通常有较多的志愿者参与,但是在公益慈善项目开展的过程中,志愿者存在的问题也十分明显,主要有以下几个方面:一是参与志愿服务的人数少,参与主体具有局限性,通常都以大学生为主,其他社会群体积极性不高;二是缺乏固定和持续的志愿者群体,随意性大,通常是因为某个事件而从事志愿活动;三是志愿服务大部分停留在初级阶段,对于正式的慈善项目来说,志愿者群体实际提供的专业性服务并不多;四是志愿者作为编外人员,由于项目的短期性和地位的不明确性,难以融入公益慈善项目的内部环境中去,可能会对慈善项目的顺利开展产生不利影响;五是志愿项目内部团队的松散性特征和不规范性特征,使得志愿者缺乏使命认同与持久激励,从而影响志愿人员的参与初衷与热情。

（三）公益慈善项目内部人员专业素质差别较大

公益慈善项目内部人员的专业素质存在较大差异,主要体现在人员构成的多样性、专业技能的不均衡、培训机会的不充分以及工作积极性和责任感的不同。这种差异不仅影响了项目的服务质量和效率,还增加了管理难度。因此,公益慈善组织需要通过提供针对性培训、优化人员配置和建立激励机制等措施,来提升整体专业素质,确保项目的顺利实施。

（四）公益慈善项目能够投入的资源有限

公益慈善项目能够投入的资源有限。首先是能够投入的资金不足,很多公益组织面临资金短缺的问题,难以提供有竞争力的薪酬和福利,从而在吸引和保留优秀人才方面面临困难;其次是培训投入不足,由于预算限制,培训和职业发展机会有限,导致员工和志愿者的技能提升受到限制;最后是能够为员工提供的成长和晋升空间有限。

第二节　公益慈善项目主管的角色和职能

一、公益慈善项目主管的选用

公益慈善项目主管是组织在公益慈善项目上的全权委托代理人。项目主管在项目管理中无疑具有核心作用。在公益慈善组织内部,项目主管是项目的第一负责人,在授权范围内负责、处理各项事务。项目主管不仅要把组织决策层的意图转变为可执行的方案,并传递给项目团队,还要通过团队成员的努力把项目成果实实在在地做出来,并提交给组织决策层。项目主管在决策层和项目团队之间起到承上启下的作用。项目主管需要有强大的执行力。从执行力上讲,项目主管就是执行力的总代表。项目主管的能力要求既包括"软"的方面——个人素质,也包括"硬"的方面——管理技能和技术技能。具体来说,作为公益慈善项目主管除了要懂公益慈善组织运行机制,还要懂得经济、合同、管理,在有理论知识作为指导的同时,还要具备很强的实践能力,能够高瞻远瞩,统揽全局,沟通协调,靠真抓实干做好项目过程中的各项工作。

对公益慈善项目主管的选择主要从以下几个方面考虑:

（1）个人素质方面:①公益慈善项目主管应该具备良好的职业道德和职业精神,工作中要积极主动、尽职尽责、任劳任怨、忠于职守,并具有一定的责任感和创新精神。②具有诚实的品格,为人正直,能够从慈善组织的角度出发,拥有无私奉献的精神。③要以项目的总目标和整体利益为出发点,正确地履行合同,公平、公正地对待利益各方。④工作中严谨细致,具有服务意识,能够全心全意,一丝不苟地管理项目。⑤必须具有灵活应变的能力,以便能够迅速应对各种不利情况,并及时采取措施加以解决。

（2）综合能力方面。公益慈善项目管理是一个动态的管理,这就要求项目主管必须具有灵活应变的能力,才能更好地解决项目现场出现的各种不利的情况。作为项目主管应具有较强的组织和管理能力,能够知人善任,能够组织各方面的协调工作。项目主管应与捐赠方、受益方经常沟通,建立良好的慈善环境,获得捐赠方的支持。项目主管要设身处地为他人着想,沟通组织内部各部门之间的人际关系,在项目部内部要合理地分配工作,公平地进行奖惩。项目主管还应具有较强的交流能力和号召力,能够充分激发职工的工作积极性。作为项目主管,平时要注重学习,了解技术新动态,掌握项目管理的基本思想、管理方法和手段,同时还要注重理论和实践的结合,灵活运用所学知识,做好项目过程中的各项工作。

（3）管理技能方面。项目主管对公益慈善项目必须具有全盘考虑,统一计划的能力。项目主管要能够充分利用他的组织能力对项目实施的各个环节进行统一的组织,即处理在项目实施过程中发生的人与人、人与事、人与物之间的各种关系,使项目按既定的计划进行。在项目实施的过程中,项目主管要正确指挥,协调好项目内部以及项目部与外界之间关系;合理控制项目的质量、成本等,努力提高项目的整体水平和所创造的社会价值。作为项目主管,还要具有亲和力,能够倾听志愿者的意见和心声。一个公益慈善项目要实现慈善组织的目标,必须依靠全体项目成员的共同努力,作为项目主管,就要把所有的工作人员、志愿者和利益相关者团结到一起,激发每一个人的工作激情,扬长避短,精诚合作,共同实现公益慈善项目的目标。

二、公益慈善项目主管的能力要求

项目主管需要有一定的技术能力、较好的概念思维（抽象思维）能力以及很强的人际关系能力。需要注意的是,项目主管要懂得技术,但不必是技术方面的专家。越是大型复杂的项目,项目主管从事技术工作的比重就越小,而从事管理工作的比重就越大。艾沙巴把项目主管应该具备的能力分为三类,即人际能力、概括和组织能力以及技术能力,经过调研发现,无论哪个行业,人际能力都是项目主管最基本的能力,技术能力则位居最后。

为了强调项目主管的人际关系能力,《项目管理知识体系指南》第4版专门增加了附录G,用来描述项目主管必须具备的8种最重要的人际关系能力。

（1）领导力:构建愿景,把愿景传达给下级并带领下级朝愿景努力。

（2）团队建设:开展各种活动来提高团队的凝聚力,使团队更像一个团队。

（3）激励:基于团员成员的需求,投其所好,使他们自觉地为实现项目目标而努力。

（4）有效沟通:与团队成员及其他利益相关者具有有效沟通。

（5）影响力:以各种方法影响他人,以便通过他人把事情办成。

（6）决策制定:采取合理的决策过程作出决策。

（7）政治和文化意识:理解并利用各种政治和文化因素。

（8）谈判能力:通过会谈,与利益相同或相悖的人达成协议。

在《项目管理知识体系指南》第5版中,又进一步扩展了人际关系能力附录,新增了三种人际关系能力:

（1）建立信任:在项目团队成员之间以及其他关键利益相关者之间建立信任。

（2）冲突管理:主动、积极地管理冲突。

（3）教练技术：帮助有热情但能力不足的人提高工作技术，使他们从"不会做"转化为"会做"。

三、公益慈善项目主管的职责

项目主管的责任，就是在规定的范围、时间、成本和质量等约束条件下完成项目可交付成果。项目主管的具体职责取决于项目主管与项目执行组织所签订的服务合同。一般来说，项目主管的职责应该包括：

（1）参与项目启动，给上一级管理者提供关于启动项目的专业协助；

（2）组建、建设和管理项目团队；

（3）领导项目计划编制工作；

（4）指导项目按照计划执行；

（5）按照项目计划，监督项目执行工作，发现实际执行情况与计划的偏离；

（6）基于所发现的执行与计划的偏离，开展必要的变更，如采取纠偏措施或调整计划；

（7）预测和控制项目风险；

（8）与利益相关者保持密切沟通，做好利益相关者管理；

（9）组织项目收尾工作，把项目产品、服务或成果移交给委托方或发起人；

（10）搜集项目资料，开展项目评价，更新组织过程资产；

（11）释放项目剩余财物资源，解散项目团队。

作为一名合格的项目主管，在具备了基本的素质和能力后，就需要在实际工作中充分运用自己的知识和技能，全面履行自己的职责，从项目进度、项目质量、项目管理等方面严抓细管，积极努力地开展各项工作。

总之，一名合格的项目主管不仅要有较强的个人素质和能力，还要具备专业的公益慈善组织管理技能，考虑问题要全面且有一定的高度。此外，项目主管应讲究工作方式和方法，善于总结经验教训，不断改进，全面发展。

第三节　公益慈善项目团队的组建与管理

一、公益慈善项目团队概述

（一）公益慈善项目团队的定义

公益慈善项目团队是指为实现特定公益目标而聚集在一起的一群人。他们共同合作、协调和努力，以推动项目的策划、执行和管理。这个团队通常由多个成员组成，每个成员可能承担不同的角色和责任，共同致力于实现项目的社会目标和影响力。一个典型的公益慈善项目团队可能包括以下角色和功能：

（1）项目经理，负责项目的整体管理和领导，制定项目策略和目标，协调团队成员和资源，确保项目按计划顺利进行；

（2）专业人员，提供专业知识和支持，确保项目的专业性和合规性，如财务人员、法律人员、市场营销人员等。

（3）执行人员，负责具体执行项目活动和服务的人员，包括活动组织者、志愿者等，他们直

接参与项目的实施和推广;

(4)沟通和宣传人员,负责项目的宣传推广和外联工作,他们通过各种渠道向社会传递项目的理念和成果,扩大项目的影响力和社会认知度;

(5)志愿者,无报酬地自愿参与项目的个人,为项目提供各种形式的支持和帮助,增强了项目的执行力量,扩大了项目的影响范围;

(6)顾问和支持者,提供项目发展和资源支持,帮助解决项目中的重大问题。

公益慈善项目团队的形成不仅是为了完成项目目标,更是为了通过集体力量实现社会价值和公益使命,共同促进社会的进步。团队成员通常具备不同的专业背景和技能,通过协作和合作,共同推动项目的长期可持续发展。

(二)公益慈善项目团队的特点

1.目标一致

对于一个公益慈善项目而言,要使整个项目团队工作卓有成效,就必须明确项目的目的和目标。统一的目标是高效团队的特征之一。公益慈善项目的实行旨在更好地服务社会,创造社会价值,践行慈善组织的宗旨和原则。因此,项目成员都有着一致的目标,他们凝聚在一起,为之共同奋斗。

2.绝对的信任

公益慈善项目团队的另外一个特质就是团队成员之间高度信任。团队成员彼此信任可以促进沟通协作,增强团队凝聚力,减少内耗,提高工作效率,从而为项目创造更大的价值。

3.合理的角色定位

在一个公益慈善项目团队中,要有明确合理的分工与协作。每个成员都要明确自己的角色、责任、权利与义务,目标明确之后,进一步明晰团队成员之间的相互关系。

4.高度的凝聚力

凝聚力是指项目团队对成员的吸引力和向心力,也是维持项目团队正常运转的所有成员之间的相互吸引力。公益慈善项目团队对成员的吸引力越强,成员坚守规范的可能性越大。因为慈善项目的资金来源主要为社会捐赠,所以资金在运用的过程中很容易出现漏洞。在高度的凝聚力下,成员具有高度的社会责任感和无私精神,不会出现监守自盗的情况。

除此之外,一个优秀的公益慈善项目团队还应该具有多样性和包容性,吸纳不同背景、专业领域和经验的人员,使得团队能够从不同的角度看待和解决问题,从而具备更广泛的社会影响力。

二、公益慈善项目团队组建的过程

(一)评估阶段

分析公益慈善项目的工作内容、成员类型,对潜在的团队成员进行数据收集,运用评估工具对潜在的成员进行个人评估与团队层次上的评估,以确保成员可以得到最佳的使用效果。

(二)形成阶段

选择合适的团队成员。团队成员的选择不仅基于贝尔宾所谈论到的一般团队角色,而且还基于公益慈善项目本身的特征。项目团队在保证角色不缺失的情况下,力求在各个角色间实现平衡。组建项目团队是确认人力资源的可用情况,并为开展项目活动而组建团队的过程。

此过程的主要作用是指导团队选择和职责分配,组建一个成功的团队。组建的公益慈善项目团队和公益慈善项目之间应保持一致性。另外,团队的规模也是一个考虑因素。一般而言,在团队人数超过三十人时,项目主管的精力往往将从对个体的关注转化为对集体的控制。

(三)开发阶段

结合公益慈善项目任务的需求,在成员能力和偏好的基础上给慈善团队成员分配具体的任务。同时,要利用工作或业余时间对团队进行培训,开发团队成员的能力,保证成员更好地完成分配给自己的任务。

(四)部署阶段

随着公益慈善项目从一个阶段到另一个阶段,组织应对团队成员进行项目工作的重新部署。在部署阶段,项目团队应该做好以下工作:

(1)在团队成员之间就应用于工作的共同价值观和原则达成一致,形成对工作的共同看法和对团队目标的共同认可。在团队共识中,形成项目团队凝聚力。

(2)创造条件,促进团队成员之间有效地交流和沟通。交流是维系一个团队的重要方法之一,通过交流,成员之间可以达到认识与行动上的一致。成员之间的高度协作能更好地解决项目团队所面临的分歧与冲突问题。

(3)注重团队的学习,建立一个学习型的项目团队。团队只有不断地补充新的公益慈善知识,学习新的公益慈善观念和思维模式,加强和外界信息交流的深度和广度,才能立于不败之地。

(4)培养团队的创新意识。创新是一个公益慈善组织团队生命力的表现,如果团队不能很好地应对时代的变化和发展,不能进行自我内部的创新,就不能顺利开展项目以实现团队目标。

(5)有效的授权。对项目成员充分的授权,使成员感受到在实施项目过程中能够实现自身的价值。但是授权要适度,过度授权行为可能会引发项目成员的道德风险,反而不利于公益慈善项目顺利实施。

(6)引入团队奖励机制。以团队为整体进行奖励会增强团队成员的社会认同感。然而,成员的个人贡献也是不可或缺的。承认个人的贡献并进行奖励,可以激发个人的积极性。因此,对于团队来说,最有效的奖赏与激励机制应该同时兼顾个体和团队两个层面。

三、公益慈善项目团队的管理

管理公益慈善项目团队的核心在于有效地领导、协调和监督团队成员,以实现项目的目标和使命。以下是管理公益慈善项目团队的关键方面和策略。

1.领导和激励团队

公益慈善项目团队创建完成后,首要做的是为团队提供有效的领导,激励团队成员积极投入项目中。领导者需要展现出较强的领导能力与沟通能力,并建立起团队的信任和合作精神。

2.设定清晰的目标和期望

确定明确的项目目标和成果预期,向团队成员清晰传达这些目标,并设定具体可量化的目标和期望,以便团队能够明确工作方向和优先级。

3.有效的沟通和协作

建立开放和有效的沟通渠道,确保团队成员之间能够及时共享信息、解决问题,并协调各自的工作。推动团队成员之间的协作和互动,促进信息流动和决策的透明度。

4.资源管理和优先级设定

有效管理项目的资源,包括资金、人力和时间,合理分配和优先处理任务和项目需求,确保资源得到最有效的利用,同时保障项目进度的顺利推进。

5.关注团队成员的发展

关注团队成员的个人和职业发展,为他们提供必要的培训、支持和反馈机制,帮助其提升能力并应对挑战。同时,建立良好的团队氛围和文化,鼓励学习和创新。

6.风险管理和问题解决

识别和管理项目中的风险和挑战,制定应对策略和应急计划,及时解决问题,确保项目的稳定性和持续性。

7.监督和评估

定期监督和评估项目的进展和效果,与团队成员共同审视工作成果,识别改进和优化机会,以及学习和分享最佳实践。

通过以上管理策略和实践,能够有效地组织和管理公益慈善项目团队,推动项目向前发展,实现预期的社会效益和影响力。

本章小结

本章主要概述了公益慈善项目人力资源的管理。首先对公益慈善组织人力资源和公益慈善项目人力资源的定义和特征进行阐述,同时对公益慈善项目人力资源存在的问题提出相应的建议;其次,在公益慈善项目管理方面,项目主管扮演着统筹全局、领导和管理的角色,监督着公益慈善项目的开展和运行,同时必须具备高度的责任感和使命感;最后,公益慈善项目一旦立项通过,团队的组建便成为慈善项目能否顺利运行的关键点之一,选择什么样的人才,如何分配人才,都将是组建团队首先要考虑的问题。人力资源的管理是公益慈善项目管理中无法或缺的部分,同时也是公益慈善组织在发展和壮大的过程中不得不去思索的难题之一。

课后习题

1.公益慈善项目人力资源有哪些特征?

2.公益慈善项目人力资源存在哪些问题?有哪些解决措施?

3.请简单分析公益慈善项目团队的形成过程。

4.案例分析。

麦田计划

麦田计划成立于 2005 年 6 月 16 日。因为被大山里那些渴望读书的孩子所感动,一名普通的志愿者在国内发起"麦田计划"。一个民间助学组织,致力于改善中国贫困山区孩子的教育环境,包括为贫困山区中小学生提供读书资助、兴建校舍、成立图书室、资助代课老师、救助山区患病学童等项目。目前主要开展麦苗班、"典"燃梦想、如愿"易"偿、麦蕊等项目。麦田计划在全国开展宣传活动,让社会各方面人士参与到其中,用行动去感动别人。为了有效管理麦田计划,组织下设:秘书处、助学部、走访部、推广部、人力部、物资部、项目组、财务部、技术部等。本着麦田资料真实性的原则,公开接受社会的监督与质疑,保证麦田计划以公益为先的性质,麦田计划在贫困山区发展优秀的地方志愿者,专门负责收集贫困学生和学校资料,上门走访,确保每一份资料的真实可靠。资料经过助学部和图书部的整理以后发布到麦田论坛,资助人可以随意浏览,并且可以与被资助者、学校联系。麦田计划的原则是保持民间组织的自主、自发、自愿、自由;保证麦田计划以公共利益为先的性质;接受社会的监督和质疑;志愿者在保障本职工作、学业和家庭生活的基础上参与活动。

麦田计划在全国开展宣传活动,旨在吸引社会各界人士参与其中。一方面,通过宣传活动吸收更多人才加入志愿者队伍,扩大志愿者数量;另一方面,传播慈善项目的主旨,感化人心,从而实现慈善组织的目标。设立秘书处、走访部、人力部等部门,达到人才的合理分配,使人才能发挥其最大价值,从而满足他们的个人需求,达到留住人才的目的。同时,麦田计划的志愿者可以在保证自己的工作、学业不受影响的基础上开展活动,给予志愿者一定的自由,使得志愿者更加自主,体现了麦田计划的创新精神。在麦田计划中,项目主管的职责明确,在发生突发事件时能够及时作出反应和决策,使得麦田计划的项目能够顺利而快速地开展,这也是麦田计划的一个突出亮点。

综上所述,麦田计划对于国内的公益慈善项目的创立和开展都有一定的借鉴意义,也对公益慈善组织的目标和宗旨做了进一步扩展和补充。

(1)麦田计划项目通过哪些步骤实现了人才分配创新化?

(2)志愿者在麦田计划项目中发挥了什么作用?有哪些经验启示?

(3)麦田计划项目的团队构建是否较为复杂?有何利弊?

(4)如果你是麦田计划的项目主管,你会如何平衡兼职工作人员和专职人员意见的冲突?

第十一章　公益慈善项目利益相关者管理

壹基金携手合作伙伴启动全纳（融合）教育公益项目

2016 年 9 月 21 日,壹基金携手救助儿童会、联合国教科文组织、中国教育学会特殊教育分会、一加一残障公益集团、心智障碍者家长组织联盟等合作伙伴举行新闻发布会,共同启动 2016—2018 年全纳（融合）教育公益项目,呼吁社会各界关注残障儿童在普通学校接受教育的需求,倡导融合教育理念,为包括普通儿童和特殊需要儿童在内的每一个孩子创造更加融合、更有利于潜能发展的教育环境。同时,壹基金旗下的海洋天堂公益计划宣布正式启动全纳教育项目。

发布会上,中国教育学会特殊教育分会秘书长许家成教授指出,我国目前仍有大量适龄残障儿童的义务教育质量诉求没有得到很好的满足,残障儿童受教育状况有待进一步改善。他同时强调,在中国,以核心素养理论构建一个特殊教育和普通教育并行互通的融合教育方案是切实可行的。实践证明,全纳教育作为一种更加先进的教育理念,有利于每一个孩子的潜能发展。

与此同时,我国政府部门相继出台支持性政策,推动特殊需要儿童受教育的权利得到保障。2014 年初,国务院发布《特殊教育提升计划（2014—2016 年）》,明确提出"全面推进全民教育,使每一个残疾孩子都能接受合适的教育"的总目标;2016 年 6 月 1 日,国务院总理李克强主持召开国务院常务会议,强调要建立随班就读保障体系,为家庭困难的残疾儿童提供包括高中阶段在内的 12 年免费教育,确保困境儿童不失学。2016 年 8 月,国务院印发了《"十三五"加快残疾人小康进程规划纲要》,提出"大力推行融合教育,建立随班就读支持保障体系"。

儿童关怀与发展是壹基金重要的业务领域。2011 年以来,壹基金开展了以自闭症、脑瘫、罕见病等特殊需要儿童为关注对象的"海洋天堂公益计划"。推动建立更加包容接纳的社会环境是该计划的重要目标之一。2015 年 12 月,壹基金与合作伙伴共同发起"同桌计划"大型公益倡导活动,旨在唤起公众对脑瘫儿童教育议题的关注,让更多的脑瘫儿童走进校园,实现接受教育的权利。对于此次正式启动全纳教育项目,壹基金儿童关怀与发展部主任王凯说:"全纳教育项目积极响应国家政策。参与全纳教育公益项目,是壹基金首次正式在教育领域为特殊需要儿童发声,呼吁保障每一个特殊需要儿童都能够享有平等受教育的权利。"

王凯介绍说,在本期项目中,壹基金将从软件、硬件设施两方面为合作伙伴提供支持,与合作伙伴一道多维度、全方面地推进全纳教育工作。壹基金对特殊学习需求进行分类与回应,将在学校内搭建特殊资源教室,教室内设有符合特殊需要儿童需求的学习咨询区、情绪缓释区和游戏训练区,促进无障碍校园建设。截至 2016 年,壹基金在深圳、西安和贵阳建设的 6 所项目试点学校的特殊资源教室进展顺利,2016年还计划推广到44所学校。同时,壹基金也将为全纳教育项目提供专业支持,对普通学校校长、老师和伙伴机构老师进行全方位、有针对性的培训,帮助更多的人更详细地了解全纳教育,提升普通学校老师应对特殊儿童的能力。

发布会上,壹基金与合作伙伴共同发出了倡议,呼吁公众接受残障儿童本来的样子,不忽视、不排斥、不歧视。在普通学校接受教育,应当成为残障儿童接受教育的首选途径。适龄残障儿童申请接受义务教育,所有学校都应当坚持"零拒绝"原则。同时,希望在未来能够有更多的企业、机构加入推进全纳(融合)教育公益项目的队伍中。王凯表示,通过全社会的共同努力,可以逐步消除歧视,创造出全纳残障人士和每一个个体的生活和学习环境,保障每一个人平等享有接受教育和社会参与的权利,最终实现融合社会的建立。

2016年至2018年,壹基金将与合作伙伴一起继续推进全纳(融合)教育公益项目试点工作,包括在项目学校继续开展试点工作,对师范类学生开设全纳教育课程,推动地方和国家层面的政策落实,消除公众对残障儿童的刻板印象等。

试析壹基金为什么要联合其他合作伙伴一起开展全纳(融合)教育公益项目的试点。

资料来源:壹基金官方网站。

随着公益慈善项目发展趋势复杂化和对于时间、成本及质量的要求越来越高,项目的成功不再仅仅依赖项目主管的管理水平,还需要所有利益相关者的支持和参与。项目团队必须清楚知悉谁是利益相关者,并确定他们的要求和期望,然后根据他们的要求对其影响力加以管理,确保项目取得成功。衡量项目成功的标准不再局限于传统的"铁三角"(时间、成本、质量)。利益相关者的满意度已成为衡量项目成功的重要维度之一。真正成功的项目是达成了预定目标,得到了满意的结果,并符合利益相关者期望的项目。因此,公益慈善项目管理越来越重视利益相关者的作用,项目利益相关者管理也成为公益慈善项目资源利用规划和实施过程中的一个重要工作包。

第一节　公益慈善项目利益相关者管理概述

一、公益慈善项目利益相关者

项目利益相关者(stakeholders)也称为干系人或涉众,是指受项目影响或能影响项目的任何个人、群体或组织。也可以说,与项目有直接或间接联系的任何个人、群体或组织,都是项目利益相关者。我们将公益慈善项目的利益相关者定义为为公益慈善组织提供资源和服务,对项目运行过程和结果施加影响的机构、群体和个人。

美国项目管理协会(PMI)列举了主要的项目利益相关者:

(1)发起人,即给项目出资的人。项目发起人是项目最先出场的利益相关者。只有他给项目提供了资金,项目才能启动。

(2)客户和用户。客户是项目产品、服务或成果的验收者,用户是项目产品、服务或成果的使用者,两者可能一致或不一致。一个项目可能有多个客户或用户。

(3)组织内部的团体。受项目活动影响或能够影响项目活动的任何职能部门,如人力资源部、财务部等。

(4)部门主管。项目执行组织中管理相关职能领域的个人,如财务主管、人力资源主管等。

(5)其他利益相关者。如采购单位、金融机构、政府等。

一般而言,公益慈善项目的利益相关者被划分为以下五类。

1. 政府(government)

政府主要通过倡导成立、主管业务、政策支持和购买公共服务等形式影响着公益慈善组织的生存和发展。

2. 捐赠者(donor)

资源是公益慈善项目运行的水之源、木之本。捐赠者主要通过投入捐赠资源来影响公益慈善组织。

3. 受助者(recipient)

受助者是公益慈善组织的直接或间接服务对象。帮助受助者是公益慈善组织存在的使命,受助者的需求满足程度是衡量公益慈善项目运行成效的重要标尺。

4. 志愿者(volunteer)

志愿者是公益慈善组织的"生命之血"。志愿者通过投入人力、智力和时间的方式提供志愿服务,服务的质量和可持续性直接关系到公益慈善项目目标的实现程度。

5. 媒体(media)

媒体是一把双刃剑,运用好了可以为公益慈善组织发声,增强公益慈善组织的知名度和美誉度;运用不好,则会造成失控局面,引发社会质疑。

▶ ┈┈┈┈┈┈┈┈┈┈┈

英国救助儿童会提出应该用问题自检的形式确定单个项目中的利益相关者。

- 哪些人的权利会受到项目的影响?
- 哪些人做出有关项目的决策?
- 应当认识哪些人? 哪些人的观点、着眼点和经验值得借鉴?
- 哪些人对分析问题和寻找适当的解决方案感兴趣? 包括那些尚未表现出感兴趣的人。
- 期望哪些人执行决策?
- 哪些人的积极支付对于项目的成功必不可少?
- 哪些人可能会认为项目的变化对他们不利?

这些问题的答案将决定让哪些利益相关者参与。

资料来源:戈斯林,爱德华兹.发展工作手册:规划、督导、评估和影响分析实用指南[M].北京:社会科学文献出版社,2007.

┈┈┈┈┈┈┈┈┈┈┈ ◀

二、公益慈善项目利益相关者分析的目的

公益慈善项目利益相关者分析是确定利益相关者,了解他们与项目的关联以及他们的利益和需求的过程,旨在发现机会和潜在威胁。开展利益相关者分析并不是一种"单向"活动,而是一个互动的过程。

利益相关者分析的目的一般包括以下几点。

(1)确定在项目中有利益的个人和群体。

(2)深入了解他们在项目过程中的利益、需求和能力。

(3)了解不受活动直接影响的人群的需求和利益。

(4)分析哪些群体能够直接参与活动的不同阶段。

(5)找出与不同群体和个人的潜在合作和障碍。

(6)为制定未来策略提供依据。

利益相关者分析作为一项工具,可以帮助回答以下问题。

利益相关者分析的第一阶段是分析哪些人是不同的利益相关者,他们在项目工作中有什么利益,以及他们在参与调研、督导、复查、评估或影响分析方面有什么利益。随着公益慈善项目复杂性的提高,所涉及的利益相关者越来越多,他们的异质性非常鲜明,彼此之间的关系也错综复杂,并存在明显的机会主义风险和各种矛盾冲突。因此,从项目一开始就必须阐明和协商好各利益相关者的角色以及他们之间的关系,这些角色和关系应该在整个项目周期内不断发展。这部分分析可以用来确定不同群体在项目参与中的优先次序。分析工作包括以下步骤:

(1)确定项目致力于要解决的问题以及受影响的所有个人、群体和组织。

(2)按照利益群体、社会性别、个人地位、种族、组织关系、职权、权力等分类。

(3)讨论在具体问题上应该优先考虑哪些利益相关者的利益。

(4)确定各群体在应对问题中有哪些潜能(优点、缺点、机会和威胁)。

(5)确定利益相关者之间的关系(利益冲突、合作关系、依赖性、促进合作的机会)。

项目利益相关者参与分析,如表 11-1 所示。

表 11-1　项目利益相关者参与分析

利益相关者	问题	潜能	关系

英国救助儿童会运用这一工具分析了儿童救助项目的潜在利益相关者,如表 11-2 所示。

表 11-2　潜在的利益相关者

社区成员	政府和合作伙伴	项目相关者	其他
·与项目工作相关的权利拥有者和责任承担者(在以权利为本的项目中,务必让他们参与) ·关键人物(如接生员和老师) ·公认的社区代表(如老人和村委会)	·中央和地方政府领导,作为儿童权利的责任承担者和合作伙伴	·项目管理者 ·项目工作人员	·机构内外的政策制定者 ·参与倡导活动的人 ·反对项目工作的人

社区成员	政府和合作伙伴	项目相关者	其他
·社区内的特殊利益群体(如不同的民族或家庭、单身家长、残障人士和他们的家人、妇女组织) ·受项目工作影响的人,以及倡导活动的目标对象 ·儿童和青少年,包括脆弱儿童 ·非受益者	·合作组织的工作人员和管理人员		·资助方 ·参与类似项目工作的其他机构

资料来源:戈斯林,爱德华兹.发展工作手册:规划、督导、评估和影响分析实用指南[M].北京:社会科学文献出版社,2007.

利益相关者分析的第二阶段是决定不同群体在什么阶段参与以及如何参与的问题。从提供信息到控制活动过程,不同的参与程度有着不同的参与模式。此外,还应当根据资源、现有联络人和可用时间进行考虑,绝不可想当然地认为人们愿意参与和有能力参与。参与程度和关系在整个项目周期内会不断变化。参与矩阵模型是一种非常方便的工具,能够用图解法表示项目不同阶段的不同参与形式。以此为框架,可以将不同利益相关者安排到矩阵模型中,明确在项目不同阶段哪些人应该参与以及通过什么方式参与,如表 11 - 3 所示。

表 11 - 3　参与矩阵模型

项目	信息	协商	合作关系	控制
分析情况 规划 承担费用 实施 督导 评估				

第二节　公益慈善组织项目利益相关者分析

利益相关者图可以清晰地描绘谁是利益相关者(见图 11 - 1)。在公益慈善组织开展项目时,它可以帮助识别利益相关者是可能阻碍还是帮助项目的实施,以及他们的力量如何。绘制利益相关者图时首先确定所有的利益相关者,标出他们之间的重要关系,然后分析这张图所显示的风险与机会,识别任何可能的变化对这张图的影响,从而提前做好准备。

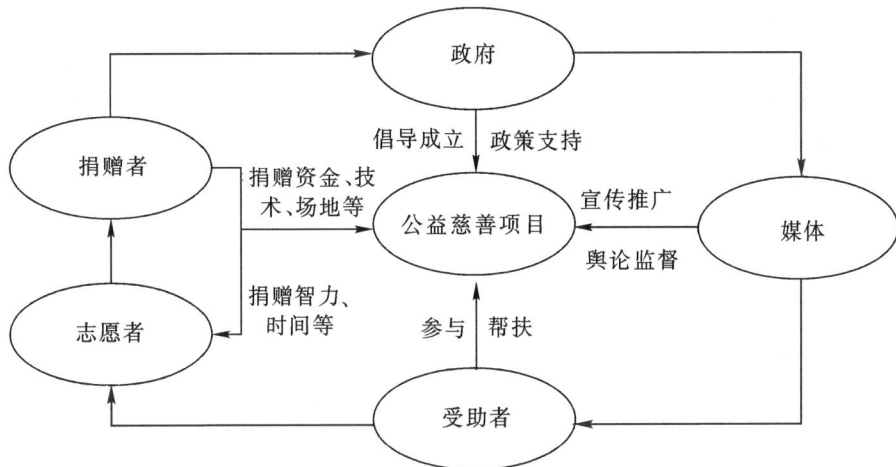

图 11-1　利益相关者图

确认利益相关者的位置有两种方法:权力/动态性矩阵和权力/利益矩阵。

一、权力/动态性矩阵

图 11-2 列出了一个权力/动态性矩阵,在这个矩阵上可以画出各利益相关者的位置。利用这种方法可以很好地评估和分析出在新战略的发展过程中何处应该引入"政治力量"。

行为可预测性

	高	低
低	A 地位较低却死心塌地	B 地位较低却左右摇摆
高	C 位高权重且立场坚定	D 位高权重却容易动摇

（权力）

图 11-2　利益相关者分析的权力/动态性矩阵

(1)位于 D 区域内的利益相关者最难应对,因为他们可以很好地支持或强力地阻碍新项目,他们的态度很难被预测。对于这部分利益相关者一定要找到一种方法,来测试他们对新项目的态度。

(2)相反,在 C 区域内的利益相关者,可能会以管理人员的身份参与项目过程,并影响总体战略。这些管理人员会统一他们的信念并建立那些他们所期望的项目。

(3)虽然 A 区域和 B 区域内的利益相关者权力很小,但是这并不意味着他们不重要。事实上,这些利益相关者的积极支持会对权力更大的利益相关者的态度产生一定影响。

二、权力/利益矩阵

权力/利益矩阵是一种用于识别和分类利益相关者的常用工具。如图 11－3 所示，该矩阵根据利益相关者权力大小、利益水平高低之间的差异，将利益相关者分为四个区域，每个区域代表不同的利益相关者。

权力＼利益水平	低	高
低	A 最小的努力	B 保持信息灵通
高	C 保持满意	D 主要参与者

图 11－3　利益相关者分析的权力/利益矩阵

这个矩阵指明了项目与利益相关者之间的不同关系。显然，在项目设计和实施过程中，应重点考虑主要参与者（D 区域）是否接受该项目，因为他们既有权力又有兴趣。关系最难处理的是 C 区域内的利益相关者。虽然他们是相对被动的，却可能因某个事件而对项目产生兴趣，并施加有力的影响。因此，全面考虑利益相关者对项目的可能反应很重要，如果低估了他们的利益而迫使其突然重新定位于 D 区域内，并且组织项目实施，那么情况演变结果就会非常糟糕。另外，需要正确对待 B 区域中利益相关者的需求，因为企业的经营业绩和战略与他们的利益密切相关，而他们并没有太大的权力，所以可以通过保持信息交流来满足他们对利益关注的心理需求。

通过权力/利益矩阵可以明确以下一些问题。

（1）利益相关者的政治和文化状况可能会影响特定项目的采纳。例如，处在一个成熟领域且具有惰性文化的慈善组织，可能对创新型项目持保守态度。换句话说，确定利益相关者的位置，实际上是一种分析文化适应性的方法。

（2）确定哪些个人或团体是项目的支持者和反对者。为了重新确定某些特殊利益相关者的地位，要明确是坚持项目还是改变项目，以满足他们的期望和要求。

（3）重新定位会延缓项目的实施。一旦明确了利益相关者的地位，就应该采取相应的维持行动，以避免不必要的重新定位。例如，应努力维护 C 区域内利益相关者的满意程度，并保持与 B 区域内利益相关者的信息沟通。

公益慈善组织也可以结合项目的实际情况对矩阵的横纵维度进行定义，比如图 11－4 列出了香港乐施会关于利益相关者的影响力/利益分析矩阵。

利益水平

	高	低
高	得到并保持他们的支持、参与至关重要	不是关注重点，但他们的利益不可被忽视，避免其政党利益受侵害
低	是关注重点，需要特别保护其利益（目标群体、项目主体）	不是关注重点，但对他们要稍加注意和监测

影响力

图 11-4 香港乐施会利益相关者的影响力/利益分析矩阵

第三节 公益慈善项目利益相关者管理原则及体系设计

一、管理利益相关者的五项原则

(1)需求原则(demand principle)：不同的对象有不同的需求，同一对象在不同阶段也有各种不同的需求。公益慈善组织在提供服务时就要从服务对象的实际需求出发，提供有针对性、有层次性的服务。

(2)人本原则(humanistic principle)：公益慈善组织、政府和企业三大社会部门最大的不同就是驱动力不同，公益慈善组织作为一个资源的聚合体，尊重和协商是它的优势和独特性所在。公益慈善组织要实现跨部门合作，就需要尊重不同利益相关者的需求和个性，尊重不同的思维方式和语言习惯，尊重不同部门和人员价值观和利益表达方式，一切从"人"出发。

(3)公益原则(principle of public benefit)：公益原则是最大限度上满足社会公众的利益，而不是一己私利。这也是公益慈善组织存在的基本使命和宗旨。

(4)量力原则(principle of capacity)：慈善组织应根据自身的条件和能力去提供服务，量力而行，尽力而为。因此在为利益相关者提供服务时，慈善组织就需要有效管理利益者的需求，不要空口许诺。

(5)共赢原则(win-win principle)：公益慈善组织提供服务不仅是要满足利益相关者的需求，也是为了与利益相关者共同构建合作伙伴关系，共同成长，共谋发展。

二、利益相关者管理体系设计

根据以上原则，公益慈善组织对利益相关者管理体系的整体设计思路是，以服务对象的需求为导向，以公益慈善组织所拥有的资源和能力为界限，提供针对性、多元化和可操作性的一系列管理服务，具体步骤如下：

(1)进行需求分析：任何服务都是要以需求为导向的，在设计对利益相关者的服务体系时，需要通过各种方法来分析服务需求。根据马斯洛的需求层次论，人有五种需求：生理需要、安全需要、归宿和爱的需要、尊重需要和自我实现的需要。因此，在分析利益相关者需求时就要考虑不同利益相关者的不同利益需求。一般可利用观察法、问卷调查法、访谈法等来了解服务对象的需求。

（2）制定管理方案。在明晰了利益相关者的需求之后，公益慈善组织就需要针对不同的需求制定有层次、系统的管理方案，寻找最便捷、最有效的管理方式和管理工具。图 11-5 列出了不同利益相关者的服务分类，可以据此设计不同的管理方案。

受助者	捐赠者	志愿者	政府	媒体
延伸服务领域 细化服务产品 细化受助群体	信息服务 宣传表彰 交流发展	培训学习 动员参与 宣传表彰 交流发展	专项报告 政策建议 成果共享	提供素材 合办活动

图 11-5　不同利益相关者的服务分类

（3）实施管理方案。在实施具体方案时公益慈善组织应注意把握好公益原则和参与原则。一方面，实施服务方案时切忌突破红线，公益慈善组织提供的服务是不收取任何费用的；另一方面，在方案实施过程中，需要让利益相关者参与进来，只有这样，管理方案才能顺利进行。

（4）反馈管理效果。利益相关者管理体系的设计模式是循环的，而不仅仅是单向的输出。那么管理的效果具体如何，就需要检验和反馈，以便及时调整管理方案，更有针对性地提供服务。对于管理效果的检测和反馈可以用一些核心指标来反映，比如志愿者流失率、资金捐赠的可持续性，以及管理对象的满意度等。

本章小结

利益相关者的相关概念表明，现实的管理活动都是在一定的系统或网络背景下进行的，单一主体的单个行动往往难以取得最优的绩效。因此，在管理实践中要注重考察不同主体相互作用的方式与程度以及它们对管理目标的影响。本章首先阐述了利益相关者的概念与分类，然后分析了在公益慈善项目中进行利益相关者分析的目的和模型，最后讨论了针对利益相关者的管理原则和管理体系。公益慈善组织要实现有效管理，提高组织的社会公信力，关键就是建立利益相关者之间的协调和参与网络，使政府、企业和社会公民等多方利益主体在持续的互动过程中经过重复的博弈建立一种健康的合作与互惠关系。

课后习题

1. 公益慈善项目利益相关者是如何分类的？并简述其承担的作用。

2. 公益慈善项目利益相关者的五项管理原则是什么？

3. 公益慈善组织如何管理项目利益相关者的参与？

4. 案例分析。

中国乡村发展基金会小农机助力乡村振兴项目

2024年5月29日,中国乡村发展基金会与永顺县人民政府、阿里巴巴公益平台共同启动"科技兴农 跑出加速度"小农机助力乡村振兴项目。永顺县委常委、副县长姚二强,副县长鲁开发,阿里巴巴公益部社会责任专家王尚念,阿里巴巴公益乡村特派员刘寒,中国乡村发展基金会代表,湖南永顺、四川嘉陵、浙江景宁、浙江开化、陕西宜君代表,永顺县芙蓉镇、砂坝镇、石堤镇、毛坝乡、润雅乡、万民乡分管产业发展领导及合作社代表、农机手参与活动。

"十四五"时期三农工作进入全面推进乡村振兴、加快农业农村现代化的新阶段,对农业机械化全程全面和高质量发展提出了新要求。2024年一号文件指出,强化农业科技支撑,大力实施农机装备补短板行动。同时强调以小农户为基础,新型农业经营主体为重点,社会化服务为支撑,加快打造适应现代农业发展的高素质生产经营队伍。

永顺县地处湖南省西北部,农业资源丰富,农产品种类繁多,特别是当地特色产业莓茶,是全国农产品地理标志,但受限于传统耕作方式和缺乏现代化农业设备,生产效率相对较低。此次项目落地永顺县,积极推动了当地农业产业升级,通过引进现代农业科技,提高农产品附加值,符合当地产业发展需求。副县长鲁开发在启动仪式致辞中表示:"小农机助力乡村振兴项目,既是公益组织积极参与乡村振兴的现实举措,更是提升永顺县农业生产机械化水平的良好契机。"

针对乡村现代农机装备不足、农业生产效率低的问题,2023年中国乡村发展基金会联合阿里巴巴公益平台发起小农机助力乡村振兴项目。项目在阿里巴巴公益平台汇聚了数十万爱心商家,设置了上千万款公益宝贝商品支持该项目,为欠发达地区配备微型农业机械筹集资金,为乡村振兴的蓝图增添了浓墨重彩的一笔。项目资金用于湖南永顺等4省5县项目,支持农业生产设备设施援助、本土农机服务队伍打造和社会化服务机制建设,助力农业降本增效、服务增收,促进乡村科技赋能,推动农村现代化进程。

阿里巴巴公益一直行走在产业发展一线,持续关注乡村产业振兴,为更多平台或企业参与乡村振兴开辟了新路径。活动中,阿里巴巴公益部社会责任专家王尚念表示:"小农机助力乡村振兴项目是基于推动乡村产业发展、科技助农创新领域的新项目。阿里公益平台将继续发挥其影响力,整合多元生态资源,为乡村产业带来更多的公益支持和帮助,也将围绕小农机项目所聚焦的产业,在产品打造、包装设计、产业直播、助农销售上持续发挥阿里优势,助力县域产业发展。"

农机社会化服务项目通过引入现代化农机设备和服务模式,以机械化作业为服务突破口,打造适应现代农业发展的农机社会化服务合作社。项目以提升小农户生产效率为核心,充分发挥新型农业经营主体的引领作用,推动项目县乃至更大范围的农业生产的转型升级。

中国乡村发展基金会统筹协调各方资源,组织多次实地调研,精准识别五县农业需求。项目的实施将进一步助力湖南永顺莓茶、南充嘉陵柠檬、浙江景宁惠明茶、浙江开化小香薯和陕西宜君苹果等特色产业的发展。项目预计可服务面积超过31万亩,超过5000户农户受益。

活动中,中国乡村发展基金会农机社会化服务项目工作人员详细介绍小农机助力乡村振兴项目的运作模式和优势。参与活动的领导嘉宾共同观摩了植保无人机施肥、轨道运输等小型农业机械的实地操作演示,并参与了永顺县特色产业莓茶的制作。演示环节中,参加完培训的新机手们亲自操作机械设备,切身感受到了新型农业设备带来的便利与高效。合作社社员表示,植保无人机的投入使用不仅显著节省了时间和人力,还能确保所施肥料的均匀分布;轨道运输小火车的应用,使山地载重运输变得更加轻松快捷。

截至2024年5月,中国乡村发展基金会在众多爱心企业及平台的支持下,已经在12个省(自治区)12个县落地实施农机社会化服务项目,援助农机设备143台/套,农机社会化服务面积60.9万余亩,超过4843户农户受益。中国乡村发展基金会将携手更多社会力量探索和实践农机社会化服务项目,以科技力量助力乡村产业可持续发展。

试析该项目的利益相关者涉及哪些主体?

第十二章　公益慈善项目风险管理

引例

稻田养鸭项目

为减少农民种植水稻时使用剧烈农药，某公益慈善组织专门设计了一个项目对此进行干预，干预的方法是通过引进稻田养鸭，让鸭子把虫吃掉，起到杀虫作用。项目所在的村庄每家每户都领了小鸭回去，开始在稻田养鸭。该机构的评估报告显示项目非常成功，并开始向其他村庄推广。一年之后的回访，村民表示：鸭肉很鲜美。

请问该项目忽略了哪些风险？

项目管理如同生活，往往是变化无常的。每个公益慈善项目在一定程度上都有其创新性，也因此衍生了许多不确定性因素。此类不确定的条件或事件，便是项目管理中的风险，它会对项目目标产生消极或积极的影响。消极方面是风险对项目目标造成的威胁，导致项目存在价值受损的可能；积极方面则是风险带来的机会，体现在创造出项目预期之外的价值收益。许多公益慈善组织在项目管理的初期，往往将关注点聚焦在成本与项目进度上。之所以发生这种情况，是因为大多数管理者对成本、项目进展的了解较多，而对风险管理知之甚少。面对风险，我们应采取"共生"的态度来管理，而非简单的"视而不见"或回避风险。

第一节　公益慈善项目风险管理概述

一、公益慈善项目风险管理的定义

风险通常指项目运行过程中可能出现的意外性因素及不确定性事件。其核心特征包括两点：一是事件本身的发生与否具有不确定性；二是事件发生后可能引发的后果（包括损失或收益）具有不确定性，这一后果的严重程度可称为风险程度。而风险程度的高低，往往取决于项目团队对风险的认知水平及应对态度，即风险偏好。具体而言，倾向于风险追逐的组织往往愿意承担更高程度的风险，以换取潜在的高收益；而风险厌恶型组织则倾向于规避高风险项目，以保障稳定性。从本质上看，风险事件的发生既可能对项目产生积极影响（如创造机遇），也可能导致消极后果（如造成损失）。

从风险的概念看，每种风险都涵有"损失可能性""风险程度""预期收益"三种元素。在相同损失可能性下，风险追逐者可能会获得较高预期收益；相反，风险厌恶者会拒绝高风险项目而获取较为平稳的预期收益，如图 12-1 所示。

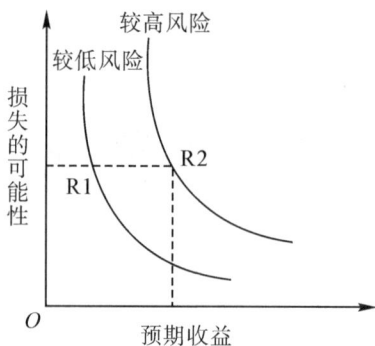

图 12-1 风险基本特征及关系

在上述关系中,当"损失可能性"及"风险偏好"两个自变量任何一个增加时,项目风险也会增加。因此项目风险管理必须考虑到"损失可能性"和"风险偏好"两个因素。

公益慈善项目风险是指因项目所处环境和条件本身的不确定性,以及资助方、受助方及其他利益者主观上不能准确预见或控制的复杂因素综合作用,导致项目的最终成果/服务与最初的期望产生偏离,从而给执行方带来损失或机遇的不确定性。公益慈善项目风险管理是通过对项目环境不确定性的研究与控制,采取主动行动,创造条件,达到降低损失、控制成本,进而可靠地实现项目目标的活动。风险管理的活动包括风险计划、风险识别、风险分析、风险控制、风险监控五部分(见图 12-2)。风险在本质上是无法消除的,只能尽可能地引导其向有助于项目的方向发展。公益慈善项目风险管理的真正含义是要提高对风险的认识程度,并做好充分的应对准备。

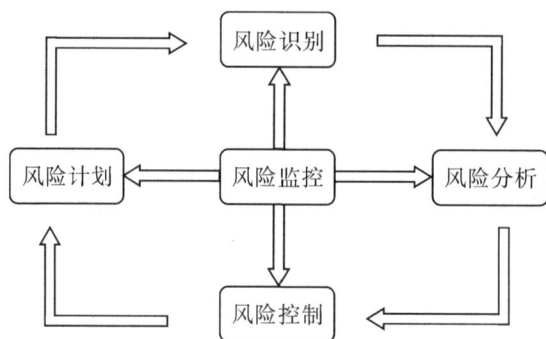

图 12-2 风险管理的五步骤

二、公益慈善项目风险管理的内涵

公益慈善项目风险管理为公益慈善项目计划的制定提供了依据。公益慈善项目计划考虑的是未来,而未来充斥不确定因素。公益慈善项目风险管理可以有效减少项目整个过程中的不确定性,有利于提高计划执行的可行性和准确性。

整体性、全面性的风险审视在项目预算方案设计时,可以提供更为细致的流程路径及避险措施;在项目开展过程,可以加深对项目的认识和理解,提高项目各种计划的可信度,改善项目执行组织的内部和外部之间的沟通。项目风险管理的内涵体现在以下三个方面:

（一）全过程管理

项目风险管理是一个较为复杂的管理模式,贯穿项目全过程。全过程管理需要在项目生命周期中,通过识别、分析、评估和应对潜在风险,以减少风险对项目目标的负面影响,并最大限度地把握和利用机遇。全过程管理强调风险管理应该贯穿项目从启动到收尾的各个阶段,确保风险管控的连续性和系统性。具体而言,在项目启动阶段,要识别项目的主要风险,制定风险管理计划,明确风险管理的目标、方法和责任;在项目规划阶段,要详细识别和分析风险,制订详细的风险应对计划和监控机制;在项目执行阶段,要实施风险应对措施,持续监控风险变化,及时应对新出现的风险;在监控与控制阶段,要定期评估风险状态和应对措施的有效性,调整风险管理计划和应对策略;在项目收尾阶段,需要总结风险管理经验教训,归档风险管理文件,为未来项目提供参考。总之,通过全过程的风险管理,项目团队可以更好地应对不确定性,提高项目成功的可能性。

（二）全员管理

项目风险的全过程管理需要项目全体成员在多维层面上高度配合。项目决策者需要对风险管理工具及风险处理办法有清晰和专业的认知,并能够针对项目内容制定风险预案;项目管理者需要审时度势,高瞻远瞩,通过有效的风险识别,实现对项目风险的预警预控;项目执行者能够临危不乱,坦然面对,通过有效的风险管理工具或风险处理方法,将风险进行有效分散、分摊或分割;项目团队人员需要在风险应对后,能够及时总结经验教训,优化风险预案。项目风险的全员管理并不仅仅是对项目运行全部参与方或参与人员的管理,而是要求所有的人员均能够参与项目风险的管理。项目管理风险不仅包括对政治、经济、社会、文化、制度等外部环境中的不确定性因素的管理,还包括项目自身在其计划、组织、协调等过程中所产生的不确定因素的管理。对于后者而言,人为的主观影响成分较大。项目风险管理既是对项目全部参与方(人员)的管理,也是全员共同参与对项目风险的管理。

（三）全要素集成管理

风险管理是对项目过程的所有风险诱因的集成管理。从现实目标和需要解决的核心问题来看,其主要涉及项目周期、成本和质量三个方面。可见,项目风险管理过程是在可能的条件下,追求项目周期最短、成本最低且质量最优的多目标决策过程。项目风险管理不仅要满足单一目标的实现,而且要考量周期、成本和质量三个要素间的关联和相互作用。项目周期的提前或滞后将直接影响成本的高低,项目质量的优劣与项目成本直接相关,同样项目的周期与质量的波动受成本因素的影响。由此得出,项目风险管理是对周期、成本以及质量的全要素集成管理。

三、公益慈善项目风险的类型

公益慈善项目在开展过程中至少面临以下风险:

(1)自然环境风险。自然环境风险是指自然灾害频发造成项目受损的风险类别。例如,社区频发洪涝、台风等自然灾害。

(2)社会风险。社会风险包括社会体系内外部环境变化而引发的风险类别。例如,社区治安糟糕,面临大规模冲突,公共卫生事业落后,有帮派冲突,干群关系紧张,社区排外。

(3)文化风险。文化风险的出现主要源于不同社区间的文化差异性。例如,社区民众有不良消费习惯,对某些弱势群体有很强的歧视和排斥观念。

(4)政策风险。政策风险主要强调政策设计与底层执行中存在的意外风险。例如,开展项目违背当地的政策,执行过程中相关政策发生调整,政策倡导无法按照计划进行。

(5)组织风险。组织风险是项目运行过程中的业务风险。例如,组织没有能力回应社区需求,筹款面临挑战,资助方施加压力。

(6)团队风险。团队风险聚焦于团队内部变化而造成项目价值受损的风险可能性。例如,团队成员之间发生冲突,项目主管或核心骨干在关键时刻离职。

(7)财务风险。财务风险涵盖资金支出口径的所有风险可能。例如,资金使用的规则不可靠,成本与产出不匹配,票据报销不合规,开支超出预算。

▶ ....

把外国医生带到欧洲或北美接受医疗培训,这会使他们习惯于技术密集型的医疗模式。这种培训的结果是,这些医生回到本国之后会选择在城市行医,主要服务于富人。近些年,尼日利亚90%的医疗资源集中在城市,而城市人仅占少数。与此同时,许多农村儿童却得不到非常便宜的疫苗。因此,有人断言外援"最有可能帮助了最富有的人的消费活动"。

资料来源:波萨瓦茨,凯里.项目评估:方法与案例.[M].7版.于忠江,译.重庆:重庆大学出版社,2014.

.... ◀

第二节　公益慈善项目风险管理的步骤

公益慈善项目风险管理是公益慈善项目过程的重要部分,核心目的是降低价值损失风险的概率或减少影响,而提高价值"利润"的可能,保证项目预期与实际的精准映射。需要注意的是,风险管理并不是一项独立活动,而是贯穿项目的全过程,与范围、质量、进度、成本、沟通等项目实施的关键过程紧密相连。在风险管理过程中,应是主动的而非被动的,积极的而非消极的。

公益慈善项目风险管理涉及范围广,其过程包括:风险计划、风险识别、风险分析、风险控制和风险监控,最终实现风险循环管理机制。

一、风险计划

风险计划是确定如何开展、规划以及实施项目风险管理的相关活动。这一活动通常在项目计划的早期阶段启动,往往早于项目实际执行开始之前。风险计划的核心目标是从全面且系统的视角出发,对项目风险进行深入研究、系统梳理,并构建一套条理清晰、易于理解且具备高度互动性的风险管理文档体系。该体系旨在为风险类型的识别提供依据,并为后续制定针对性的应对策略提供预案参考。

风险计划管理过程需要项目利益相关者的沟通参与,达成一致性方案,从而确保风险管理过程在整个项目生命周期中的有效实施。此外,其重要性还体现在为风险管理活动安排充足的资源和时间,并为后续风险评估提供共识基础。

风险计划管理的方法包括会议决策、经验决策等。会议决策是风险管理计划中最常见的方法,通过项目各方利益相关者共同召开非正式讨论或正式会议,来确定风险管理活动的总体计划、方案预算以及权责分配等内容。经验决策是凭借先前的项目经验或征求相关专业领域的专家、团体等意见，来对项目进行系统性风险评估，并制订预案计划。

风险计划的产出是风险管理计划，其内容包括相关方的角色与职责、风险的准确界定、风险的概率和影响、执行风险控制的步骤、风险类别、风险识别和分析的方法、利益相关方的风险承受能力等。需要注意的是，风险管理计划呈现的是如何安排和实施整个项目的风险管理工作，而非针对具体风险的实施计划。风险管理计划可直观地向项目的利益相关方呈现应从何处着手处理风险并实现怎样的目的，需要根据项目执行情况，及时更新，见图 12-3 所示。

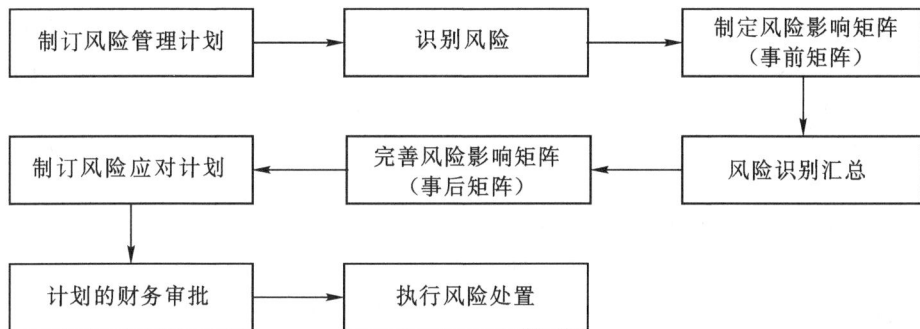

图 12-3　风险计划的基本流程

此外，风险计划还需要对项目管理人员及项目执行人员进行相关的培训，面对不同的项目负责模块及内容，培训内容可有不同的侧重。

二、风险识别

(一)风险识别的方法

风险识别是对出现的风险进行类型归类，适配风险计划中的预案。这一过程主要是指项目团队通过对风险根因、特征、情境以及影响等多个维度进行细致化分析，进而确定面临的风险性质，以便精准匹配后续消解风险的措施。

基于信息源的差异化，风险识别的方法主要分为主观识别与客观识别两类。

1.从主观信息源出发的方法

(1)头脑风暴法。头脑风暴是企业风险管理中的重要方法，这在公益慈善项目管理中也同样适用。其主要是通过召集项目各利益相关者通过对特定项目进行多维度、扩散性及创造性思考，来汇集尽可能多的信息集。这一方法适用于探讨较为简单的问题，单一的情况。如果问题牵涉面太广，包含因素过多，就要先进行分解，然后再分步进行讨论。让关键的项目利益相关者和项目团队成员聚在一起，让他们自由发表意见并记录各种想法、观点，然后将这些想法、观点进行分类并评价。

(2)专家判断法。专家判断法是一种以专家为核心信息源的风险管理方法。基于专家对风险的高水准认知，相近性的项目或业务在风险本源上差异较小，专家可以直抓诱因，判断风险类别。因此，项目主管应该选择相关专家，邀请他们根据以往经验和专业知识识别可能的风险。专家调查法的优点是在缺乏足够统计数据和原始资料的情况下，可以做出定量的估计，缺点主要表现在易受主观因素影响。

（3）情景模拟法。情景模拟法是根据发展趋势的多样性,通过对系统内外相关问题的系统分析,设计出多种可能的未来前景,然后用类似于撰写电影剧本的手法,对系统发展态势作出自始至终的情景和画面的描述。当一个项目持续的时间较长时,往往要考虑各种技术、经济和社会因素的影响,可用情景模拟法来预测和识别其关键风险因素及其影响程度。情景模拟法对以下情况是特别有用的:提醒决策者注意某种措施或政策可能引发的危机性后果;建议需要进行监控的风险范围;研究某些关键性因素对未来过程的影响;提醒某种技术的发展会带来哪些风险。情景模拟法是一种适用于对可变因素较多的项目进行风险预测和识别的系统技术。它在假定关键影响因素有可能发生的基础上,构造出多重情景,提出多种未来的可能结果,以便采取适当措施防患于未然。情景模拟法从 20 世纪 70 年代中期以来,在国外得到了广泛应用,并产生了目标展开法、空隙添补法、未来分析法等具体应用方法。一些大型跨国公司在对一些大项目进行风险预测和识别时都陆续采用了情景模拟法。因其操作过程比较复杂,目前此法在我国的具体应用还不多见。

2.从客观信息源出发的方法

（1）核对表法。风险识别核对表是一种通过结构化表格系统化识别和记录潜在风险的工具。核对表通常包括风险编号、风险描述、风险类别、风险来源、发生概率、影响程度、风险等级、应对措施等关键要素。核对表简单易用,但无法穷尽,项目团队也应该考察未在核对表中列出的事项,并动态调整核对表,以便完善和修正相关内容。核对表法的优点是结合公益慈善项目的实际开展状况,参考对照核对表,可以有所借鉴。缺点是公益慈善项目风险管理的积累较少,目前尚没有机构编制完整的项目风险核对表,基础资料缺乏。

（2）分解分析法。分解分析法通过分解项目结构识别风险。其核心是利用工作分解结构将复杂系统逐级分解为可管理的子单元。具体步骤为:①将项目按类别或层次分解为若干个子项目;②进一步分解子项目的工作内容,直到能确定全部风险因素;③综合整理,形成风险消单。该方法的优点在于项目管理的其他方面,如范围、进度和成本管理也要使用工作分解结构,所以在风险识别中利用已有的现成工具不会给项目管理增加额外的工作量。但是它的缺点是对于大的公益慈善项目,分解过程过于复杂、烦琐。

（3）故障树分析法。故障树分析法也称问题树分析法,广泛用于复杂公益慈善项目的风险识别。该方法是利用树状图解的形式,将复杂的核心故障采取多路径研究,或对各种引起故障的原因进行逐一分析。故障树分析实际上是借用可靠性项目中的失效树形式对引起风险的各种因素进行分层次的识别。图的形式像树枝一样,越分越多,故称故障树。进行故障树分析的一般步骤为:①定义公益慈善项目的目标,此时应将影响项目目标的各种风险因素予以充分的考虑;②构建风险因果逻辑图;③全面考虑各风险因素之间的相互关系,从而研究对公益慈善项目风险所应采取的对策或行动方案。图 12-4 列出了世界宣明会提供的社区文化生活项目的故障树分析图。

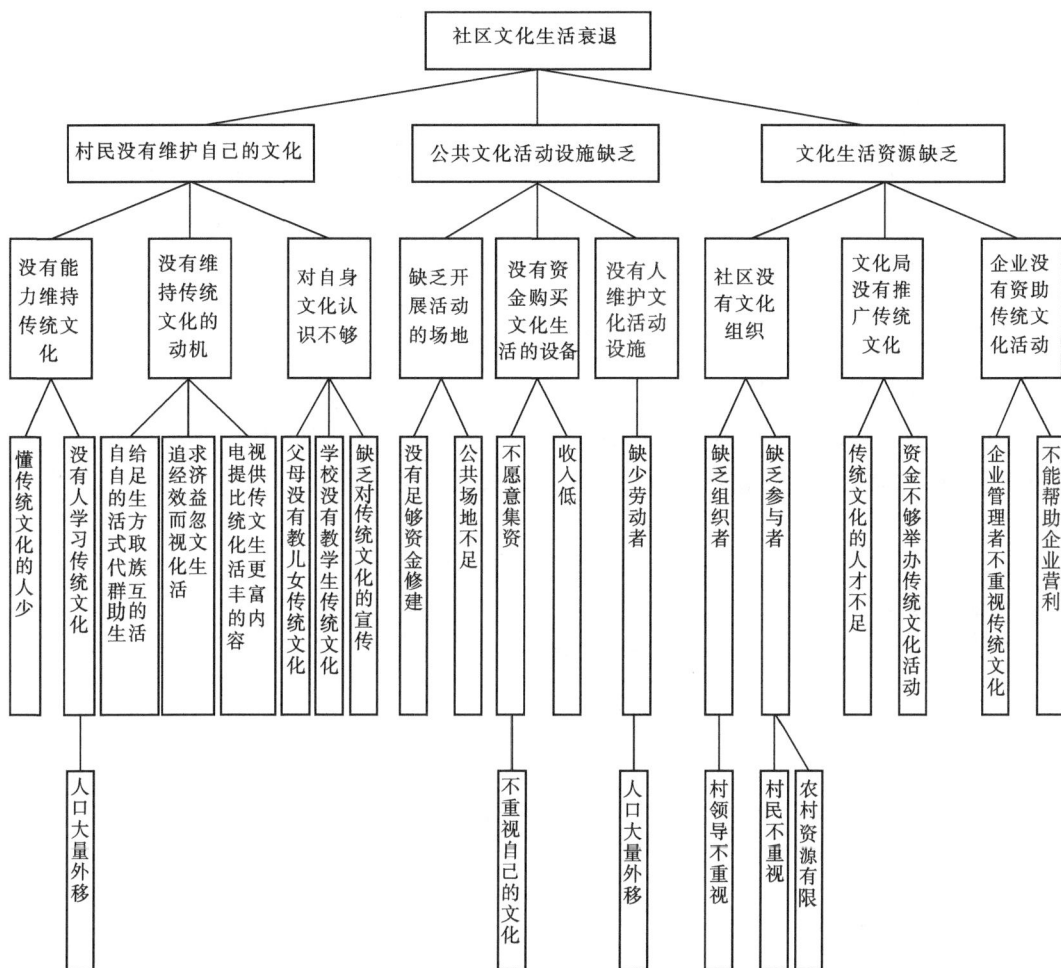

图 12-4　社区文化生活项目的故障树分析

故障树分析法较多应用在缺乏直接经验的风险识别情景下。该方法的凸显优势是能够直观且全面地分析风险的外部表现及内部原因,因而包罗了系统内、外部所有试效机理研究路径。不足之处是在复杂情况中很容易出现遗漏风险变量或误判风险因素等。

(二)风险识别的步骤

1.确定风险识别的负责人

风险识别的核心环节是确定影响项目正常运行过程中的各类风险,并将其特点文档化。参与风险识别的负责人应尽可能包括项目各利益相关者,如项目组负责人、项目客户、相关部门负责人以及外部专家等。

2.决定风险识别的时效区间

项目风险识别环节应该在项目启动之前。在项目计划编织过程中,对项目整体过程中可能存在的显性问题以及隐形风险进一步识别、系统化记录并设计相应的风险应对策略。基于内外部环境的动态变化,项目在执行过程中可能存在许多预案之外的新风险。如果缺乏对其前期诱因的精准捕捉,导致风险造成实际影响,此时的风险识别已经脱离其应用场景,项目主管必须对现阶段风险及时处理,并根据变更重新编织风险管理计划。可见,风险识别的有效应用区间在项目启动之际至风险造成实际影响之前。

3.确定风险类别

不同类型的风险在进行策略设计时存在较大差异,这主要源于风险诱因及其环境影响的本质区别。例如,自然环境风险多由气候灾害等不可抗力引发,可能导致项目实践过程受阻,直接增加时间、人力和精力等显性成本及隐性成本;社区风险的诱因可能是不同社区间的矛盾冲突,可能引发项目停滞,迫使内外部参与者对项目整体设计重新审视。为了迅速识别项目风险,提高项目过程效率,需要基于项目特点及过往管理经验及教训,对可能的项目风险进行全面且系统的分类,以体现不同的风险诱因及风险环境。

(三)风险识别的产出

在项目的风险管理中,风险登记册是重要产出成果从风险识别开始,贯穿其后的所有风险管理过程,它随着项目其他管理过程文件的不断更新而动态调整,从而有效地跟踪和管理风险。风险登记册将各种项目风险以文档形式系统性记录下来,一方面有利于采取适配的风险措施来缓解风险引起的负面影响;另一方面有助于对同一类风险进行纵向对比,优化风险方案细节,提高风险处置效率,见表12-1所示。

表12-1 风险登记册示例

风险编号		风险名称			
风险描述					
受影响的工作范围					
发生的概率		发生的后果(对项目范围、时间、成本、质量的影响)		风险级别	
应对策略与措施					
责任人		风险追踪时间和其他要求			

项目风险识别是一个开放式的操作机制,在执行过程中,可能引入外部环境中的新类风险以及内部风险变化产生的新形态。因此,项目团队需要对项目风险识别进行动态调整,并对已经识别且处置后的风险及时剔除,避免识别内容杂糅。

三、风险分析

风险识别是从风险性质的角度定性了解风险。如果想要有效把握风险因素,就要对识别的风险因素进一步量化分析,主要体现在对风险影响的清晰化认知和对风险诱因的等级划分。这有助于管理者对不同风险诱因采取针对性的决策流程和方案设计,从而提高风险处置效率,减少风险对项目目标的不利影响。

1.风险定性分析

风险作为一个抽象化概念,其产生的可能性以及影响程度难以进行精准定位。采取分类定性分析,能够将风险概念进一步具象化呈现在项目各个环节中,有助于项目全过程管理。风险定性分析主要包括发生的可能性分析和后果的影响程度分析。

(1)发生的可能性分析。基于风险发生的不确定性,可将其用频率程度来表示,共分为4、3、2、1、0,五个等级,如表12-2所示。

表12-2　风险发生的可能性表

风险出现频率	基本样态描述	等级指数
经常	在项目开展过程中多次出现	4
很可能	在项目开展过程中出现几次	3
偶然	在项目开展过程中偶尔出现	2
极小	在项目开展过程中有极小概率出现	1
不可能	在项目开展过程中不会发生	0

(2)可能造成的后果分析。基于风险发生的频率分布,可以映射出风险造成的影响分布表,如灾难性的(4)、关键的(3)、严重的(2)、次重要的(1)、可忽略的(0)五个等级,如表12-3所示。

表12-3　风险后果等级表

严重程度	简单描述	等级指数
灾难性的	项目失败、组织破产	4
关键的	项目目标无法完全达到,超过风险准备费用	3
严重的	工期大幅度拖延,耗费大量意外费用	2
次重要的	可接受的工期拖延,需要部分意外费用	1
可忽略的	损失很小,可认为没有损失后果	0

(3)结合风险发生的可能性分析以及后果的影响程度分析,可以得出关于风险综合度的分析,如表12-4所示。

表12-4　风险因素综合度分析表

严重程度	风险出现频率的接受程度				
	经常	很可能	偶然	极小	不可能
灾难性的	不可接受	不可接受	不可接受	希望不发生	希望不发生
危险的	不可接受	不可接受	希望不发生	希望不发生	可接受
严重的	不可接受	希望不发生	希望不发生	可接受	可接受
次重要的	希望不发生	希望不发生	可接受	可接受	可忽略
可忽略的	希望不发生	可接受	可接受	可忽略	可忽略

2.风险定量分析

风险定量分析是通过对每项风险发生的概率及其影响程度赋予数值化或数据化,从而进行定量分析的过程。一般而言,风险定量分析是在定性分析识别出具有较大概率发生且影响程度较高的风险之后。这一过程要求进行定量分析的风险具有较为准确的发生概率区间、容易收集的量化数据以及较大规模的后果影响。

风险定量分析的输入内容包括风险计划信息(项目复杂性、技术成熟度、组织风险因素、风险假设等)、已识别的潜在风险、定性分析的输出内容以及其他任何助推风险定量分析的相关信息。

风险定量分析的方法有如下三类:

(1)德尔菲法。德尔菲法又称专家调查法,是一种根据专家意见进行评价或预测的方法,在预测未知结果方面具有广泛的应用。例如,在对某一大概率发生的风险进行影响结果预测时:第一,将该风险相关信息以匿名化的形式单独发送给领域专家等主要负责人,要求其预测该风险可能造成的最差结果、最可能结果、最好结果及判断理由;第二,对所有结果进行系统汇总后反馈回各位专家;第三,重复前两次步骤,直至所有专家对结果达成较大程度上的共识,并对结果不再更改。对这三种结果进行一定规则的运算,可以得出对风险影响程度的预判结论。

德尔菲法首先吸引了对风险熟知的不同专家,充分利用了其经验和学识;其次,匿名化、非讨论的形式使得专家可以独立判断;最后,预测结论的高度共识,也体现了对预测结果的统一性。但其过程较为复杂,且不同专家对结果的决策思维也不尽相同,时间成本较高。

(2)敏感性分析。敏感性分析是从定量研究的角度去挖掘不同因素对项目的影响程度。敏感性分析可以帮助项目相关人员确定"哪些风险对项目的潜在影响非常大"。在保持其他不确定因素基准值不变的情况下,敏感性分析可以帮助人们逐一审查项目中不确定性风险对项目目标的影响,如图 12-5 所示。

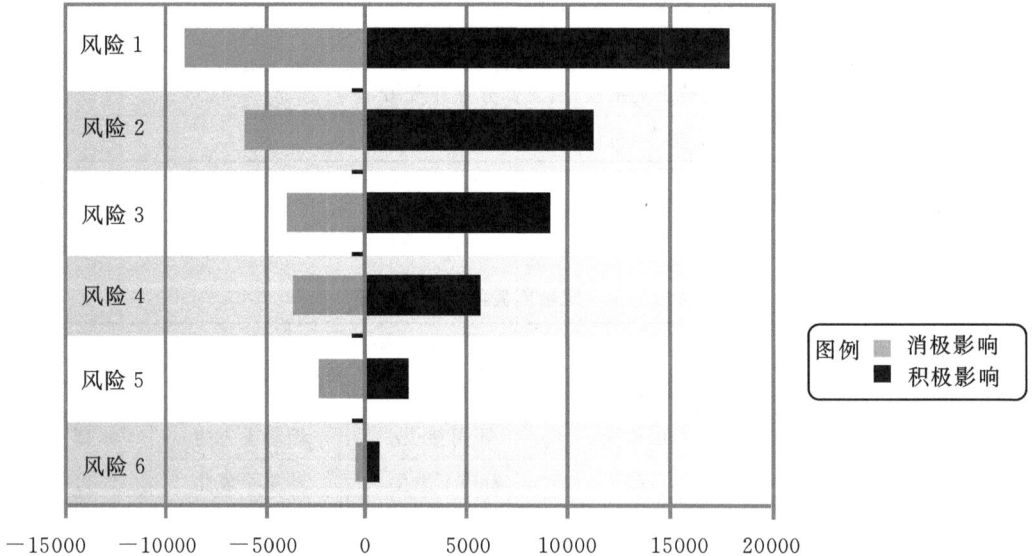

图 12-5　敏感性分析示例

(3)决策树分析。当项目内外部环境中大部分条件都是已知且若干可行方案已制定出,需要分析每个方案执行中可能出现的不同结果时,决策树分析不失为一种好的选择。在风险管理中,决策树分析是将风险目标作为决策结点,通过对不同方案枝的加权运算,得出不同路径下的可能收益策略,取最大期望收益为决策方案。在这一过程中,决策树可以清晰地呈现较为有效的方案路径(见图12-6)。但在实践情境中,大多数据都具有时间顺序,预处理工作的成本较高,且实际方案类别可能更为复杂,需要考虑的方面更多。

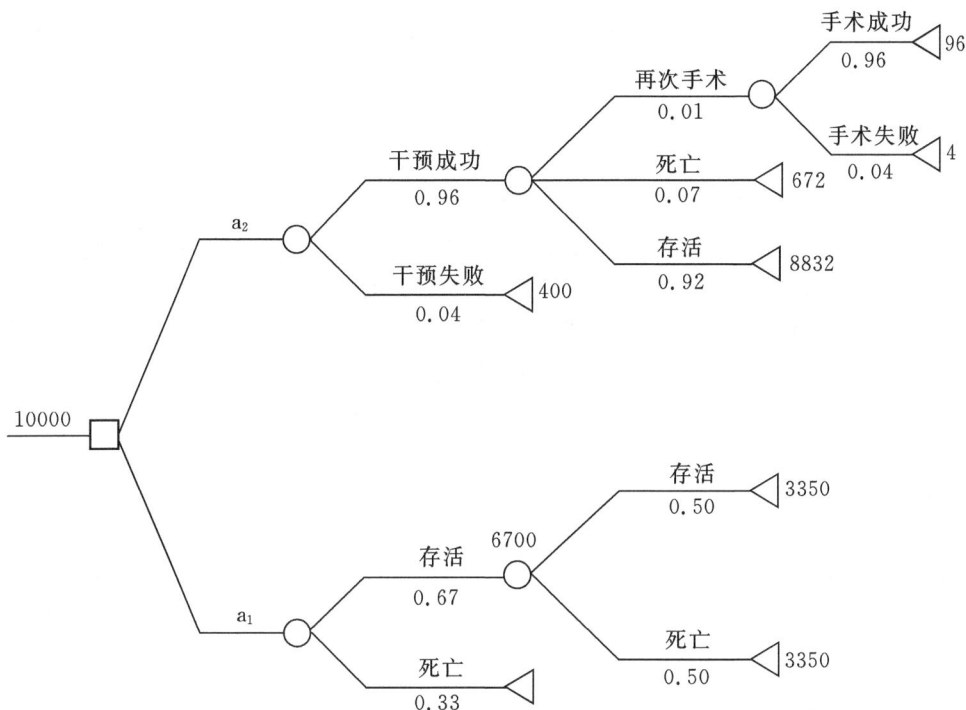

图12-6 决策树示例

四、风险控制

基于风险的效应类别(威胁与机会),风险控制的手段存在差异性。针对消极的风险(威胁)可以采取风险回避、风险损失控制、风险转移以及风险保留等方式;对于积极的风险(机会)可以采取接受式手段来提高潜在收益。

1.风险回避

风险回避是指通过放弃或终止项目计划,来消除风险或消除风险发生的条件,来保护项目目标免受风险的影响。风险回避虽然完全回避了可能的风险损失,但也拒绝了公益慈善项目的价值回报。这种策略适用于一些无法避免和转移的风险威胁,该威胁造成的风险损失可能超过预期收益,对项目执行有极大程度的影响。

2.风险损失控制

风险损失控制是通过积极的手段措施来减少风险发生概率或降低损失的程度的控制方法。基于措施执行时间点,风险损失控制可以分为损失发生前、损失发生时、损失发生后三个不同阶段。应用在损失发生前的相当于损失预防,而在损失已经产生后的行为即是损失抑制。

损失预防是在慈善项目执行之前采取预防措施,消除或减少危险因素,来降低风险损失的可能性。其主要有三个方面:第一,改变风险因素。例如,为保证慈善项目执行中的内部环境稳定,可以设置第三方机构对执行过程进行监管。第二,改变风险因素的环境。例如,对于慈善项目中可能涉及的复杂技术需求,可以通过事前系统性培训,来提高项目成员的专业技术而降低可能风险。第三,改变风险因素与环境间的相互作用。例如,救援项目中,通过合作模式来降低单独救援作业情境下的人身风险。

损失抑制指风险事故发生时或发生后,采取积极措施减少损失发生范围或损失程度的行为。其核心在于将风险单位割离,通过对独立风险单位的损失抑制来减少总体风险的损失程度。

3.风险转移

风险转移是指设法将某风险的后果及应对风险的权力和责任转移到项目外部环境中,从而保障项目价值不受损的手段。一般来说,风险转移可分为非保险转移和保险转移。非保险转移是指通过签订合同或达成意向合作等方式,将特定的风险转移给专门的组织或机构。如慈善资产的保值增值目标,可以交给专业的金融机构负责,一方面可以转移慈善组织对资产潜在损失的不可保风险,另一方面金融机构能够较好地进行损失控制。保险转移是指通过签订保险合同,将风险转移给保险公司的方法。一旦风险事件发生,造成财产或人身伤亡,可由保险公司弥补风险损失。但现阶段关于慈善活动的保险项目尚不成熟,部分风险无法实现保险转移。

4.风险自留

风险自留是指由慈善组织自行承担风险后果的一种风险应对策略。风险自留通常是无法找到其他合理应对策略的选择。基于公益慈善组织对风险自留的态度,可以将其分为有计划风险自留和无计划风险自留。有计划风险自留(主动风险自留)是指项目管理者察觉到了潜在风险,且风险的预计损失对慈善项目价值回报的影响程度不大,决定以内部资源来弥补可能损失的方法。例如,利用风险分摊,或设立内部风险机构来专门提供流动性资金弥补风险损失。无计划风险自留(被动风险自留)是指项目推进过程中未能识别或未充分识别风险,导致缺乏有效的风险对策预案,最终不得不承担损失后果的一种风险处置方式。对于此类风险,需记录风险发生的原因、影响,为类似的风险管理提供借鉴。

基于风险自留程度,又可以将其分为全部风险自留和部分风险自留。全部风险自留是指损失频率高、损失程度低,且最严重损失结果在组织风险承担能力范围内的风险,可以全部承担风险后果;部分风险自留是组织依靠自身风险承担能力来决策承担风险的范围。

5.风险机会控制

对于项目中存在的风险机会,项目团队可以采取开拓、分享、提高、接受、上报等策略,来提高机会中潜在的增益效应,而减少损失出现的可能性。

(1)开拓。开拓是消除某个特定积极风险中的不确定性,确保机会肯定出现。如采用全新或改进的技术来节约成本,或者通过分配更有能力的资源来缩短项目目标的实现时间。

(2)分享。分享是指将应对机会的责任转移给第三方,使其享有机会带来的部分收益。具体方式包括建立风险共担的合作关系或协作团队,通过资源整合与协同合作,充分利用机会,实现多方受益。

(3)提高。提高策略用于提高机会出现的概率或影响。这可以通过事前优化策略来提高机会出现的概率或者针对其潜在收益规模的因素来提高机会发生的影响。

(4)接受。接受是承认机会的存在,但不主动采取任何措施。这种策略可以用于优先级较低的机会中,可以分为主动接受和被动接受。主动接受策略是建立接受空间,如预留时间、资金或资源,以便在机会出现时加以利用;被动接受策略是指定期对机会进行审查,确保其未发生重大改变,除此之外不采取任何积极行动。

(5)上报。上报是指项目团队或负责人认为某些机会不在项目范围内,或提议的应对措施超过了权限范围时,将机会升级至更高层级(如项目集层面)的策略。被上报的机会将由多个组织或部门管理,不再局限于原项目层面。对于被上报的机会,项目中的相关人员必须愿意承担应对责任,这是非常重要的。

五、风险监控

风险监控是指项目运行过程中对风险的发展与变化进行的全程监视和控制,包括追踪已识别风险和残留风险,识别可能出现的新风险以及评估风险管理计划执行的有效性。这一过程的核心目的是核对风险管理的实际效果与预期目标是否存在执行偏差。

(一)风险监控的技术及工具

风险监控的技术和工具有很多种,本章节介绍常用的三种:

(1)风险审计。项目风险审查员检查风险管理各环节是否得到有效执行,并定期进行风险审核。在项目进展的不同阶段,风险监控的优先程度可能会发生变化。

(2)挣值分析(EVM)。挣值分析是通过对项目实际成本与计划成本做比较,来管理项目绩效的监控技术。在这一过程中,管理者可以分析出当前项目的进度提前或落后,成本超支或节约。如若偏差程度较高,则需要进一步进行项目识别及分析。

(3)附加风险控制计划。项目执行过程中发生未识别的风险事件或风险后果比预期严重,既有风险管理中的策略又不足以应对时,需重新制定或强化风险控制措施。

(二)风险监控的措施

风险监控是一个实时、连续的过程,需对发现的问题及时采取措施。当项目的情况发生变化时,要重新进行风险分析,并制定新的应对措施,包括但不限于随机应变措施、纠正措施、变更项目计划、修改风险应对计划等。

(1)随机应变措施。随机应变措施是指针对突发风险事件采取的临时性、未预先规划的应对措施。这些措施应及时进行记录,并融入慈善组织项目的风险控制计划中。

(2)纠正措施。纠正措施就是实施预先规划的风险控制方案,系统性清除已发生风险对项目目标的影响,具体包括施实应急计划和随机应变措施。

(3)变更项目计划。频繁采取随机应变措施或应急计划,可能会大大增加项目的风险,增加管理成本,造成项目执行过程与计划间存在较大偏差。因此需要考虑变更项目计划来控制风险。

(4)修改风险应对计划。当预期计划与实际出现偏差,如预期风险未发生或发生的影响程度更为严重,风险控制措施无效或消减风险的影响较小,则需要重新对风险进行评估,并修改风险控制计划。此外,当风险计划中的策略实施有效降低了风险概率或影响程度,也需要对风险次序进行动态调整,确保新的或重要的风险能够得到适当控制。表12-5列出了某养殖项目的风险监控方案。

表 12-5　某养殖项目的风险监控方案

产出序号	风险	可能性等级	后果严重性等级	风险控制方案
1.1	社区居民不积极参与项目	低	高	宣传参与的重要性,使社区深知组织的理念和工作原则
1.1	经济合作组织在社区与其他利益相关者冲突	中	高	借用利益相关者分析、韦恩图等工具了解社区里政治及组织关系,避免因冲突或制度摩擦产生负面影响
1.2	养殖过程中发生重大疫情	中	高	做好养殖场所卫生管理,定期做好防疫注射并随时观察畜禽的生长变化,随时预防跟进
1.4	农民在实际操作中不种植新的品种	中	高	建立试验点以及组织农民去本地区其他成功模式现场观摩
1.4	有重大旱灾、涝灾	高	高	做好前期防灾工作(疏导、水利配套),制定解决突发灾害的方案
2.2	社区及政府不进行投入	高	中	倡导政府对农村水利的投入,并与其签订协议,明确规定责任与义务等,在政府资金到位后,再开始实施项目

本章小结

项目风险是影响项目目标实现的所有不确定性因素的组合。公益慈善项目风险管理是项目管理过程中的重要环节,决定着整个项目的成败。本章主要介绍了公益慈善项目风险管理的含义和意义,以及公益慈善项目风险管理的目标。着重分析了公益慈善项目风险管理的五个过程,即风险计划、风险识别、风险分析、风险控制及风险监控。

课后习题

1. 什么是公益慈善项目风险?

2. 常见的公益慈善项目风险都包括哪些?

3. 简述公益慈善项目风险控制的主要措施。

4. 简述公益慈善项目风险管理的意义。

5. 简述公益慈善项目风险监控应对的主要措施。

6. 案例分析。

某证券交易所开创了社会企业板块,探索"社会企业+金融"融合发展的新模式。社会企业板作为"新四板",将为社会企业提供企业挂牌展示、股票挂牌注册、股票发行、债券发行及上市企业诊断评估等多项资本市场服务,拓展社会企业的发展空间,建立中国特色的社会企业公益金融路径,引导资本向善。截至2022年6月,该项目挂牌企业已达24家,展示专区已有105家,并且逐渐形成有效的慈善金融合作机制,实现经济和社会价值的双重输出。

试分析该项目可能预见的风险及应对措施。

风险描述	影响程度及描述		发生可能性（高、中、低）	应对措施	备注/说明
	（高、中、低）	影响描述			

第十三章　公益慈善项目沟通管理

项目团队的内部冲突

方女士和牛总监在一家儿童救助类基金会工作。近期机构发起了一个重要项目,经验丰富的方女士和牛总监都被纳入新组建的团队,牛总监担任项目主管。

一天中午快下班的时候,牛总监给方女士布置了一项紧急任务,并特别强调一定要在下午2点以前办好。她请方女士把吃午饭的时间变动一下,要么在办公室吃一份盒饭,要么推迟一会儿回家吃饭,以便把这项急件突击出来。其实,这项工作并不复杂,对于方女士这样一个业务熟练的老手来说,根本不费吹灰之力,只不过需要一点时间而已。可方女士表现出了明显的不情愿,她说:"对不起,我还要到银行去一趟。而且,我还想趁午休时间干点私事,恐怕不能从命。"牛总监非常不满地说:"你怎么总是这样,每次让你干点儿工作,你就有事,你的事可以挪到下午办嘛。"

"午休时间是所有职工都应享受的权利,你没权占用。再说了,那么多人为什么就找我呢?"方女士气冲冲地顶了回去。

其实,牛总监与方女士的矛盾由来已久。两年前基金会项目总监离职,有小道消息传来,说方女士是新任项目总监的候选人。她也认为凭自己的业务能力和工作经验可以当之无愧。但是,基金会却从外面"挖"来了牛女士空降总监一职。牛总监对儿童救助类业务完全是一个外行,性格也不像原来的项目总监那样热情、开朗。她总是冷若冰霜,严肃认真,不苟言笑,一副公事公办的样子。方女士觉得牛总监一点也不喜欢她,她推测牛总监多半是堤防着像她这样一个经验丰富的人。而牛总监觉得方女士由于没有当上总监对她充满了敌意。像方女士这样一个业务能力强的人,准会讨厌一个外行来领导她。前一段发生了一件事,更加深了她们彼此之间的猜疑和隔阂。

事情是这样的,方女士突然得了流行性感冒,高烧不退,病得不轻,遵医嘱病休在家。在她休息的时间里,牛总监打电话给她,问她好了没有,能不能尽快回单位上班,因为项目人手不够,工作严重积压。方女士表示自己的病还没好还在发烧,医生已开具一周的病假,还需要休息几天才能上班。碰巧第五天天气特别好,方女士感到自己的病好了不少,想出去运动运动。结果,就在她出门溜达的时候,恰逢牛总监经过。她肯定牛总监也看见了她。但双方就打了一个照面,彼此都没有打招呼。

当下一个星期,她回到单位上班的时候,她觉得应该和牛总监解释一下。可是当她一开口,牛总监就说不用说了她都知道,病好了就上班吧。说完,牛总监就走开了。方女士不知道牛总监都知道了什么,反正她知道解释是没有用的了。

又过了几周,秘书长找方女士谈话,原因是牛总监提出方女士出勤记录平平,又不服从团队工作安排,为保证项目的进度,申请将方女士调离该项目。方女士知道后勃然大怒,认为牛总监存心与自己过不去。她在想,既然你说我没有工作责任心,那我就真的做给你看,看你到底能把我怎么样。

试分析案例中的牛总监和方女士之间的冲突可以避免吗?慈善组织项目团队沟通中应该注意哪些问题?

公益慈善项目涉及范围广泛,常常包括政治、经济、文化、社会以及生态环境等诸多领域,项目的论证和开展具有社会意义并体现机构价值,因此公益慈善项目沟通管理应从整体利益出发,进行有效管理。

公益慈善项目在开展过程中拥有众多的利益相关者(资助方、受益方、政府、专家等),并且各方在文化背景、组织架构、专业领域、技能水平及利益诉求等方面存在诸多差异,这些差异直接影响公益慈善项目的开展过程及结果。因此,需要通过有效的沟通管理建立利益相关者间的协作机制,促进信息传递、观点交流以及利益协调,从而确保公益慈善项目正常有序地开展和目标的实现。

第一节　公益慈善项目沟通管理概述

一、公益慈善项目沟通管理的定义

公益慈善项目沟通管理是保证及时有效地生成、收集、分发、利用和存储项目信息的全过程,目的是保证各主要利益相关者(包括项目团队成员)可以方便地得到所需要的信息并对信息做出相应的反应。因此,公益慈善项目沟通管理是有计划、有目的的管理行为,强调沟通对项目顺利开展具有重要作用。项目主管在与利益相关者(包括项目团队成员)的沟通中扮演着核心角色。优秀的项目主管必须具备良好的沟通能力,且需花费大部分时间(80%~90%)进行各方面各类型沟通工作,以保证沟通是主动和受控的。因此项目主管必须加强沟通管理,分析清楚项目利益相关者的需要,进行积极有效的沟通,协调解决项目中出现的问题。

二、公益慈善项目沟通管理的意义

在公益慈善项目开展过程中,沟通管理起到了连接项目各方的关键纽带作用。它将利益相关者(包括项目团队成员)之间的人员、思想和信息建立起必要的联系。选择适当的沟通方式,获得各方面认可和支持,缓解因利益诉求差异所带来的限制和阻碍,可以保障项目的顺利进行。项目成功与否跟沟通管理是否有效性密切相关,倘若缺乏有效的沟通管理,项目必然走向失败。公益慈善项目沟通管理的意义和作用主要体现在以下几个方面:

(一)沟通管理是计划和决策的基础

公益慈善项目的机构管理层和项目团队要想制定出切合实际的、可行的项目计划和执行方案,以及在启动和开展过程中做出正确的决策,必须以准确、完整、及时、可靠的信息作为前提条件,而沟通管理是综合了解和分析各方面关系与信息的基础。

(二)沟通管理是控制管理过程的依据

通过加强沟通管理,项目团队可以清晰准确地发现项目开展过程中各种资源的使用情况,确保项目进展透明化,及时发现项目潜在问题(如范围蔓延、质量缺陷、进度延误、预算超支),并通过动态调整措施(如变更计划、优化资源配置)保障项目目标可以更加顺利地完成。同时机构管理层及其他利益相关者通过及时、准确地掌握各种信息,就可以实现对资源需求进行合理安排,提供必要的支持,促进项目顺利实施。

(三)沟通管理是建立和改善人际关系的条件

沟通是人的一种重要的心理需要,是表达思想、感情与态度的方式和手段。公益慈善项目往往是临时性的,组织和参与人员因为项目的存在而发生相应的联系。有效的沟通管理可以减少冲突,形成融洽的人际关系,进而增强项目各成员的积极性、主动性,最终提高工作的效率和质量。

(四)沟通管理是确保目标一致的手段

公益慈善项目涉及许多专业领域,在整个项目开展过程中,需要以沟通管理为手段,促使项目参与人员明确目标、计划等方面的内容,以共同的目标作为努力方向。如果缺乏良好的沟通管理,项目的各参与者仅顾及自身利益,致使对目标的理解产生差异,便阻碍了利益相关者的协作配合与整个项目的顺利进行。

(五)沟通管理是项目主管实现成功领导的重要手段

项目主管是处于沟通管理的核心位置,并进行着各种形式的信息交流。在项目的开展过程中,项目主管需要恰当地汇报情况并安排任务,如果沟通不畅通,就不容易得到利益相关者的支持,并会造成项目团队无法准确理解与完成项目目标的要求,从而导致项目执行的混乱或者失败。因此,对于项目主管而言,唯有通过良好的沟通管理,才可以协调利益相关者的利益诉求,使整个项目团队听从指挥,从而保证整个项目顺利进行。

三、公益慈善项目沟通的类型

公益慈善项目开展过程中所涉及的沟通活动,可按多种标准进行分类,通常的分类标准和举例(包括但不限于)如下:

1.按沟通的渠道划分:正式沟通和非正式沟通

在公益慈善项目开展过程中,正式沟通是依据组织制度规定的渠道进行信息交换的方式,通常的表现形式一种是书面文件往来,如项目合同、公函、通知、会议记录、情况报告、验收报告等;另一种是组织和召开会议,如项目启动会议、设计评审会议、定期例会、验收会议等。非正式沟通的形式比较灵活,常见的有电话、电子邮件、备忘录、即兴讨论,以及私聊、聚会、出游、生日宴会、主题酒会等活动。

2.按信息的流向划分:上行沟通、下行沟通和平行沟通

按信息的流向划分,项目沟通分为上行沟通、下行沟通和平行沟通。以项目主管为例,上行沟通是项目主管向上级领导或委托方汇报工作情况,提出建议、意见,或表达意愿等;下行沟通是指项目主管对项目所属员工进行工作部署、下达指令、了解情况等;平行沟通指项目主管与同事、其他职能部门、合作伙伴、社会机构及其他同一层级的利益相关者之间的信息传递和交流,如图 13-1 所示。

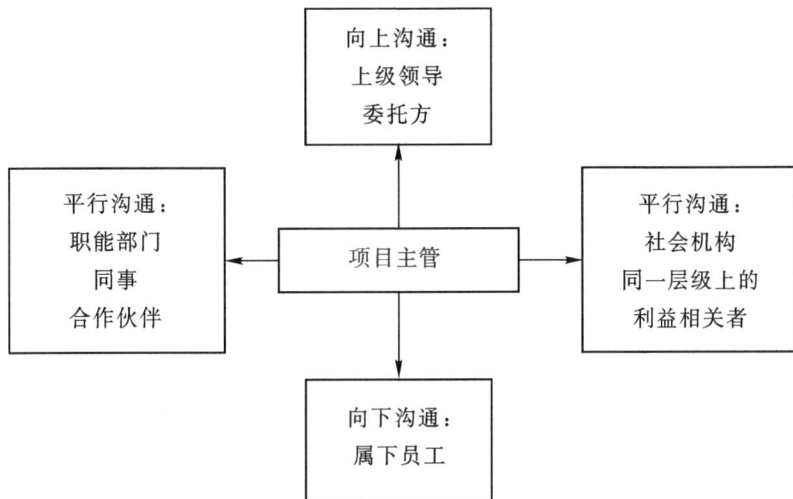

图 13-1　项目主管沟通信息流向

3.按沟通的方法划分：交互式沟通、推式沟通、拉式沟通

交互式沟通是指沟通的双方或多方之间进行多向信息交换，以确保全体参与者对特定话题达成共识，如会议、电话、即时通信、视频会议等；推式沟通是指把信息发送给特定接收方，这样可以确保信息的发送，但不能确保信息送达及被充分理解，如函件、备忘录、报告、电子邮件、传真、新闻稿等；拉式沟通适用于信息量很大或受众很多的情况，一般要求信息接收方自主地访问信息内容，如企业内网、电子在线课程、经验教训数据库、知识库等。

从沟通过程的反馈情况来讲，交互式沟通存在反馈，接收方接到信息后还需要通过自身的理解，把意见反馈给接受方，角色不断变换，同时传递的信息也不断变换，因而信息传递准确性高，沟通是较为有效的。推式沟通和拉式沟通均为单向沟通，发送方只发送信息，接收方只接收信息而不需要进行信息反馈，因而两者角色不发生变化，信息传递速度快，但准确性较低。

4.按表达形式划分：书面沟通和口头沟通/语言沟通和非语言沟通

书面沟通是指以文字表达的形式将所需要传递的信息发送给对方，其具有权威性、正确性，如上述正式沟通中提到的文件往来。值得注意的是，随着信息技术的普及，越来越多的组织和个人以电子邮件、短信、微信、钉钉、飞书等形式进行信息交流，其中以文字形式呈现的亦可视为书面沟通。口头沟通则是指通过口语表达来进行信息的传递，其具有灵活、快速的特点，如交谈、会谈、电话等。

另外，按照表达形式还可以分为语言沟通和非语言沟通。语言沟通是借助辅助工具如声音、文字、图像等形式进行交流；而非语言沟通则指通过肢体动作、光影、面部表情等方式进行信息交流。

电子邮件作为一种书面沟通方式，其正式性程度存在差异。部分观点将其界定为正式的沟通手段，也有诸多观点认为其属于非正式的沟通形式。就口头沟通而言，多数被纳入非正式沟通的范畴，例如通过面对面交流或电话询问等方式获取有关项目进度的基本情况。但并非所有的口头沟通均为非正式沟通，诸如召开的各类会议，尽管同样属于口头沟通方式，却应归类于正式沟通。

第二节 公益慈善项目沟通管理的步骤

公益慈善项目沟通管理的过程包括编制沟通计划和开展项目沟通两个过程。编制沟通计划是减少"沟通障碍"的有效方式,是沟通管理的核心内容。沟通计划是否规范、适用直接决定沟通管理的成效,也间接影响项目的成败。沟通管理是持续的过程,贯穿于项目开展的始终。开展项目沟通需要按照沟通计划的内容持续执行,并且随着沟通需求的变更而及时更新沟通计划的内容,使沟通更有效。

一、编制沟通计划

公益慈善项目沟通计划是项目整体计划的一部分,在编制沟通计划的过程中,需要利益相关者的共同参与,并得到其支持、协助和确认,这有助于保证沟通计划的规范性和可行性,能够防止或减少沟通问题的发生。

编制沟通计划就是分析并确认项目利益相关者所需要的信息和沟通需求,制定合适的项目沟通方式,即为了保证项目顺利进行,明确"与谁沟通,沟通什么,以什么样的方式和频率沟通,沟通应该达到什么效果及如何收集反馈意见"。虽然所有的公益慈善项目都需要沟通,但沟通需求和传播方式差别很大,确认利益相关者的沟通需求和决定满足需求的适当方式是项目获得成功的重要因素。下面将从编制沟通计划的方法、步骤、成果三个方面分别介绍:

(一)编制沟通计划的方法

编制沟通计划的方法包括沟通需求分析、沟通方式、沟通方式选择、沟通模型、会议等。

1.沟通需求分析

沟通需求是指为了完成项目目标,利益相关者之间该如何进行有效沟通的客观需要,主要包括谁(Who)需要信息、需要什么(What)信息、何时(When)需要以及应如何(How)传递信息。通过沟通需求分析确定利益相关者所需信息的类型和格式,以及信息对于利益相关者的作用和价值。常用于沟通需求分析的信息包括(但不限于):组织结构图,项目组织与利益相关者之间的责任关系,项目所涉及的学科、部门和专业,有多少人在什么地点参与项目,内部信息需要(如何时在组织内部沟通),外部信息需要,来自干系人登记册的干系人信息和沟通需求。

2.沟通方式

项目团队可使用的沟通方式非常多,如在前文公益慈善项目沟通的类型中,按照不同的分类标准列举的多种沟通方式,如从随意的谈话到正式的会议,从提交项目报告到可在线查询的数据库,等等。

3.沟通方式选择

不同沟通方式之间的差距非常大,沟通方式的恰当选择也极为重要。影响沟通方式选择的因素可能包括(但不限于):信息需求的紧迫性、沟通方式的可用性、沟通的效率、项目环境因素以及信息的安全性、保密性要求。项目利益相关者可能需要对上述影响沟通方式选择因素展开讨论并取得一致意见。

4.沟通模型

沟通模型是将沟通的过程分解为一系列的环节和因素的分析框架,主要包括如下部分:

(1)沟通双方,即信息的发送方和接收方,可以是个人或群体;

（2）编码，指发送方采取某种形式来传递信息的内容，如语言、书面文字、电脑编码等；

（3）媒介，即沟通所利用的渠道和载体，如面对面、电话、网络传播、视频会议、即时通信等；

（4）解码，指接收方对接收到的信息还原成有意义的思想或观点；

（5）告知收悉，指接收方接收到信息后需告知对方已收到信息，但这并不一定意味着同意或理解信息的内容；

（6）反馈信息，接收方对收到的信息进行解码并理解后，将还原出来的思想或观点进行编码，再传递给发送方，体现出沟通效果反馈，使沟通成为一个循环的过程；

（7）噪声，可能干扰或阻碍信息传递的任何因素，如距离、不熟悉的技术、文化差异和缺乏背景信息等。基本沟通模型如图13-2所示。

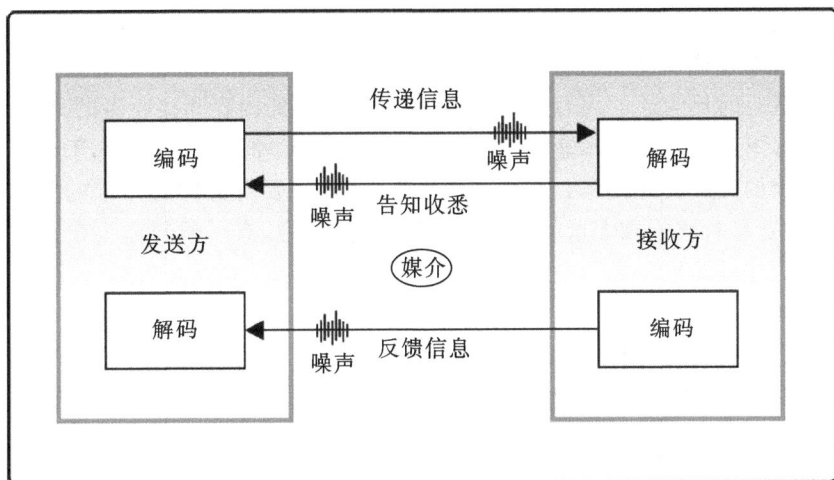

图13-2　基本的沟通模型

在制定公益慈善项目沟通计划时，可按照交互式沟通、推式沟通和拉式沟通所包含的环节和因素分析相应部分，尤其是在交互式沟通中，在每一个沟通过程中发送方负责信息的传递，需确保信息的清晰性和完整性，需要确认信息已被正确理解；接收方负责确保完整地接收信息，正确地理解信息，并需要告知收悉或做出适当的回应。

在编制沟通计划过程中，项目团队需要与内部成员以及项目利益相关者之间经常展开讨论和对话，以便确定最合适的沟通方式，更新和传递项目信息，回应各利益相关者对项目信息的请求等。这些讨论和对话通常以会议的形式进行，并且比较正式，有事先安排的时间、地点和议程，也可以采用面对面或音频、视频的形式。

（二）编制沟通计划的流程

编制沟通计划一般可按照以下程序，相关内容可以根据资料收集情况不断补充完善。

1.收集和整理信息

信息收集包括收集公益慈善项目信息，收集沟通对象信息（了解沟通对象的数量、机构、知识层次、地位、社会关系等），收集沟通方法的信息，收集有关法律法规、机构办理程序等方面的知识，其他相关的信息。整理是指对收集到的信息进行加工和处理，根据信息内容、作用进行分类和排序。

2.确定沟通的对象

要将正确的信息给正确的人,就必须明确谁是正确的人。如果不能识别和定义清楚沟通对象,那么沟通将失去了意义。沟通务必充分考虑沟通对象的情况,明确沟通对象的观念、需要以及情绪。

3.确定沟通目标

明确各主要利益相关者(包括项目团队成员)的责任和需求,确定沟通所要达到的目的和效果,尽量全面、准确、完整地提供信息。

4.确定沟通的内容

确定沟通的内容时,应遵循以下原则:首先,信息要简洁明了;其次信息要真实可靠,不能为了某些利益或单纯为了使问题得到解决而提供虚假信息;最后信息表达要规范,确保信息清晰、完整且能够被正确理解。

5.确定沟通的方式、时间和频率

沟通的方式有时比沟通的内容更重要,需要根据沟通的内容和接收者的具体情况,考虑在何种环境和场合下进行沟通。沟通要把握恰当的时机和频率,并以最适合于项目利益相关者角色特点和需求的方式展现出来。在开展项目沟通时,还要考虑沟通需求的紧迫程度和沟通频率,项目的成功有时候依靠大量的、不断更新的信息沟通,有时候只需要定期发布书面报告即可满足要求。

6.建立有效的反馈机制

反馈机制有利于增加理解、减少误解,并促进沟通计划的改进和提高。反馈机制主要回答下面三个问题:信息是否已经被接收？信息是否已经被理解？信息沟通是否已经达到目的？

(三)编制沟通计划的成果

编制沟通计划的成果体现为沟通管理计划表,该计划表在项目前期阶段、项目团队成立后,由项目主管负责组织团队成员共同完成,并且要得到利益相关者的协助和确认。通过沟通管理计划表,可以提前系统地识别沟通需求,避免一事一议的沟通状态,从而提高沟通效率;同时,沟通管理计划表还可提前明确团队成员的沟通职责,有效避免因与利益相关者沟通失误导致内部冲突或责任推诿。

1.术语表

术语表需列出使用的专用术语和缩略语,以及图形符号的解释等。尤其在慈善组织项目规模较大、责任承担较重、利益相关者较多时,术语表可以帮助参与人员对重要术语有基本一致的理解。术语表编制需要得到相关专家的支持和确认,并开展相应的培训。

2.信息收集与处理

需要获取的信息将从何处、以何种方式获得;如何保证信息传播到真正需要的人手里,防止那些试图危害项目的人获得敏感资料。

3.沟通对象

参考需求调查表、利益相关者登记册等文件确定利益相关者的角色以及对项目的影响,确定沟通对象及联系方式。了解沟通对象的需求以及其他环境因素,如机构、知识层次、地位、社会关系等。

4.沟通方式

描述不同类型信息传播的方式,如访谈、会议、电话、电子邮件、正式陈述、汇报等;分析现行的沟通方式对项目所起的优势作用,及是否有相关改进措施。

5.沟通责任

形成组织结构图,确定机构、人员职责并详细说明人员安排,如谁负责与沟通对象对接,谁是项目报告签署人员。

6.沟通内容和频率

项目沟通的具体内容和频率,依据上述各对象在项目各阶段的具体需要而定,项目团队应随时保持对项目情况的动态跟踪,收集各种项目信息,并进行加工、整理、发布、利用和存储。

7.反馈机制

发布信息后需要做出回应的时限和频率(如适用),在项目团队内部和外部公布联系人员及联系方式,建立记录,及时处理各种反馈回来的信息。

8.沟通计划更新

确定对沟通计划进行更改相关的制度和流程,描述在项目开展期间沟通计划的更新方式及时间,项目团队人员有责任对发现的问题以及处理建议及时反馈给项目主管。

在项目前期阶段,大量的工作需要以沟通的方式来制定和落实,而且整个项目的一些规范性文档及项目计划均需要在沟通的基础上予以明确。项目沟通计划所包含的内容有些是机构的管理制度及作业指导文件,因此应不断完善机构制度建设,这对于整个机构沟通效率的提升是大有裨益的。

二、开展慈善组织项目沟通

沟通是需要实际行动的,在编制完成沟通计划后,就要按照沟通计划的内容开展项目沟通,如正式的或非正式的,定期的或不定期的,口头的或书面的等。

(一)开展项目沟通的方法

公益慈善项目沟通的方法颇多,如在编制沟通计划中提到的沟通方式同样可以作为此阶段有效的沟通工具。但随着慈善组织项目的不断开展,环境和条件是不断变化的,存在诸多潜在的障碍和挑战,因此需要确保相应沟通方法的适用性。另外,作为机构运行管理的重要组成部分,用来管理和分发项目信息的信息管理系统也是开展项目沟通的重要方法,为项目团队获取、存储和向利益相关者发布项目信息提供了标准化的工具,可以保证沟通的程序性以及提升沟通的效率。根据机构信息化的应用程度,常见的信息管理系统包括(但不限于):纸质文件管理,如汇报、请示、会议纪要、项目报告、备忘录和新闻稿等;电子通信管理,如电子邮件、传真、电话、视频和网络会议等;项目管理信息化工具,如项目管理软件、虚拟办公支持软件、门户网站和协同工作管理工具等。

在项目开展过程中,沟通是持续性的过程,编制项目报告和召开项目会议是普遍运用并对项目沟通效果影响最大的方法和手段,在此重点介绍。

项目报告是指收集和发布项目信息的活动,主要作用是通知项目的进展情况,比较项目实际执行情况与项目计划的偏离程度,可以采用文字、表格、图形和实物等形式呈现。项目报告有不同的分类标准,如按照提供报告的频率分类,可以分为日报、周报、月报、季报等,即分别对每天、每周、每月和每季工作的汇总;从报告所反映的项目内容情况,可以分为范围、进度、成本、质量、风险、采购以及综合报告等,此方面的内容在其他各章中均有介绍;从项目报告的交付对象来分,可以分为资方、政府、专家等,需要强调的是,项目报告对于不同组织、部门和层次的人员,需要提供的广度、深度、频率、内容细节程度是不尽相同的。

项目会议在开展项目沟通中起着重要作用,是进行过程控制、进展分析、预测及制定纠偏措施的重要沟通形式,通过面对面的讨论(或借助技术手段,如远程虚拟的视频会议等),对重要项目文件、需要协作的工作或问题进行研讨,可以传递更多信息并得到及时交流和反馈。召开项目会议的目的较多,如进行决策、谈判、制订计划、分配任务、提供和接收信息、解决争端和冲突等。

(二)开展项目沟通的流程

开展项目沟通是为了项目顺利实施,在此阶段项目团队要全面展开内部沟通和外部沟通,可多种沟通方式并存,具体需要按照项目实际进展以及情况的变化及时采取适当的沟通方式。

不同的沟通方式有着不同的工作流程和技巧,按照阶段划分,基本上包含准备、实施、检查、总结等内容,在此,重点介绍项目报告以及项目会议的工作流程。

1. 项目报告的一般流程

(1)信息收集和整理:收集项目开展情况、环境制约因素、利益相关者等相关信息,并进行初步分析和整理,形成实用资料。对于专业性很强的信息,需要由相应专家来分析和整理;对于项目进度、成本、质量和范围绩效的信息,要由综合管理人员来分析和整理;对于一般的通用信息,则按照项目团队任务分配来分析和整理。

(2)项目报告编制:对信息进行初步分析和整理后,就要根据利益相关者的具体需求,把信息汇编成各种各样的项目报告,包括各种专题报告和综合报告。项目报告要真实反映项目运行情况。

(3)项目报告发布:应该按照项目沟通计划表的要求以及利益相关者的需要,把项目报告及时、准确地分发给各利益相关者,以便利益相关者在获取最新的信息后制定具体措施和最新的工作计划。

(4)项目报告的反馈:项目报告的反馈要有文字记录,并由反馈者签字确认,避免在发生纠纷时出现出尔反尔、互相推诿等现象。项目报告接收者在收到项目报告后,应该及时审阅,并做出合理的反应,如做出开展新项目的决定,采取新项目的行动,这些又成为项目团队必须收集的信息。

(5)存储和归档:项目报告应该分门别类进行存储和归档,包括信息的分发时间、分发对象、内容以及反馈时间、反馈信息情况等,以便项目结束时能够根据完整的项目资料进行项目后评价。

备忘录是一种比较好的沟通机制,有利于项目合作过程中,互相尊重、平等沟通,保证项目按照计划执行,在可控范围内有效实现项目目标,如表13-1所示。

表 13 - 1　沟通机制备忘录

时间	内容	产出	方式	负责人	相关人

2.项目会议的一般流程

(1)会议准备:明确会议的必要性、确定会议的目的、制定会议规则、拟定会议议程、准备会议文件、分发预阅资料、确定会议主持人、确定与会人员、预定会议场所、补充最新信息等。

(2)会议过程控制:介绍参会人员,明确会议的主题和目的,围绕议题展开讨论并征求与会者意见,严格遵循预定议程,有效控制讨论进程以防偏离主题,确保会议按时进行,针对性解决特定问题。注重营造团队氛围,使与会者积极参与,每个议题讨论结束后进行总结,以促进共识或决策的形成。会议结束时,概括已取得的成果,并妥善安排会议记录工作。

(3)会后工作:及时整理会议纪要,得到参会人员的确认;做好会议纪要分发和签收;做好会议任务的监督和检查等。

(三)开展项目沟通的成果

项目主管及项目团队在开展项目沟通中承担主要责任,开展项目沟通的成果直接影响着项目能否顺利推进。因此,项目主管及项目团队应该充分认识到各利益相关者存在立场、地位、经历、背景的不同,理解其中的差异,设法以适合的方式进行沟通,以项目目标为共同的标准,协调各项目利益相关者之间的沟通。

通过选择适当的沟通方式,取得的沟通成果包括(但不限于)以下内容:

1.项目管理计划的更新

如果前期没有制定相应的沟通计划和制度,或制定的沟通计划过于简单,与实际情况不符且难以实施的,应当在这一阶段予以变更、细化和明确。在多数慈善组织项目中,编制沟通计划是在项目早期进行的,但在项目开展过程中,随着项目管理工作的不断深入和具体情况的变化,需要对其进行检查,并根据需要进行修改、调整和补充,以保证其持续适用。

2.项目信息

在开展项目沟通过程中,需要对项目进度、成本、质量、范围、采购、风险等信息进行收集和整理,并根据项目利益相关者所要求的详细程度展示项目状况。受信息的紧急性、传递方式、安全保密性要求的不同,呈现的方式可能不同,一般会形成文字、表格、图形等,并作为项目报告或专题报告的重要组成部分。

3.项目记录

项目记录是指在开展项目沟通过程中的电话、通知、函件、备忘录、电子邮件、项目演示资料以及项目利益相关者的回函、反馈意见等描述项目情况的文件。项目记录有些是比较正式的、公开的,有些比较随意。

4.项目报告

项目报告根据情况的不同,内容和侧重点不尽相同,有些报告是专题性的,有些报告是综合性的,一般包括以下内容(可进行增减):

(1)项目状态信息。描述目前项目所处的状态,也就是实际情况与计划相比较的结果,如与进度和预算有关的状况。

(2)项目的进展情况。描述项目团队已完成的工作,如项目完成的工作百分比,进度完成的百分比,成本完成的百分比。

(3)项目预测。对项目何时完工、最终实际总成本等的预测,为当前是否要采取措施或者做某些决策提供依据,这是项目报告的一个重要功能。

(4)质量状况。描述项目产品的质量情况和项目管理的有效性。

(5)项目的统计数据。如项目团队的工作量分配、问题出现的频次、风险等级等,对于较大的项目,这些数据往往用图表的直观方式予以表达。

(6)任务完成报告。反映项目任务的完成情况,包括可交付成果/服务、任务完成的实际时间和成本、期间遇到的重大问题以及任务评审状况等信息。

(7)重大突发性事件报告。该报告可以反映在项目开展过程中发生了哪些重大的突发性事件,包括事件发生的时间、起因、补救措施以及对项目的影响等。

5.项目会议纪要

项目会议主要是对项目会议全过程的书面记录,旨在客观、准确地反映会议的核心内容、讨论结果及后续行动要求。

本章小结

在公益慈善项目实施过程中,有效的沟通可以使正确的信息在有限的时间、有限的成本内被相关人员及时获得。成功的公益慈善项目管理离不开及时有效的沟通管理。公益慈善项目沟通管理可以使利益相关主体之间的信息高效、准确、及时、可靠的传递,可以保证所有相关人员对公益慈善项目的理解达成一致,从而确保项目目标能够得到实现。本章主要介绍了公益慈善项目沟通管理的含义、分类和意义。在公益慈善项目管理中,由于涉及的利益相关者众多,难免产生沟通障碍,本章详细阐述了公益慈善项目沟通管理的过程,旨在通过规范化沟通机制减少信息失真,化解利益冲突,保障项目目标顺利实现。

课后习题

1.简述公益慈善项目沟通常见的标准与分类。

2.简述公益慈善项目沟通管理的意义。

3.简述公益慈善项目中常见的沟通障碍。

4.简述编制公益慈善项目沟通计划的步骤。

5.假设你是一家境外在华非政府组织的项目主管,通过了解得知,项目团队中的本土成员对外方成员存在一些抵触情绪。比如本土成员经常抱怨与外方成员的工资待遇存在差异,大家都是相同的岗位,但外方成员可以拿他们几倍的薪水,孩子可以入读昂贵的国际学校,组织还都其租住了高档的公寓,本土成员就没有这些福利待遇。这种情绪的蔓延已经对项目实施产生了一定的影响。作为项目主管你会如何处理?

6.案例分析。

田某是陕西妇源汇性别发展中心的项目经理,目前在管理一个多方合作的国际项目。该项目由田某所在的社会组织联合一所大学以及一家基金会共同执行。项目旨在通过为本地社会组织提供基于性别视角的能力建设,提升其在项目设计、管理和实施中的性别敏感度。同时,支持社会组织将学到的知识和技能应用在开展妇女儿童营养健康服务项目的实践中,提高妇女在孕产期保健和养育中的决策能力,从而改善妇女和儿童在健康和营养方面的状况。此外,项目还通过推动建立多方伙伴关系,支持社会组织在政策对话中发出更多声音,促进本地的性别平等主流化进程。

在项目管理和执行的过程中需要接触很多利益相关方,田某基于自身实践经历分享了利益相关方管理方面的经验:

1.识别和分析不同人群的需求,确保项目可以满足不同利益方的预期目标

田某在项目设计阶段深入分析了项目中会有哪些关键的利益相关者,以及他们潜在的影响和关系。

在PMD(国际公益领域项目管理)中,首先要做的就是让重要的利益相关方在项目的设计阶段充分参与,因为要确保把不同人的利益和需求充分地考虑进来。但现实情况是,"我们没办法关注到所有的利益方,一些关键的利益方也相对难对接和协调"。

因此田某首先确定了关键的利益方,然后通过直接或间接的方式,分别去了解这些利益方的不同看法和期待,如借助与卫健委座谈,与妇联汇报日常工作的机会等,尽量收集不同的需求和期待。比如了解到"卫健委期望通过项目提升当地计生人员的家庭健康服务能力"。基于此,项目在实施中与基层计生协会展开合作,帮助当地计生人员发展储备技能和知识,拓宽服务覆盖面和服务质量为妇女儿童提供更全面的卫健服务。项目在此过程中也借助计生协会的群众优势,撬动其人力资源支持项目实践的实施。

田某还借助项目的启动与妇联、卫健委等政府部门以及项目领域相关的专家等外部利益方建立了联系,共同成立项目指导委员会和技术支持专家组为项目提供战略指导。

在社会组织方面,因为项目支持的社会组织的规模都不大,生存是这些社会组织首要考虑的问题,如果只是提供能力建设支持,很难确保社会组织会完全参与进来。因此在项目中,田某所在的机构除了为社会组织提供技术支持,也提供一定的实践支持资金,促使社会组织把知识运用到实践中,从而总结服务经验,提高项目效果和影响。

2.对项目的风险要及时察觉并有所准备

在项目的执行阶段,除了严格按照政策规定提前和主管部门沟通报备,田某还通过利益相关方座谈、小组访谈等方式对项目需求进行深入评估,确保可以进一步获得需求信息。同时,也与资方提前沟通说明在这种情况下只能提供什么样的信息和数据,确保双方提前达成共识。

此外,田某在计划活动时会主动提前向主管部门申请实施活动,积极配合相关部门的调查。同时,邀请相关领导参与部分项目活动,并邀请业内相关专家、伙伴进行政策和经验分享等,以降低项目实施风险。

在日常的沟通中,田某每月底会及时将月报发送给市级或县级主管部门,并主动向监管部门汇报近期的工作动向及进展。

3.增进联合方的协作管理以达成项目成效

因为项目还有两家合作执行方,田某所在的机构作为项目的协调管理方,如何增加三方之间的协作是非常重要的。所以在项目实施中,始终确保三家机构间的信息公开共享和及时沟通,彼此提供了解和参与对方活动的机会,在项目管理和专家资源等方面相互提供支持,确保服务有效传递和产出如期完成。比如,田某所在的机构在开展相关会议前,也会调动其他两家机构的专家、采购商等资源,实现资源互助互通。

此外,田某还通过季度管理会议、年度回顾会议对合作方的工作进行管理,了解他们的工作进展和需要解决的困难,讨论能够协作的事项和方案,对于较难完成的指标也会讨论通过哪种方式可以达成。在2023年的管理会议中,田某也将PMD中的IPTT工具(指标绩效跟踪表)整合到了项目会议管理中,方便大家直观地了解指标达成率。

在项目实施前,田某还制定了一套管理实施工具,比如月度工作计划表、工作量记录表、月度活动信息收集表等,了解并记录合作方的工作进展和资金使用情况,针对其中的问题进行反馈或提供建议。

田某所在的机构是和资方唯一的沟通方,在年度结束时,会根据和资方的沟通情况,带着合作伙伴一起复盘总结该年度报告中出现的所有问题和解决办法,并在下一个报告周期内进行监管和反馈。

在日常监测中,只要时间方便,田某会积极参加合作方的各项活动,作为项目监测的一部分。目前来看,这个项目除了前期受到疫情影响导致个别活动略有延迟外,整体的进展顺利。

后面的话,因为三家的信息是彼此独立的,因此田某还想在信息方面做一些整合,以便更好地呈现项目的整体工作和产出。

请大家运用公益慈善项目沟通管理的知识,评价这个利益相关方管理和协调的案例。

第十四章　公益慈善项目收尾管理

引例

项目如何才能结项?

张斌在一家社会服务机构担任项目部部长,他所在的机构得到了某基金会资助的 100 万元公益慈善项目。按照合同规定,基金会的款项分三次拨付,前期拨付 40 万,中期拨付 30 万,项目结项验收后再拨付剩下的 30 万。张斌带领的项目团队付出了很多辛苦和努力,顺利通过了中期验收,并在项目要求的时间内完成了甲方委托的任务。经核对项目的完成任务清单后,张斌将项目产出成果提交给委托方验收。但在验收过程中,甲方提出了一些小问题。张斌很快带领团队妥善地解决了这些问题。但是解决了一些问题后,甲方又陆续提出了一些新问题,而有些问题都是甲方曾经提出过,并实际上已经解决了的问题。看起来甲方是在故意找理由不给结项。对此,张斌也非常着急,因为甲方一直迟迟不验收,项目就拖着不能结项,他们就无法收到尾款。

请说明张斌应该怎么办? 应该从中吸取的经验和教训是什么?

对于任何一个项目来说,项目收尾是一个项目生命周期的最后一个环节,属于项目的终期阶段。公益慈善项目收尾在公益慈善项目的整个管理过程中也处于这样的地位。项目的收尾阶段正是提交和显示项目成果的时候,它并不意味着项目工作人员就可以放松休息了,相反,此时正是需要最大限度调动工作人员投入工作的时候。因为项目收尾工作除了需要完成必要的收尾工作外,如合同收尾、管理收尾、审计、工作总结,还需要工作人员花费大量的时间和精力解决之前项目工作中产生的所有零碎、烦琐的残留问题,避免后患无穷。有一个定律叫"九九定率",意思是 90% 的工作在 90% 的时间里完成了,余下 10% 的收尾工作却还要 90% 的时间才能做完。要注意的是,收尾是一个阶段,而不是一个简单的时点。收尾工作也是需要按计划进行的。在项目的计划编制阶段,应该编制高层级的项目收尾计划。在项目进入收尾阶段后,则要立即编制详细的项目收尾程序,尽快完成项目尾工,把项目最终产品或服务交付给委托方或发起人。

公益慈善项目收尾工作与一般项目收尾的必要工作基本相同,但其在细节处理上具有一定的特性。本章主要就公益慈善项目收尾的一些必要工作进行简要介绍,并引用一些实际案例进行简单应用分析。

第一节　公益慈善项目收尾管理概述

一、公益慈善项目收尾管理的定义

公益慈善项目收尾管理,又称项目结案,根据《项目管理知识体系指南(第5版)》的定义,是指为正式结束项目、项目阶段或合同责任而实施的一系列过程。这些过程包括完成公益慈善项目管理中所有过程组的活动,旨在验证各过程组内定义的活动是否已全部完成。通过这一管理过程,项目或项目阶段能够在适当时机顺利关闭,并获得正式的完成确认。

我国公益慈善组织实施项目管理的必要性最初来源于公共部门的改革,这对公益慈善组织的发展产生了深远的影响。然而,在实际公益慈善项目管理中,许多从业者忽视项目收尾,认为完成项目交付即为成功,项目收尾只是为了满足组织要求而进行的工作,甚至认为项目收尾是一种负担。事实上,项目收尾与项目启动、规划、执行以及控制等过程组一样具有重要意义。若项目收尾做得不好,可能导致组织面临较大风险,影响组织实现项目交付物预期的收益,进而造成组织损失,并损害项目管理团队的信誉。

二、公益慈善项目收尾的内容

(一)项目收尾的基本内容

公益慈善项目收尾通常包含以下内容,并可根据项目的规模、重要性、复杂程度和影响纳入其他内容。

(1)确保所有工作已经完成;

(2)获得项目发起人和客户对已完成工作的批准;

(3)审查所有组织治理过程是否已执行;

(4)评估是否已应用必要的项目管理过程;

(5)行政结算所有采购,审查合同上的所有工作是否已经完成,确保双方已经履行合同规定的义务;

(6)正式承认项目的完成及其向运营阶段的过渡;

(7)验证项目是否实现预期收益;

(8)总结经验教训[①];

(9)释放项目资源,使其可以用于其他项目或任务;

(10)将项目交付物转移给客户。

(二)阶段性审查

许多从业者将项目收尾理解为项目结束时的单一动作,或在项目周期内多次开展收尾活动。事实上,项目收尾的核心环节必须在项目结束时集中完成。从实践经验来看,项目收尾的

---

① 由于项目是逐步展开的,在此过程中会产生大量的知识,若不及时收集和记录相关资料,项目团队或组织可能会因此丢失许多宝贵经验。因此,梳理经验教训是项目收尾的关键环节,可以帮助团队避免重复错误;减少未来和/或新工作或项目的学习曲线;提供大量的最佳实践,节省未来项目和/或工作的时间、成本和精力,从而使组织能够在更短的时间内,更经济高效地交付项目。

精髓在于阶段性审查——这一工作应贯穿项目全周期,在每个阶段结束时系统开展。阶段性审查旨在评估当前阶段成果,并基于审查结果决定是否推进下一阶段工作。与项目收尾的一般内容类似,阶段性审查通常包括以下内容:

(1)确保上一阶段的所有必要工作已经完成,并根据需要解决不足之处。

(2)获得项目发起人和客户(无论是内部还是外部)对完成工作的批准。获得对完成工作的批准可以消除争议。在此过程中还需处理未来可能对已完成工作的任何更改,这样一来任何更改都将作为变更请求或新项目来管理。这个看似微不足道的举措对避免范围蔓延具有重要意义。

(3)审查是否已执行所有组织治理流程。审查是否获得了所有必要的批准,是否实施了所有适当的政策,是否遵守了所有组织程序。如果发现不足之处,团队可以采取纠正措施,并将其结果用于指导项目在未来阶段的开展。

(4)评估是否已应用必要的项目管理流程。项目管理流程审查包括横向和纵向两种方式。横向审查主要关注项目管理流程的完整性,即是否涵盖了所有必要的流程,如团队是否进行了风险分析等关键环节。而纵向审查则侧重于评估这些流程是否实施到位。例如,风险分析是否足够全面,是否需要付出更多努力。该环节同样用于指导项目在未来阶段的开展。

(5)在特定阶段对所有采购进行行政收尾。假设项目团队向第三方采购了特定产品,阶段性审查就是项目团队与第三方结束合同的机会。此过程包括:①审查合同中的所有工作是否已完成,并根据需要采取纠正措施;②审查双方是否履行了合同义务,如果没有,则需履行所有义务;③获得对承包商工作的认可,如前文所述,消除未来可能使承包商或项目团队承担责任的任何异议;④确保所有款项已支付,所有产品/服务已收到,避免不必要的延迟或遗漏。

(6)正式确认项目阶段完成。通过上述所有活动,所有利益相关者将正式认可某个阶段的完成。项目团队能够就此达成共识,并将已完成阶段的交付物作为范围基准的一部分。

(7)总结经验教训。捕捉经验教训是项目收尾的一项非常有价值的活动,如果在项目阶段性审查中进行,其效益将最大化。在此过程中,需要项目团队回答两个问题:①做得好的方面是什么?哪些知识应该记录下来以便用于相似的项目?②可以做得更好的地方是什么?如何可以做得更好?

第二节　公益慈善项目审计

一、公益慈善项目审计概述

公益慈善项目审计是对慈善组织项目管理工作的全面检查,包括公益慈善项目的文件记录、管理的方法和程序、财务情况以及慈善组织项目工作的完成情况。公益慈善项目审计既可以对启动、进行或收尾的项目进行审计,也可以对公益慈善项目的整体进行审计,还可以对该项目的部分进行审计。任何类型的项目审计对于这个项目来说都具有重要意义。项目财务审计需要大量信息,以便确定项目所投入的时间和资源是否被真正用在项目上。这些信息通常包括以下内容:项目预算计划、工作记录表(考勤表)、外部合同、采购政策、采购单、预算执行情况、变更控制结果。要完成慈善项目的审计,就需要组织管理者运用自己的管理手段,充分调动组织资源,力求形成公益慈善项目审计现场的管理体制,保证收尾项目的审计有序进行。公益慈善项目通过审计,可以提高项目效益。

项目财务审计小组可以由组织聘请外部的审计小组执行,也可以由机构内部审计小组来完成。外部审计小组的优势在于其独立性与公正性;内部审计小组则更适用于规模较小或财务政策复杂的项目。审计小组有权得到有关项目的所有记录,并随时同项目团队成员进行接触,以确保对项目的财务状况作出公正的评价。

二、公益慈善项目审计的作用

公益慈善项目审计的作用主要包括以下内容:

一是及时发现不合理的经济活动,并能提出相应的改正建议,促使项目主管最大限度地实现对人、财、物使用的综合优化,从而尽可能降低项目造价,提高项目收益。

二是确保投资决策与项目建设期间的重大决策的正确性、可行性及合规性。公益慈善项目审计可以对公益慈善项目决策是否遵循科学程序、决策依据是否充分可靠、方案是否经过择优筛选等做出正确评价,从而避免或终止错误的决策。这对防范盲目投资、避免建设决策中的重大失误具有不可替代的作用。

三是揭示舞弊与违法违纪行为,提高组织信誉度,维护捐赠者的权益。公益慈善组织接受捐赠、社会税收优惠以及其他形式的公共资产的前提是承诺从事公益慈善事业。由于其行为涉及广泛的利益相关方,所以有责任向公众公开自己的行为标准和操作程序,接受社会监督。由于捐赠者更愿意向公开透明的公益慈善组织进行捐赠,因此高质量的公益慈善组织有动机聘请审计师来传递关于组织捐赠资源管理的信息。例如,"河南水窖"项目因公开审计报告募集到远超预期的善款。值得注意的是,公益慈善组织遵循与商业和政府不同的会计惯例。如果一个审计方不熟悉这些惯例或者没有经验,那么在对公益慈善组织进行审计的过程中难以发现财务上的不法行为。

四是促进经验交流,吸取教训,提高公益慈善项目管理水平。公益慈善项目审计贯穿项目全周期,既能总结有效经验,也能暴露管理问题。这些经验和问题会帮助项目主管以及高层管理部门改善管理状况,避免或减少再次出现类似的错误。如此良性循环会大大提高公益慈善组织的项目管理水平。

五是激发公益慈善项目管理人员的积极性和创造性。审计通过对管理和建设现状的评价,使渎职舞弊的人员受到处理或批评,使成绩优异的部门和管理人员获得认可和荣誉,从而激励项目管理人员恪尽职守,努力工作。

六是调控项目的重要手段。通过审计报告结果,项目主管可以对公益慈善项目的效用和效度进行直观而全面的分析。

三、审计报告

与其他财务审计一样,公益慈善项目审计的结束也需要以审计报告的形式呈现出来。所谓公益慈善项目审计报告是指审计人员根据审计计划,对被审计单位实施必要的审计程序,就被审计事项作出审计结论,提出审计意见和审计建议的书面文件。它是审计会计师在完成审计工作后向委托人提交的最终成果报告。项目审计报告主要完成以下目标:①当前项目的财务状况,主要描述用于项目的各项费用支出情况;②财务偏差情况,主要描述与各财务基准指标相比而出现的比较大的偏差或变化(从费用角度)以及用于批准这些变更的流程是否合乎法律和组织管理规范;③解释与建议,解释那些发生偏差的原因,说明其合理程度,并针对这些偏差提出处理的措施,以及就未来项目出现这种情况如何处理提出建议。

审计报告一般是组织委托有关专业部门进行的,项目审计报告的格式和内容一般是有相对固定的模板。在审计报告中,审计小组有必要将那些与项目有关的信息和无关的信息区分开来。审计报告要由审计会计师签名盖章,受委托事务所盖章。盖章必须是参审会计师本人,以及委托事务所的有关工作人员亲自盖章,否则不符合会计行为守则,需要追究相关法律责任。

2011 年 12 月,民政部、财政部发布的《关于进一步加强和完善基金会注册会计师审计制度的通知》(财会[2011]23 号)规定基金会重大公益项目必须接受审计,其中重大公益项目包括以下三种情形:当前该项目的捐赠收入占基金会当前捐赠收入的 1/10 以上的;当前该项目的支出占基金会当前总支出 1/10 以上的;持续时间超过两年的。在项目活动结束后应向登记管理机关报送经注册会计师审计的专项报告,并按照要求向社会公布。因参与处理自然灾害等突发事件需要开展的募捐活动,以及登记管理机关要求进行专项审计的其他活动,也需要出具审计报告。

▶ ·····························

"捐一元"项目专项审计报告

百胜咨询(上海)有限公司:

我们接受百胜咨询(上海)有限公司(以下简称"百胜咨询")的委托,对 2010 年 8 月 21 日至 2010 年 9 月 5 日止,百胜咨询和百胜(中国)投资有限公司(以下简称"百胜投资",合称二者为"百胜公司")及顾客、员工对"捐一元·献爱心·送营养"项目(以下简称"捐一元"项目)捐款以及中国扶贫基金会"捐一元"项目接受捐款及使用情况执行商定程序。

"捐一元"项目发起人(中国扶贫基金会和百胜公司)的责任包括:建立有效的内部控制制度,以保证资产的安全及提供相关资料、信息的合法性、真实性和完整性。

我们的责任是按照《中国注册会计师执业准则》的规定执行商定程序。中国注册会计师执业准则要求我们遵守职业道德规范,计划和实施审计工作并出具专项审计报告。

现将有关审计情况报告如下:

一、审计目的

对在 2010 年 8 月 21 日至 2010 年 9 月 5 日期间,百胜公司及顾客、员工"捐一元"项目捐款以及中国扶贫基金会"捐一元"项目接受捐款,以及 2010 年 11 月至 2012 年 4 月使用该项捐款的情况执行商定程序,并出具专项审计报告。

注:2010 年"捐一元"项目所筹善款由中国扶贫基金会于 2010 年 11 月至 2012 年 4 月使用,因此于 2012 年 6 月进行审计工作。

二、审计范围

(1)2010 年 8 月 21 日至 2010 年 9 月 5 日,百胜公司及顾客、员工"捐一元"项目捐款的明细资料;

(2)2010 年 11 月至 2012 年 4 月,中国扶贫基金会"捐一元"项目接受、使用情况;

(3)2010 年 11 月至 2012 年 4 月,"捐一元"项目涉及的云南省教育局的项目款及项目物资接受、使用情况。

三、"捐一元"项目工作流程简介

（1）捐款来源：百胜公司旗下餐厅消费者、百胜公司员工、百胜公司。

（2）百胜公司收集、汇总、核算全部捐款后统一汇款至中国扶贫基金会。

（3）中国扶贫基金会收到捐款后，选择资助地。受助学校必须满足处于贫困县，贫困生比例较大，以住宿制学校为主等条件。中国扶贫基金会根据名单逐个考察各校实际情况。

（4）中国扶贫基金会通过实地考察、对比询价以及竞争性谈判等方式确定项目供应商。

（5）中国扶贫基金会与食品供应商、当地教育局签订三方协议，采购牛奶和鸡蛋；中国扶贫基金会与炊具供应商签订采购协议，购买爱心厨房设备，并与各受助教育局签订捐赠协议，将爱心厨房设备相赠给各受助学校。

（6）中国扶贫基金会分三批向受助教育局拨付项目资金。项目协议签订初期向受助教育局拨付首批项目资金；在项目执行中期和项目结束后，对教育局提供的项目执行报告、项目对账单、鸡蛋和牛奶的供应商与教育局往来的发票票据等进行审核确认后，向教育局分批拨付项目资金。

（7）由学校或教育局签收牛奶、鸡蛋、炊具。牛奶和鸡蛋供应商送货时出具出库单，项目中期、终期制作项目对账单，每月向教育局开具发票，由教育局核对每批次的接收数量、金额后签字存档，并根据发票金额向供应商分批拨款；炊具供应商送货时出具出库清单，并由受助学校负责人核对数量、品种后在出库单上签字存档。

（8）由学校指定专人保管、发放牛奶、鸡蛋，妥善保管并使用炊具。

（9）中国扶贫基金会项目执行人员及内部监测部门对项目执行情况进行定期监督、检查。

四、执行的商定程序

从终端消费者和员工到百胜中国。

我们核对了5家市场明细账中记录的消费者和员工的捐款同5家市场原始凭证的记录，核对相符。

对于百胜公司总部以及5个市场，我们执行如下程序：

（1）消费者捐款：在每个选取的市场上再任意选取5家餐厅，获取捐款期间（2010年8月21日至9月5日）的月POS机签购单，检查签购单上的捐赠金额是否同该市场明细账上记录的月捐款总额相符。

执行结果：经核对，5家市场共计25家餐厅的月POS机签购单上的捐赠金额与百胜公司RAS系统以及财务明细账记录的捐款总额相符。

（2）百胜公司员工捐款：从百胜咨询以及选取的5家市场的人力资源部门获取一个月的员工工资计算表，从百胜咨询总部任意抽取25名员工，从每个市场任意抽取5名员工的捐款作为样本，并与相关员工的签字确认的数额核对。

执行结果：经核对，记录相符。

（3）获取与（2）中相同月份的工资计算表，核对工资计算表中的员工捐款总额是否同明细账中记录的该月员工捐款金额相符。

执行结果：经核对，记录相符。

（4）从百胜投资获取百胜中国市场的捐款明细，该明细中分别罗列了百胜咨询、加盟商和所有各市场的客户及员工的捐款数额。核对选取的5家市场的银行出账水单上的捐款金额是否同捐款明细相符。

执行结果：根据百胜投资提供的5家市场的银行出账水单以及捐款明细表，经核对，记录相符。

（5）核对百胜投资的银行对账单中从上述 5 家市场汇入的捐款额是否同相关市场的汇出全额相符。

执行结果：根据百胜投资提供的银行对账单，经核对，记录相符。

（6）核对捐款明细的总额是否同百胜投资和百胜咨询的明细账中记录的捐款总额相符。

执行结果：根据百胜公司提供的捐款明细及 JDE 系统捐款明细账截屏，核对相符。

五、从百胜中国到中国扶贫基金会

（1）获取记录百胜投资和百胜咨询为"捐一元"项目汇款至中国扶贫基金会的银行对账单，并核对是否同百胜投资和百胜咨询明细账中记录的捐款金额相符。

执行结果：根据百胜公司提供的银行对账单及 JDE 系统截屏，核对相符。

（2）获取中国扶贫基金会为百胜投资和百盛咨询开具的"捐一元"项目捐款发票，并核对是否同银行对账单中的金额相符。

执行结果：经核对，记录相符。

六、从中国扶贫基金会到教育局及炊具供应商

（1）获取所有有关中国扶贫基金会向教育局和炊具供应商汇款的银行出账水单，核对每一张银行出账水单的金额是否同教育局开具的收据相符，并核对相关银行出账水单总金额是否与炊具供应商开具的发票相符。

执行结果：经核对，记录相符。

（2）从中国扶贫基金会获取收付款明细，并核对从百胜中国汇入的金额是否同［五（2）］中所述的收到金额相符，后者又是否同明细账中的金额相符，以及支付给教育局的全额是否同（1）中银行出账水单上的金额相符。

执行结果：我们获取中国扶贫基金会的收付款明细和银行对账单，与百胜公司的汇入金额、明细账金额、中国扶贫基金会支付给教育局的金额进行核对，经核对，记录相符。

七、从教育局到鸡蛋和牛奶供应商

（1）获取教育局的所有相关银行入账水单，并核对水单金额同中国扶贫基金会汇出的捐款金额是否相符。

执行结果：经核对，记录相符。

（2）获取所有有关教育局汇款至牛奶和鸡蛋供应商的银行出账水单，并核对该金额是否同供应商出具给教育局的发票金额相符。

执行结果：经核对，记录相符。

（3）查看（2）中获取的发票，并记录每张发票上的发票号和相关描述。任意选取 25 个样本。

执行结果：发票查看、记录完毕。

（4）从每家教育局获取收款明细表，并与中国扶贫基金会支付给教育局的捐款金额进行核对。

执行结果：我们获取了教育局的收款明细，与中国扶贫基金会支付给教育局的金额进行核对，经核对，记录相符。

八、鸡蛋供应商、牛奶供应商和炊具供应商的产品供应

（1）获取鸡蛋和牛奶供应商为"捐一元"项目供应鸡蛋和牛奶的按月汇总表。

执行结果：获取了供应商提供的鸡蛋和牛奶项目对账单。

（2）获取每一家食品供应商所有相关的商品出库单，并与相关发票上的数量和品种进行核对。

执行结果：经核对，记录相符。

（3）向相关教育局发出书面询证函，检查相关教育局是否确认收到（2）中的出库清单上所述的食品。

执行结果：经寄发询证函确认，各教育局均已收到所述食品。

（4）获取炊具供应商的炊具出库清单，并且同相关发票上的数量和品种进行核对。

执行结果：经核对，记录相符。

（5）向相关教育局发出书面询证函，检查相关教育局是否确认收到（4）中出库清单上所述的炊具。

执行结果：经寄发询证函确认，各教育局均已收到所述炊具。

九、百胜公司及顾客、员工捐款支付情况

2010年11月至2011年2月，百胜公司及顾客、员工向中国扶贫基金会支付善款共计14573088.13元。

百胜公司及顾客、员工捐款情况详见附件。

十、中国扶贫基金会接受、使用捐款的收支情况

（一）"捐一元"善款接受情况

2010年11月至2011年2月，中国扶贫基金会共计收到百胜公司及顾客、员工捐款14573088.13元。

（二）"捐一元"善款使用情况

2010年11月至2012年4月，中国扶贫基金会共使用"捐一元"善款14491816.80元，明细如下：

拨款至教育局10711336.80元；

付款至炊具供应商2780480.00元；

项目管理费1000000.00元；

合计14491816.80元。

备注：

（1）教育局拨款为牛奶、鸡蛋支出；

（2）炊具供应商付款为爱心厨房设备支出；

（3）项目管理费相当于捐款的6.86%，由百胜公司另行配捐；

（4）项目管理费包括与项目执行相关的差旅费、办公费及人力成本等直接费用，以及为项目提供财务、监测和行政办公等支持服务的相关费用。

（三）善款结余情况

截至2012年4月，中国扶贫基金会接受百胜公司及顾客、员工"捐一元"项目捐款资金结余81271.33元，已用于2012年"捐一元"项目下一阶段执行。中国扶贫基金会接受、使用捐款的收支情况详见附件二

十一、2010年11月至2012年4月，教育局食品、炊具接受情况

（一）"捐一元"善款接受情况

"捐一元"项目涉及的云南 8 家教育局共计收到中国扶贫基金会拨款 10711336.80 元。

（二）"捐一元"项目食品接受及款项支付情况

（1）"捐一元"项目涉及的云南 8 家教育局共计收到食品供应商提供的食品金额共计 10711336.80 元，其中收到鸡蛋金额共计 3490361.72 元，收到牛奶金额共计 7220975.08 元。

（2）"捐一元"项目涉及的云南 8 家教育局已全额支付食品款项 10711336.80 元。

教育局款项收支详见附件三。

（三）"捐一元"项目炊具接受情况

"捐一元"项目涉及的云南 8 家教育局各自均已收到炊具供应商提供的厨房设备 10 套，共计 80 套，价值共计 2780480.00 元。

第三节　公益慈善项目工作总结

一、公益慈善项目工作总结概述

公益慈善项目收尾工作完成以后，就是公益慈善组织进行全面、系统、客观总结的时候。项目总结属于项目收尾的管理收尾。管理收尾有时候也被称为行政收尾，就是检查项目团队成员及利益相关者是否按照规定履行了所有责任。公益慈善项目的工作总结一般分对内和对外两种。对内的工作总结一般是在会上由各个工作部门对于自己负责的部分进行工作汇报，简要概括部门在公益慈善项目工作中的大致情况。随后，公益慈善项目管理者总结并指出工作中的不足与优点。会后项目管理者需要将会议核心内容以书面总结报告的形式，递交给组织负责人，作为公益慈善项目的核心记录并保存。对外的工作总结是为了向社会公众汇报该公益慈善项目的完成情况，接受社会监督，维护社会公众的知情权，树立该公益慈善组织良好的社会形象，从而为以后的公益慈善项目顺利实施打好坚实的社会基础。

公益慈善项目工作总结准确地来说属于项目评价的后评价阶段。对任何公益慈善项目来说，后评价都是必须要做的一项重要工作，无论它是正常终止或者提前终止的，无论它规模大小，也无论它的复杂程度高低。对于一个公益慈善项目的评价可按项目进行阶段分为前期评估、中期评价和项目后评价，下面通过与项目前期评估以及中期评价的比较，得出公益慈善项目后评价的特点。

（一）现实性

公益慈善项目后评价是以实际情况为基础，对项目实施中现实存在的情况、产生的数据进行评价，所以具有现实性的特点。这一点和项目前期评估不同，如在前期评估中，项目可行性研究是预测性的评价，它所使用的数据为预测数据。

（二）公正性

公益慈善项目后评价必须保证公正性，这是一条很重要的原则。公正性表示在评价时，应持有实事求是的态度，在发现问题、分析原因和做出结论时避免出现避重就轻的情况发生，始终以客观、负责的态度对待评价工作，做到一碗水端平，客观地做出评价。公正性标志着后评价及评价者的信誉，应贯穿后评价的全过程。

（三）全面性

公益慈善项目后评价是对慈善项目实践的全面评价，它是对项目立项决策、设计施行、资源经营等全过程的系统评价,涉及公益慈善项目的公益效果、社会影响。

(四)反馈性

公益慈善项目的有关信息要反馈到专门部门并进行记录。反馈的信息要保证满足工作报告的现实性、公正性、全面性。

(五)反思性

公益慈善项目在审计评价过程中,对项目目标、执行过程、执行结果、财务情况等做以全面评价,以相对客观公正给予评判项目质量是否达到预期。如果未达到预期,共同讨论原因,促进项目团队反思,总结经验与教训,避免再次发生同类问题。

二、公益慈善项目工作总结报告

公益慈善项目工作报告一般分对内和对外两种,对内工作报告内容翔实,对外一般公布的是对内报告的摘要。对外以摘要的形式主要是为了内容简洁,公布一些公众关心的内容(主要是公益慈善项目的财物去向,收支情况),而且为了更简单,许多机构通过表格的方式进行呈现。

对内的工作报告一般较为详尽,一般包含了工作回顾、未来计划、主要任务,更详细的还写有工作优势与不足以及对不足的改进方案等。

▶ ·················

香港乐施会规定,在下列工作完成后,才可以办理项目正式结项的手续:

· 所有计划的活动,包括项目调整后增加的活动已经完成,或者没有必要再实施;
· 所有项目拨款和结余资金退款都已经处理完毕;
· 乐施会收到并接受所有工作报告和财务报告;
· 需要审计的项目,审计报告已经完成并被乐施会接受;
· 审计的后续跟进事宜已经完成;
· 所有计划的内部或外部的评估学习活动已经完成并收到报告;
· 所有报告要求的跟进活动已经完成;
· 对外部资助者的承诺已经满足(如适用)。

本章小结

本章主要讲了公益慈善项目收尾基本内容、审计、工作总结三大块内容。阐述了项目收尾基本内容及阶段性审查;介绍了审计和项目工作总结的基本内容。

课后习题

1. 我国与公益慈善项目合同有关的法律条例有哪些?
2. 什么是公益慈善项目审计?
3. 公益慈善项目收尾包括哪些内容?
4. 若你是项目主管,在撰写项目工作总结报告的时候应该注意哪些方面?

第十五章　公益慈善项目评估管理

引例

世界宣明会 WASH 项目评估案例

一套简单明确的评估标准究竟对组织有多大的帮助。世界宣明会在 WASH 项目（一项为非洲当地社区提供获取清洁卫生水源的项目）中,采用了一套虽然简单但有意义的评估标准。这套标准帮助他们增加了获取水源的途径。

当国际非政府组织寻找衡量项目效果的评估标准时,实际操作通常都是由执行项目的当地社区付诸实践,而为这些社区提供运作基金的资助人却远在大洋彼岸。因此,评估标准必须简明,同时对资助人和当地社区都有意义,这样才能在所有利益相关者走向健康生存环境这一共同愿景的过程中取得成就。

以世界宣明会在非洲拓展清洁水源获取途径的经历为例。3 年前,宣明会改变了 WASH 项目的运作方式,为自身设定了一个在五年内使得项目惠及 500 万需求人口的宏大目标。为实现这一目标,项目必须具备快速扩张的能力,达到每年帮助三个西非国家约 20 万人口建设水井的水平,同时在十个国家范围内,每年帮助五倍于上述数字的人口。新的运作方式意味着宣明会要合作的当地社区的数量也要增加到原有的五倍,这些社区拥有项目,对项目投资,同时维护项目的运行。

在撒哈拉以南非洲地区,多达一半以上的儿童因污染的水源和落后的卫生条件而丧生,再没有什么比保证该地区儿童的健康和福利更重要的了。为了吸引资助人,认真投入到清洁水源获取的项目中去,世界宣明会需要通过一种方式就项目的挑战和潜在影响力进行评估和沟通,而这种方式必须令村民、掘井队和潜在资助人都感到自身与该项目密切相关。

第一步:对需求采用统一的评估标准——获得清洁水源

此前,参与项目的每个国家对这个需求的定义都不尽相同。世界宣明会在与社区的对话中做了如下的定义:水源的获取意味着在一年 12 个月之内,人们从家中出发,在 30 分钟以内可以到达清洁的水源地。以这个标准评估,在世界宣明会资助人长期注资的非洲社区里,只有 45％的人真正获得了清洁的水源,依然有 150 万人至今喝不上干净的水。这个数字巨大,令人警醒。此外,还有更多的人需要厕所和卫生安全培训。通过这个简单的衡量标准,我们看到了面临的挑战,并可以此与资助人进行沟通,让他们了解到当地人民真实的需求,同时激励当地社区行动起来,争取将这条每日水源之路花费的时间缩短到 15 分钟。

第二步:保证清洁水源的获取是可持续的(这是任何改进的关键之处)

在这一点上,重要的评估标准包括构建社区水源委员会。该委员会主要管理水源点,建立筹资机制,向每个使用该水源的人收取每年 1～2 美元的费用,用于日后的维修和日常维护人员的培训。这些日常维护人员由7~8人组成，一般可由委员会推选。此外，委员会必须确保让每个村民都学会保持水源洁净的方式，如盖上井盖，在水泵周围搭建围栏，使牲畜远离水源。除了评估这些投入，我们同样要评估结果：包括钻井速度和十年后的维修情况。对加纳的一项研究表明，10年前钻的水井中，仍旧有90%可以使用，但是研究也指出，这些水井的维修频度并不稳定。

这些在需求和社区委员会方面的简单的评估标准使得我们能够提高筹款额度，确保能够雇佣相关专家，进一步发展项目。利用评估标准，宣明会与现有的资助人（特别是David Dornsife和Dana Dornsife，他们对西非水项目的投资长达十年之久）形成了强有力的合作。作为企业家，这些资助人在五年多的时间里筹集了350万美元用于聘用更多的技术专家、雇用项目承包人、购买设备以及落实持续性的评估体系。管理能力的提高使得宣明会能够灵活调整运作方式，可以雇佣承包人、寻找本地志愿者、与当地政府及私人钻井队合作，将非洲这十个国家范围内获取水源的速度加速五倍。正是因为有了简单的评估标准和资助人长期以来的参与，世界宣明会的WASH项目组才能够在多年来第一次在不受同比预算波动干扰的情况下筹划活动。

第三步：任何项目都需要简单的评估标准来衡量有效性和结果

在扩展过程中，WASH项目以每个家庭成员获得干净水源的成本的降低来评估项目的有效性。在项目实施的最初两年中，由于开发了供水能力更强的水源点，同时根据地形需求调整钻井方式——在有些地方甚至采用了廉价的人工钻井方式，获取水源的成本由80美元减至50美元。此外，宣明会以痢疾和腹泻症状下降的发生率，以及因不再需要离家取水而重返校园的女童的数量作为项目影响力评估的标准。据了解，当地痢疾的发生率降低了70个百分点，而越来越多女童重返校园的故事也在不断传来，这些结果将在后续的独立分析评估中详细阐述。

评估是激励之源。截至2012年底，世界宣明会将清洁水源的获取率提高了五倍，每年惠及100万当地民众。为此，世界宣明会认为有必要通过网络分享他们的成功经验和结果，让更多的人了解他们的评估方式。

项目的技术工作都完成且项目产品或服务通过验收移交给项目委托方或发起人后，项目管理工作并未结束。此时，还需对项目工作进行全面、系统和深入的评价。具体包括整理工作流程和模板，梳理项目数据，开展项目复盘以及总结经验教训等，并将这些成果归入组织过程资产。组织过程资产是过去的项目所积累起来的工作流程、工作模版、项目数据、经验教训和其他项目资料。此外，项目还需要向利益相关者披露项目的产出和所带来的社会影响。

第一节　公益慈善项目评估管理概述

一、公益慈善项目评估管理的定义

公益慈善项目很多是为了解决社会生活中的个人以及团体的问题而实施的。例如，儿童的虐待问题、年轻人的失业问题、老年人的孤独死等社会问题，项目就以儿童的健康成长、年轻人的职业支援，以及高龄者的社会融入等作为最高目标进行一系列的介入来解决此等问题。

从社会生态学角度看,造成一个社会问题的脉络是极为复杂的,解决社会问题的角度也并不是只有一种。项目本身只能对受益对象提供部分贡献,因此选择具有更好解决效果和效率的解决路径就显得极为重要。而在此时就需要评估来实现该目的,从项目的运营和第三方来看,还会直接影响将来解决问题的模式。尽管评估的历史可以追溯到 17 世纪,但系统的评估研究则是出现在 20 世纪 30 年代左右,主要应用于教育及公共卫生领域,旨在通过科学方法解决文盲、职业培训和流行病控制等社会问题。美国学者希罗等撰写的《评估:方法和技术》中将评估定义为研究者运用社会研究方法,研究、评价并帮助改善社会项目的所有重要方面。具体包括社会问题诊断、概念化与设计评估、实施与管理评估、结果和效率评估。

本书认为公益慈善项目评估是指运用科学的工作和方法对公益慈善项目进行客观、公正、准确的评判。公益慈善项目评估与慈善组织等级评估在主体、机制和方法上都存在差异,它不仅是检验项目服务成效和资金使用合理性的重要措施,也是促进公益慈善组织规范化运营的重要手段。

二、公益慈善项目评估的类型

根据项目评估的侧重点,公益慈善项目评估可大致分为以下几类:

1. 形成型评估(formative evaluaion)

形成型评估是指在项目或计划的实施过程中进行的评估,其目的是改进和加强项目的实施过程。通过形成型评估,可以及时发现和解决实施过程中出现的问题,从而优化项目的执行,确保项目目标的实现。

2. 总结型评估(summative evaluation)

总结型评估是指在项目或计划的后期或结束时进行的评估,旨在评估项目是否达到了预期的成果和目标。总结性评估通过系统地收集和分析数据,提供关于项目整体效果的客观信息,以便于支持组织的战略决策和优化改进。

3. 过程型评估(process evaluation)

过程型评估是指对项目或计划实施过程的评估。它关注的是如何执行项目活动以及这些活动的实施效果。过程型评估旨在深入了解项目实施的各个方面,包括活动的执行情况、参与者的互动和反应、资源的利用效率,以及项目管理和监督的有效性。过程型评估不仅关注项目的最终成果,更注重这些成果是如何实现的。

形成型评估和过程型评估都关注于项目实施过程中的反馈和改进,但形成型评估更侧重于即时性的反馈和调整,而过程型评估则更全面地分析和评估项目的实施情况和效果,帮助项目管理者和决策者优化项目的长期实施策略。

4. 产出型评估(outcome evaluation)

该类评估主要评估项目或计划达成的具体结果和影响的过程。与过程型评估关注项目执行过程不同,产出型评估专注于评估项目是否达到了预期的长期和短期成果,以及这些成果对目标群体和社会的实际影响。例如,项目参与者发生了什么变化,以及项目对他们的影响有多大。

5. 影响型评估(impact evaluation)

影响型评估主要评估项目、政策或干预措施对目标群体或社会整体产生的长期和广泛影响。与产出型评估关注项目是否达到预期结果不同的是,影响型评估试图理解和量化项目对社会、经济、环境等更深远的影响效果。例如,职业训练项目的产出是对于项目参加者是否获得工作来说的,但是其影响可能是项目对象地区全体的失业率相关的效果。因此,影响型评估重点关注后期社会影响,为深入理解和优化公共政策和发展干预措施提供了重要的工具和框架。

6. 成本-效益评估(cost-benefit evaluation)

成本-效益评估将项目的成本与其带来的经济和社会效益进行对比,旨在量化项目的成本与收益之间的关系。有效的真实成本分析将直接成本和间接成本准确分配到项目、地理位置或特定产品等重点领域,使公益慈善组织的管理者能够在战略和资金方面做出更明智的决策。

除此之外,项目评估根据评估者与项目方的主要互动形式可以分为以下几种:

(1)独立评估。独立评估由主办机构委托独立的评估者开展。主办机构只规定评估的目标和内容,其他的则由评估者从具体规划到实施自由执行。

(2)参与性或合作性评估。这类评估由项目方和评估者合作完成。参与性评估的一个著名方式就是佩顿(Patton)的"关注利用的评估"。佩顿的方法强调与某些特定的个体密切合作,确保评估能够反映他们的需求,并产生他们可以实际应用的信息。

(3)授权性评估。在这类的评估中,评估方与项目方的关系是参与性或合作性的。另外,评估者的角色还包括对参与其中的项目进行咨询和帮助,例如能够让项目方自己实施评估,有效地利用评估结果来获得支持和改变。

三、公益慈善项目评估的目的

(1)通过评估可以了解项目开展的进程,是实现项目目标的保证。这点主要是对项目资助者来说的,因为一般而言资助者与项目执行者并不统一,他们比较关注项目的执行情况与原来的计划是否一致,是否达到了预期的目标。

(2)通过评估,可以发现项目中的优点、需要改进的地方,以及判断项目是否对目标人群产生了积极影响,从而有效提升社会组织的能力。这一点对于项目管理者来说尤为重要。在项目的规划阶段,项目评估能够帮助管理者明确目标和服务对象;在执行过程中,能够帮助其梳理项目的逻辑,指导项目人员采取更有效的行动;项目结束后,还能帮助其总结经验教训,为未来项目的展开提供反馈。如果项目没有达到预期效果,原因可能是项目没有按计划实施,或者实施不力,或者虽然项目按照计划实施了,但问题出在最初的规划上,比如目标人群的需求被误解等。

(3)通过评估有利于对比其他的项目途径,探讨项目本身的可复制性,为计划和政策制定提供信息。对于评估的研究者来说,有着重要的学术价值。

(4)通过评估,公益慈善组织能够对利益相关者负责,进而推动社会正义的实现。公益慈善组织通常以公共利益为目标开展项目。通过评估,可以确保社会弱势群体获得合理且高效的服务,从而进一步促进社会发展。

(5)通过评估,公益慈善组织能够树立良好的社会公信力。公益慈善组织的很多资源来源于捐赠者,部分组织还享受减免待遇和其他政策优惠。因此他们有责任向捐赠者、政府以及其他利益相关者交代资源的使用效果。通过客观公正的项目评估以及基于评估的问责机制,可以有效提升组织的公信力。

四、公益慈善项目评估的伦理原则

狭义上来说,项目评估伦理是指项目评估者在评估社会项目过程中,应该遵循的处理项目利益相关者关系的规范和准则。美国在项目评估方面大概经历了两个发展阶段,即 20 世纪 80 年代的萌芽期和 90 年代以来的成型期。由于评估专业化倡度的提升,美国评估协会后期采纳了 Shadish 等人制定的《评估工作者指导守则》。该守则总结了评估者实践工作的五大核心原则,对现今的项目评估伦理仍有重要的影响和指导作用。

▶ ....

美国评估协会采用的伦理原则

(1)系统性调查:评估者以数据为驱动,确保调查全面、系统且与情境相关。

(2)能力:评估者为利益相关者提供专业的服务。

(3)诚信:评估者以诚实和透明的方式行事,以确保评估的完整性。

(4)尊重人:尊重每个人的尊严、福祉和自我价值,并充分认识到文化差异对不同群体内部以及群体之间行为和观念的影响。

(5)公共利益和平等:评估者努力为公共利益和公正社会的进步做出贡献。

.... ◀

在具体的评估过程中,研究者需要意识到评估的专业化程度以及评估研究的规范化问题。特别是在公益慈善组织的项目中,需要经常与敏感性人群接触,要时刻保持自身对研究伦理的警觉性。例如,在对儿童、残障人士进行调查中,需要获得家人和监护人的知情同意并保护敏感信息不被泄露,允许研究对象以匿名的形式回答,以及采取措施防止评估过程中对其造成任何形式的伤害或不良影响。

第二节　公益慈善项目评估管理的步骤

公益慈善项目评估工作主要是项目管理的后评价工作,具体步骤如下:

1. 制订评估计划

在进行项目评估时,制订评估计划非常重要。在评估计划中阐明评估的目标、评估方法、评估时间表、预算信息以及资金和人力资源等。评估计划的一个重要部分是逻辑模型,包括投入、活动、产出、结果和影响等与项目相关的所有细节。投入是进入项目中的资金、人员、供应品、参与者等。活动是项目参与者在项目期间进行的活动。产出通常是项目中测量的定量数据,例如参与者的数量、创建的项目数量,或者单个参与者参与的项目数量。结果和影响是项目产生的短期和长期影响。结果和影响通常是定性数据,测量难度较大。逻辑模型帮助评估者理解和描述评估目标,并开展有效的评估。

2. 确定项目评估人员

选择合适的项目评估人员对慈善项目进行评估是非常重要的。公益慈善项目评估包括自评估和外部评估。自评估类似于项目收尾阶段的项目工作总结,外部评估则显得较为正式,通常需要聘请第三方专业评估团队完成。一般而言,项目评估人员至少应包括项目的预期受益人、服务提供者和观察者三类角色。这些不同评估人员所扮演的角色各有所长,通过提供不同的信息来源形成多源验证,如表 15-1 所示。

表 15 - 1 项目评估人员

评估人员		优势	弱点
项目的预期受益人	个体参与者	能够提供项目运营的信息； 拥有独特的反馈信息； 能够说明绩效的变化	对项目而言不是专家； 对改善情况判断可能具有偏见； 顾虑项目提供方的感受
	社区居民	能够影响项目的关注度； 能够关注到项目的不足之处	对项目而言,不是专家； 可能意识不到项目的存在
服务提供者	项目成员	能够提供项目运营的信息	可能会倾向于展示项目合意的一面
	项目记录员	独有的描述项目和参与者的信息； 不存在无应答问题	可能会倾向于展示项目合意的一面； 有造假嫌疑
观察者	专家观察者	熟悉类似于被评估的项目的那些项目； 可能没有支持项目的偏见倾向	拜访会很简略,观察者会被误导
	受过培训的观察者	能够关注特定的感兴趣的变量； 可能不会有偏见	培训与维护项目现场的费用较高
	重要的其他人员	观察参与人日常行为的最好来源； 能够提供目标信息； 偏见性可能较小	见到改善时会产生偏见； 在数据搜集方面成本较高

3. 确定评估指标

在组建评估团队之后,团队成员需要结合项目合同中约定的承诺行动和项目目标,共同探讨评估内容及框架,并商议公益慈善项目应选择哪些合适的评估指标。由于公益慈善项目的内容千差万别,公益慈善项目评估的指标和因素也不一致,往往需要结合具体问题具体分析。

4. 开展调查活动

为了获得更全面和真实的数据资料,评估团队有必要开展调查活动,访谈和问卷调查等是常用的调查方式。

5. 收集和整理数据

在调查过程中,评估团队同时也在收集和整理数据资料。团队成员通过对收集的数据进行归类处理,同时淘汰一些无效调查数据,从而保证调查数据的完整性和有效性。

6. 资料和数据分析

调查结束后,评估团队对收集的资料进行分析。分析可以采用定性、定量,或者两者混合的方式进行。

7. 撰写评估报告

经过专家的指导和建议,评估团队要将分析结果进行总结,并填写详细的书面材料,这样便于报告使用方进行审阅。

8. 沟通

评估团队将撰写的项目评估报告与组织负责人及项目团队沟通,从而了解该公益慈善项目的综合效果,并同组织发展总目标进行比较,同时反思项目是否存在优化和完善的空间。在这一环节,公益慈善组织及项目团队通常会对项目评估结果存在异议,双方需要进行协商和讨论。

9.反馈

评估者向资助方报告评估结果,并展示流程及验证报告,使他们对组织的公益慈善项目绩效有明确的认识。资助方对项目报告进行讨论,并决定是否继续进行或支持该慈善项目。对个别面向公众筹款的公益慈善项目,还要将评估报告面向社会公布。

第三节　公益慈善项目评估内容

在开始介绍公益慈善项目评估内容之前,要先了解一下项目本身的构成,如图 15-1 所示。项目根据其总目标,下设有具体的子项目目标,每一个子项目目标都有其活动和支出的具体内容。虽然项目是作为一个整体来进行评估的,但是因为项目本身包含了各种各样的子项目,所以从评价的视角上看,除了全体的效果以外还要加上项目本身的构成和相互关系。

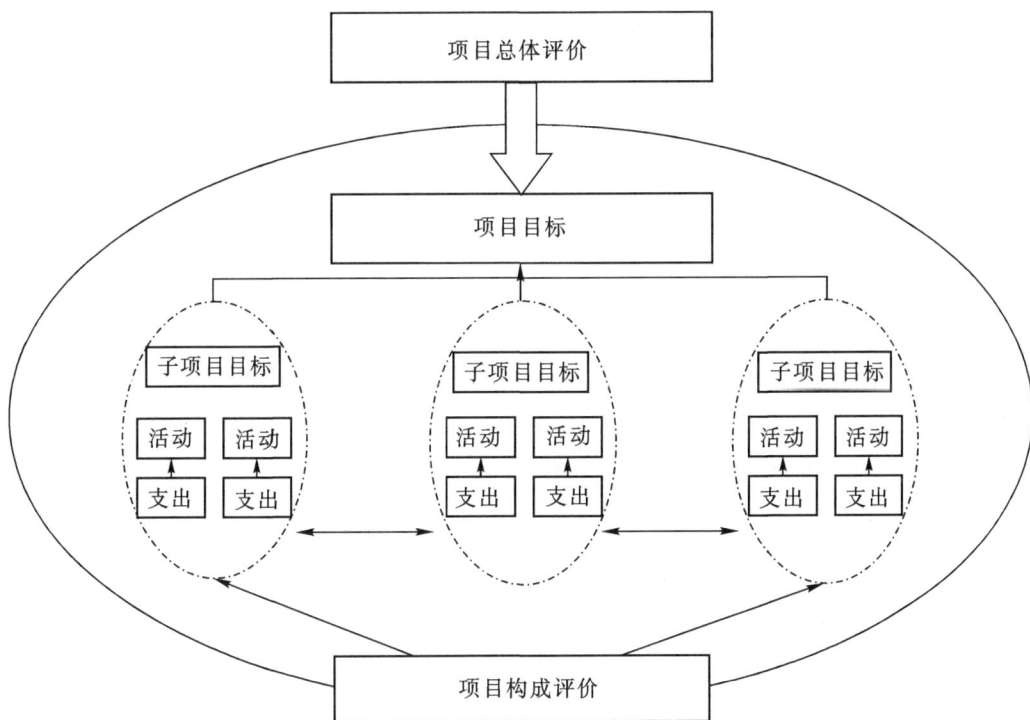

图 15-1　项目构成图

在这个系统之上,项目评估一般围绕五个维度中其中一个或多个来谈(见图 15-2)。下面将从每一个维度来讨论其侧重点以及评估的相关内容。

图 15-2　项目评估的内容

(一)项目需求评估

在项目的策划和设计阶段,需求评估起着极为重要的指南针作用,直接影响之后的项目设计以及项目运营及结果。在项目结项之后需求评估也是所有评估研究的基础,是一个前提性的条件,需要评估者重视起来。下面以社区为例,可以看到同样是关于女性的需求,为女性提供基本服务需求的项目也会因其年龄以及婚姻状况等存在很大的不同,如表15-2所示。

表 15-2 女性需求评估

服务大类	服务分支	服务对象(女性)	服务内容
婚姻家庭	青年交友	未婚女性	通过举办丰富多彩的活动,为未婚女性搭建交友平台
	反家暴	已婚女性	开展家庭暴力干预,建设维权联盟,提供法律帮助和指导,提高维权意识
	亲子教育	已婚、生子女性	开展亲子阅读、艺术、儿童安全、心理健康等教育活动,提供亲子教育指导,促进家庭亲子关系和谐发展
	特殊家庭关爱	单亲家庭、低收入家庭、危机家庭的女性	关爱特殊家庭女性,提供子女助学、心理辅导等服务,促进其健康生活
技能培训	素质能力提升	白领女性等	搭建O2O服务平台,满足白领女性的发展需求,提升综合素养等
	健康保健	各年龄段女性	开展保健教育,提高保健意识,预防和及时治疗疾病
陪护	重症康复	重症妇女	关爱重症妇女,组织康复指导活动,提供心理辅导等服务,增强患者信心
	特殊型关爱	独居老年女性、智力障碍女性、老年失能女性等	关爱特殊群体女性,提供生活照料、心理辅导、健康维护等,促进其身心健康

需求评估通常作为设计和规划新项目或重组既有项目的开始,是用系统的社会科学方法回答项目运作所需的社会条件以及项目需求程度等问题,以确定是否需要启动新项目来满足相关的需求。例如我们可以参考一下社区需求方面的评估要求,评估人员可能会检视社区的社会经济概况,社区内部的社会问题,以及正在为社区服务的机构与其项目内容等。判断项目的哪些方面可能有用,进而为关键性的、未被满足的需求提供建议。评估者需要具体考虑的问题如下:

(1)问题的本质与范围是什么?

(2)需求人群的特征是什么?

(3)人群的需求是什么?

(4)需要什么样的服务?

(5)所需服务的规模多大,在什么时候需要?

(6)为了将服务提供给人群,应该安排怎样的渠道?

(二)项目理论评估

项目理论用来描述项目产生预期社会收益以及为此需采取的策略和行动之间关系的一系列假设。项目理论细致地描述了项目资源、项目活动和项目结果之间的逻辑联系,揭示了项目所设想的运作过程,以及项目如何得到预期结果。

项目理论的评估内容既包括项目理论研究假设的论证,同时也要兼顾项目实施的过程以及相应的结果。传统的评估研究主要关注基线测量评估以及末期评估,却忽略了项目运行过程中的需求、设计、过程,并没有把项目进行过程中的“黑箱”打开。因此项目理论评估在评估研究中能够体现一定的综合性。而且项目理论的评估以应用导向,注重对项目目标内在机理的提炼和论证,这些研究成果对之后的项目也有重要的指导作用。

我们可以用青少年参加帮派并犯罪的例子来进一步了解何为项目的逻辑,机构在具体解决这个问题之前,一定要拥有相关的理论假设。例如青少年参加城市帮派并实施犯罪的原因,有人认为参与其中的青少年仅仅是寻求一个替代性的家庭,一些人认为犯罪行为的结果具有吸引力,还有人认为青少年参加帮派只不过认为一个帮派会提供保护,免于其他帮派的威胁。这些不同的理论建议使用不同的方法让青少年远离帮派。这些替代的干预方法就包括住院式治疗与不住院的治疗,个体疗法和群体疗法,社会认知的心理疗法和社会行为的心理疗法。当机构需要具体讨论项目设计的时候,理论是极为重要的逻辑支撑。在具体的理论评估过程中,需要回答以下的问题:

(1)应该为什么样的客户提供服务?

(2)提供什么样的服务?

(3)对服务而言,最好的送达渠道是什么?

(4)项目怎样才能确定和保证既有客户的数量?

(5)应该如何串联项目中的活动?

(6)对于项目而言,怎样的资源是必需而又合适的?

(三)项目过程评估

项目过程评估是对项目实施过程、活动以及操作状况的全面评估。通过开展项目过程评估,确保社会服务严格按照计划执行,是提升项目实施效果,实现项目目标的重要保证。在此过程中需要考虑的问题如下:

(1)在实施项目过程中做了哪些方面的工作?项目计划或方案要求的服务是否完成?项目在执行过程中面临哪些问题?项目在进行中是否有所改变?

(2)项目的服务对象是什么人?项目的实际服务对象是否就是项目方案计划中的对象?怎么招募目标对象?目标对象在接受服务的过程中面临的困难和问题是什么?

(3)员工的构成如何?员工的工作效率有多高,相关的工作职责如何?员工的工作满意度如何?

(4)项目的成本和费用有哪些?有哪些人力、财力、物力资源被提供以及被使用?这些资源对于项目本身是否充足?资助方面有什么变化?

(四)结果/影响评估

结果评估要观察项目是否获得了预期的项目结果(对个人、机构、群体以及公共政策等),

项目对社会环境的干预是否发生了作用，以及项目影响中是否包含意想不到的效果。与过程评估相比，结果评估更侧重于项目的最终效果。影响评估的复杂性很大程度上与对未受干预者的情况的恰当评估息息相关。同时，评估者需要决定何时适合开展影响评估，以及何时应采用其他的评估方案。一般来说，影响评估最适合用于成熟且稳定的项目。对于那些缺乏良好计划和组织，并且无法详细描述的项目，进行结果确认的意义不大。因为对于这类项目，即使发现了正面的影响效果，也难以明确是项目的哪些具体特性引发了这些结果。在结果评估中需要回答的问题如下：

(1)结果所需要达到的目标和目的是否已经达到？

(2)服务是否对参与者产生有利的影响？

(3)服务是否对参与者产生负面的影响？

(4)服务对某些参与者的影响是否比其他人要大？

(5)服务企图改善的问题或是情况是否有所改善？

(五)效率评估

效率评估是在过程评估和影响评估的基础上实现的，为了使项目执行无误并取得预期的效果，也要考虑效率问题。例如，相较于投入的成本，项目是否产生了足够的收益？项目消耗的成本是否比其他致力于相同目标的干预所消耗的成本小？效率评估分析技术性较强，本部分内容只进行简要介绍。其中需要考虑的问题如下：

(1)项目中的成本与收益分别有哪些内容？

(2)资源是否被充分利用？

(3)与收益比较，成本是否合理？

第四节　公益慈善项目评估方法与工具

上一节中我们根据五个维度讨论了项目评估的内容，在这一节中我们会同样以这些维度来讨论具体的评估方法。对评估者而言，最大的挑战就是如何采用严谨的程序、方法来组织调查，从而获得评估需要的相关数据。在进行具体的讨论前我们需要普及一下主要的社会科学调查方法，了解不同方法的优势与不足，便于我们确认每一项评估内容最终要选取的具体方法。

调查方法的选择需要在保证正确性和可信赖性的同时，充分考虑花费的时间以及预算，避免过多的时间和精力的浪费，进而选择有效率的数据收集方法。调查方法主要由定量和定性评估方法组成。定量方法是最传统的，同时也是最常见的评估研究方法，包括前后对比法、有无对比法、倍差法、断点回归设计法、工具变量法、随机化评估等。具体来说，定量方法就是通过将观察到的现象转化为数字，然后以图表及其他统计值来描述的评估方法。定性研究是指在社会环境中通过实地体验、访谈、参与式或非参与式观察、文献分析以及个案调查等方法开展的研究。它采用归纳法，在收集一手资料的基础上，建立假设和理论。实际上，调查方法并不局限于定性或定量的方法，而是可根据具体的问题和需求，综合运用多种研究方法，从而提供更为多元的、新的研究方向。

(一)需求评估的方法与工具

需求评估是用系统的社会科学方法回答项目运作所需的社会条件以及项目需求程度等问

题,用于确定是否需要启动新项目,或者比较和优先考虑哪类项目的需求。需求评估的方法一般包括文献调查、问卷调查、案例分析、观察、关键人物访谈、焦点小组和开放式座谈等。需要注意的是,每种方法都有其优缺点。例如,主要知情者调查相对容易实施,但其可靠性可能值得商榷。机构记录通常能显示对某项服务的需求,但信息不够全面。一般性调查虽然能提供更有代表性的有效数据,但需要较多的资金、时间和人力资源。同时,在选择二手资料时,需要注意资料来源渠道的权威性,尤其是鉴定网络资源和媒体资源。如果权威文献的同一数据存在矛盾和冲突,那么在引用文献数据时,需要解释造成差异的可能原因,并说明为什么选择某一渠道的资料。

▶ ·············

青年暑期社区项目评估案例

　　该项目的设计目的是帮助 325 名处于高犯罪风险的儿童。项目组与警察合作,通过一系列活动帮助他们培养责任感,树立职业目标,理解教育与找到好工作之间的关系,并树立对警察的正面印象。这些儿童的年龄中位数为 13 岁,由学校顾问提名,且均来自经济条件最差的地区。这个项目的活动内容包括:①清除垃圾、除杂草,以及清除墙上乱涂乱写的内容;②在公园享用午餐;③参观商业场所与博物馆;④项目结束时每人有 40 美元的奖励;⑤与榜样人物交流,其中包括警察。

　　评估团队使用了五个焦点小组来评估孩子们的直接反应。每一场都在周末进行,持续一个小时。孩子们自愿发表的意见似乎跟项目的目标相互匹配:培养责任感,被鼓励去完成对他们的教育,树立对警察的良好印象。

　　项目结束后,父母或监护人被随机抽取出来,进行了结构化的电话访谈,94% 同意接受访谈。所有人都说他们的孩子提及过项目的积极方面,并希望下一个暑假再参与项目。几乎所有的响应者(90%)都说这个项目没有负面影响,并且大约一半的人说他们的孩子的确有了一定的责任感。

　　暑假结束时,所有的项目员工都收到了调查问卷。几乎所有人都对项目持有正面的认知,所有人都建议下一个暑假再办这个项目,同时,如果项目再一次举办的话,所有人都想参与其中。

　　项目费用为 46311 美元,即每个孩子约 142.50 美元。虽然无法将这笔费用与长期收益直接比较,但如果这些努力能够促使少数高风险儿童远离帮派或毒品,也能避免相当大的苦难,未来社会还将节省大量执法、立法和改造的资金。应该使用多样化的视角进行观察,这在一项社区监管项目的评估中得到了体现。需要注意的是,参与式观察、焦点小组、电话调查和书面问卷等方式都被使用了,同时项目成本也被展示出来。还需要注意的是,四个利益相关者群体——参与者、父母或监护人、员工和纳税人——的利益都被考虑在内。

　　资料来源:波萨瓦茨,凯里.项目评估:方法与案例[M].7 版.于忠江,译.重庆:重庆大学出版社,2014.

············· ◀

(二)项目理论/逻辑评估的方法与工具

　　项目理论用来描述项目产生预期社会收益以及为此需采取的策略和行动之间关系的一系列假设。项目理论细致地描述了项目资源、项目活动和项目结果之间的逻辑联系。当评估者通过调研发现原有的项目设计不符合项目理论的假设,项目干预或服务与预期目标之间不存在关联,项目设计的逻辑关系不成立时,项目理论验证失败。

项目理论评估最基本的资料来源主要包括:

(1)研究项目文件(上级部门发布的各类文件,项目发起人、承办者或组织者起草的申请报告、规划报告、项目的实施计划,项目执行过程中产生的文献档案及项目总结等)。

(2)走访项目的执行者、主要项目方、服务对象和相关的知情人(包括单独访问和小组座谈)。这些人士之所以最初发起、资助或设计项目,必定有其考量,特别是在选择特定对象和问题时有具体的考虑。同时,不应忽视服务对象在项目理论构建过程中的作用,要注意倾听他们的评价。

(3)观察各种项目环境和项目功能。通过比较法,找到相似的项目或具有相似理论基础的项目,从而在项目理论和相关依据之间进行整体比较。需要注意的是,每一方提供的信息可能都是片面的,这就要求评估者加以辨别和判断,综合应用所有的信息资源。

▶ ┈┈┈┈┈┈┈┈┈┈┈

受益人提供的信息一定是可靠的吗?

多数受益人能够在项目的许多客观方面提供一些数据或资料,但在其他方面则可能无法提供可靠信息。例如,病人通常能评价房间的清洁程度,护士或常驻内科医生的礼貌态度,以及在接受放射检查时的等待时间。然而,他们无法评估药物选择的正确性或医生的专业能力。

就受益人的报告而言,总会存在一些超出预期的局限。例如,在回忆过去一周的饮食时,人们可能会遇到困难。此外,尽管"中等"在定义上可能有所不同,同一项调查的不同版本之间的变化可能高达200%,但多数人会报告他们吃了"中等量"的饭菜。

在调查阶段,各种细微差别都可能影响到报告本身的结论判断。

资料来源:波萨瓦茨,凯里.项目评估:方法与案例[M].7版.于忠江,译.重庆:重庆大学出版社,2014.

┈┈┈┈┈┈┈┈┈┈┈ ◀

(三)项目过程评估的方法与工具

项目过程评估就是对项目的过程、活动和项目的操作状况进行评估。用于过程评估的资料获取方式包括直接由评估者搜集、查阅服务记录和由项目参与者提供相关资料。在具体的方法层面,评估者可以查阅项目既有的档案资料,例如实施计划(诸如服务对象人口统计特征、服务对象的来源、员工的信息、项目活动的具体内容等),项目执行记录(员工会议、程序和培训手册、与项目有关的内部备忘录等),项目财务收支,以及项目总结档案(包括各类总结报告、服务对象反馈、各类评估材料等)。同时,评估者也可以利用走访,通过实地观察等手段获得相关的资料。此外,管理信息系统是随着计算机技术的发展而产生的一种社会项目管理或评估手段。随着科技的发展,大量数字化的管理成为检测的重要手段,有效地提升了项目管理的水平,它也将慢慢成为过程评估中的重要内容。

(四)结果评估的方法与工具

适合结果评估的方法有问卷调查、访谈、档案文献调查等。同时还可运用社会准实验的方式进行调查,通过干预组和对照组的比较进行影响/结果评估。例如,在居家养老的服务项目中,评估者可以随机抽取选择不同养老方式的老人作为样本进行比较,把居家养老的服务对象作为控制组,然后在机构养老和家庭养老服务对象中选取样本作为对照组。如果想要进一步控制社会环境对养老服务的影响,还要对研究样本进行前测和后测,在此不一一赘述。

对于一些较为简单的公益慈善项目,可以应用表15-3迅速获得对某一公益慈善项目的直观评估结果。

表15-3 社区影响

投入	活动	产出	结果	影响
你在生产商品或提供服务以及为社会、环境或经济发展作出贡献过程中所需的资源。例如时间、金钱、员工等	你对个体、社区或环境采取的活动。例如,向人们提供服务、计划或商品	直接的结果和受益对象。例如,可简单计算的内容、人数等	长期变化:基于对当地社区、人群或自然环境的影响,说明产出的重要性。这是你需要检验的理论,即你所做的工作与所关心的事情之间的关系	全局变化:思考你对更加广泛的外部世界所产生的影响。例如,社区经济复兴,通过在一个区域建立信任和网络来实现社会包容

需要注意的是,社区影响表并不是用来评估影响的一种综合性方法,这只是一个初级工具,是开展深入研究的基础。社区影响表可以帮助公益慈善组织思考自身的情况,明确项目目的和目标,反思项目实施流程。

在进行结果/影响评估的过程中,外部干扰因素是掩盖或增强项目效果的因素。为了评估项目的真实有效性,评估者一定要认识到评估潜在的干扰因素,并设法消除或矫正其影响。举个简单的例子来说明为什么基于不可观测因素的选择会使未参与项目者无法成为可信的对照组。假设有两个人住在同一社区,都有资格参加政府的就业培训项目。培训中心距离他们居住的社区5千米。甲有一辆自行车,可以骑车去培训中心,而乙因为没有交通工具,不得不放弃培训机会。培训结束时出现了两个几乎相同的工作机会。不同的是一份工作在培训中心附近,而另一份工作位于社区内。前者的月工资要比后者高10美元。甲选择了工资较高的工作,而乙选择了社区内的工作。如果只注意到两人在是否参与了培训项目及工资上的差异,那么就可能将10美元的工资差距归结为培训项目的成效。较细心的评估者会考虑将交通成本的差异从工资差距中扣除,如果甲每月通勤的成本比乙高4美元,那么参加培训只使月工资水平增加了6美元。然而,当考虑到是否拥有自行车才是两人在参加培训以及工资水平方面差异的共同原因,我们会认同就业培训的作用还是被高估了,实际作用可能要小得多。

基于不可观测因素的选择导致选择性偏差,是影响评估及其他采用观察性(非实验)数据进行因果推断的实证研究的根本性问题。

(五)效率评估的方法与工具

在效率评估过程中,成本与收益是关键的考察因素。从成本构成的要素上来看,要收集的资料有人力资源要素(工作人员的工资和补贴,志愿者的劳动价值),设备等物质资源(计算机和打印机、办公用品、录像机、录音带等),以及辅助资源(网络、电话和水电、手册或书籍等费用)。获得以上资料的方式主要有项目档案(项目申报书、项目计划书、经费预算、财务人事、项目总结等)。档案材料往往不能提供全面的信息,因此可以用其他资料进行补充。例如,相关人员(项目的发起人、资助人、高层管理者,以及一线的服务人员和服务对象)访谈。就项目成

本的核算方式而言,主要包括以下方式:

(1)市场购买价格,即市场价格作为成本的参照值。如果项目中需要开展宣传工作,则宣传册、宣传展板以及相关的广告等可以根据市场价格进行计算。

(2)影子价格,即某种不存在完全竞争性市场价格的物品所对应的价格。

(3)价格损耗,即有些物品可以在一定期限内持续使用,那么就需要考虑折损成本。例如,在项目的实施过程中使用的器材,在此次活动中的折旧率是多少?

从收益要素来看,项目收益分析需要区分效率评估中存在的成本-收益分析和成本-绩效分析,这两种方式均可用于判断项目效率。两者不同之处在于表达项目结果的方法不同。在成本-收益分析中,项目结果以货币形式呈现。例如,需要计算出减少的项目支出以及增加的其他收入。在成本-绩效分析中,结果用实质性效果来表示,也就是以单位成本所获得的效果来衡量,因为许多社会项目的影响结果无法用金钱来衡量。例如,为乡村小学儿童提供免费书本的项目,在成本-收益分析中,关注的是项目支出与因儿童课余生活得到充实而减少的其他开销之间的比率。而在成本-绩效分析中,则关注每1000元项目成本能够提高儿童阅读平均成绩的幅度。此外,从不同的角度来看,收益也会有所不同。例如,常用的角度包括项目参与者的收益、社会普通大众的收益、服务提供者的收益以及整个社会的收益。

在选择何时使用成本-收益分析,何时使用成本-绩效分析时,需要注意的是成本-收益分析的应用要满足以下几点:项目有独立的或单独的经费,项目的效果和影响已知,并且收益可以转换为货币形式。如果不能满足上述要求,建议选择成本-绩效分析。

(六)评估方法与工具的列表

以上为不同评估方面需要选取的方式,在决定好评估的方向和方法之后,为了后期的调查更为规整,建议评估者绘制表格,如表15-4和表15-5。

表15-4 评估调查表

调查评估要求	调查项目(大项目)	调查项目(小项目)	调查方法	调查资料
需求评估				
项目理论评估				
项目过程评估				
项目结果/影响的评估				
项目效率评估				

表15-5 调查表范例(只选取结果评估部分)

评估要求	调查项目	调查项目(小项目)	调查方法	调查资料
结果评估	1-1 全体目标是否达成	1-1-1 将A地区的中学入学率提高到90%	按照教育统计信息来分析迄今为止的变化趋势	政府发行的统计资料
		1-1-2 将A地区的毕业/入学比率提高到90%	按照教育统计信息来分析迄今为止的变化趋势	政府发行的统计资料

评估要求	调查项目	调查项目（小项目）	调查方法	调查资料
结果评价	1-2目标达成与J项目支援活动是否有关？贡献程度如何？	1-2-1 J机构对于毕业率的贡献有多大？	对各中学的毕业率和J机构支援程度进行回归分析	各种学校的被支援相关的信息
		1-2-2 特别有效以及特别无效的活动是哪个？	相关人士采访	相关人士的信息以及联系方式
			用有效性原因问卷进行问卷调查	调查问卷
		1-2-3 J机构以外的支援活动的贡献度如何？	M机构教育行政改善评价报告上的影响情况	M机构项目评价报告书
			对相关者进行问卷调查或者采访，是否有其他影响中学毕业率的事项	调查问卷、采访问题、采访者清单以及联系方式

当评估的调查项目和数据收集的方法都已经决定好后，需要进一步核对和检查以下内容，以此提高调查项目和数据收集的质量。

（1）调查项目的有效性，是否已经确定好调查项目中应该评价的对象。

（2）信息的可信程度，信息获得的来源（访问对象、记录、报告书等）是否可信赖。

（3）获得的难易度，需要的信息是否较容易获得。

（4）经费，调查的经费是否合理。

在具体评估的过程中为了更便利地收集数据并获得反馈，需要注意一些技巧。例如，在评估过程中应与合作方保持密切沟通，可以利用定期会议、非正式对话、简短报告、总结、口头汇报以及非正式互动等方式，及时反馈相关结果。同时，传播的内容应该适合受众，并且容易理解。建议使用清晰的语言、图表以及生动、具体的阐述方式进行传播。应提供项目和评估的背景信息，包含肯定或否定的结果，并提出有针对性的建议。

一般的项目评估的输出形式有口头、书面以及其他多媒体方式，其中最为常见的方式仍是书面的评估报告，以下为评估报告的大纲，可供评估者参考。

▶ ⋯⋯⋯⋯⋯⋯⋯⋯⋯⋯⋯⋯⋯⋯

评估报告的大纲

1.目录

2.项目的概要

 2-1　项目实施的主体及其历史背景

 2-2　项目处理的具体问题

 2-3　项目活动的概要

本章小结

  本章主要梳理了项目评估的分类、基本内容及其相应的方法。具体而言,项目评估是指运用系统的社会调查,在一定政治和组织环境条件下,致力于改善社会干预项目的绩效系统的一系列行为。公益慈善项目评估可分为形成型评估,总结型评估,过程型评估、产出型评估、影响型评估、成本-效益评估。每一项评估内容都根据其具体需要选取适合的方法来获得数据。

课后习题

1. 什么是公益慈善项目评估？其主要类型有哪些？

2. 公益慈善项目评估的道德原则有哪些？

3. 在进行结果/影响评估的时候有哪些干扰因素需要考虑？

4. 公益慈善项目评估的基本流程是什么?

5. 案例分析。

H 社会组织在 S 小区开展"爱在夕阳"项目,该项目为 S 小区老年人提供居家养老服务。H 社会组织希望获得该项目的需求评估和理论评估服务,发现项目的优势与不足,以便在实施过程中及时改进。如果你的团队负责此次评估,请问可以考虑采取哪些具体的评估方法来获得相关资料进行评估?

参考文献

[1] KETTNER P,MORONEY R ,MARTIN T T. Designing and Managing Programs：An Effectiveness-Based Approach[M]. Log Angeles：Sage Publications ,2016.

[2] RUSSELL-HODGE J. Total Project Management：The Customer-Led Organization [J]. International Journal of Project Management，1995，13(1)：11 - 17.

[3] LEE R,KOTLER P. Social Marketing：Changing Behaviors for Good (3th ed)[M]. Los Angeles：Sage Publication，2008.

[4] SHARAD D. Management Projects-An Ideological Breakthrough [J]. Project Management Journal，1986，17(1)：63 - 67.

[5] YATES B. Outcomes Measurement in the Human Services：Cross-cutting Issues and Methods [M]. Washington D. C：NASW Press，2015.

[6] 美国项目管理协会.项目管理知识体系指南[M].5 版.许汉文,等译. 北京：电子工业出版社,2014.

[7] 韩俊奎. 非营利组织项目管理[M]. 北京：社会科学文献出版社,2015.

[8] 宾图.项目管理[M].2 版.鲁耀斌,赵玲,译.北京：机械工业出版社,2012.

[9] 杨团. 中国慈善发展报告[M].北京：社会科学文献出版社,2010.

[10] 王名.非营利组织管理概论[M]. 北京：中国人民大学出版社,2010.

[11] 王冬芳. 慈善项目管理[M].北京：中国社会出版社,2014.

[12] 陈旭清,金红磊,吴雅杰. 公共项目管理[M].北京：人民出版社,2010.

[13] 白思俊. 现代项目管理[M].北京：机械工业出版社,2010.

[14] 赵俊岭.基于项目生命周期的风险管理方法研究[D].天津：河北工业大学,2004.

[15] 邓国胜.公益慈善概论[M].济南：山东人民出版社,2012.

[16] 周俊.社会组织管理[M].北京：中国人民大学出版社,2015.

[17] 施托克曼.非营利机构的评估与质量改进：效果导向质量管理之基础[M].唐以志,景艳燕译.北京：中国社会科学出版社,2008.

[18] 戚安邦. 项目管理学[M].2 版. 天津：南开大学出版社,2014.

[19] 夏立明.项目管理概论[M].天津：天津大学出版社,2008.

[20] 张雷,吴永春,王悦. 项目管理[M].北京：人民大学出版社,2016.

[21] 黄浩明.国际民间组织合作实务和管理[M].北京：对外经济贸易大学出版社,2000.

[22] 郭俊华.公共项目管理[M].上海：上海交通大学出版社,2014.

[23] 金罗兰.我国非营利组织与项目管理[J].北京工商大学学报（社会科学版）,2005,2(6)：63 - 67.

[24] 耿立新. 国际非政府组织的项目管理研究[J].江南社会学院学报,2004,6(3)：36 - 40.

[25] 汪小金. 项目管理方法论[M].2 版.北京：中国电力出版社,2015.

[26] 徐本亮.社会组织管理精要十五讲[M].上海：上海社会科学院出版社,2021.

[27] 安树彬,赵润琦.当代慈善学[M].西安:陕西人民出版社,2017.

[28] 刘春湘.社会组织运营与管理[M].北京:经济管理出版社,2016.

[29] 福斯伯格,等.可视化项目管理[M].许江林,刘景梅,译.北京:电子工业出版社,2011.

[30] 美国项目管理协会.项目管理知识体系指南[M].5 版.许江林,等译.北京:电子工业出版社,2009.

[31] 宋伟.项目管理学[M].北京:人民邮电出版社,2008.

[32] 于仲明.项目设计与计划[M].天津:南开大学出版社,2007.

[33] 苟爱萍,田江.影响公益众筹中项目筹款能力的一些相关因素:以众筹网为例[J].物流工程与管理,2016,38(10):139-142.

[34] 胡兵.非政府组织的筹款困境[J].科技经济市场,2016(7):175-178.

[35] 高一村.慈善法背景下的互联网公益筹款之路如何走?[J].中国社会组织,2016,(9):26-27.

[36] 余芳.移动互联网时代下公益筹款的趋势[J].新闻传播,2016(2):25-27.

[37] 王茜.中国公益众筹发展研究[D].长春:吉林大学硕士论文,2015.

[38] 张蕴慧.当前中国慈善组织筹款及筹款策略研究[D].北京:北京林业大学,2015.

[39] 徐宇珊,韩俊魁.非营利组织筹款模式研究:兼论世界宣明会筹款模式[J].中国非营利评论,2009(1):185-199.

[40] 邓国胜.公益慈善概论[M].济南:山东人民出版社,2015.

[41] 江明修.第三部门经营策略与社会参与[M].台北:台湾智胜文化事业有限公司,2000.

[42] 谢晓霞.民间非营利组织财务管理理论与实务[M].北京:经济管理出版社,2013.

[43] 诺顿.全球筹款手册:NGO 及社区组织资源动员指南[M].张秀琴,江立新,译.北京:中国人民大学出版社,2005.

[44] JOSEPH M R. Principes of Professional Fundraising:Useful Foundations for Successful Practice[M]. Indianapolis:Jossey-Bass Publishers,1993.

[45] 林志刚,彭建梅.如何劝募:慈善组织筹募实务[M].北京:企业管理出版社,2012.

[46] 萨金特,尚悦.慈善筹款原理与实践[M].孔德洁,顾昊哲,叶盈,等译.桂林:广西师范大学出版社,2021.

[47] 周渝波.企业经济合同管理实务[M].北京:中国检察出版社,1992.

[48] 张晓远.项目合同管理[M].北京:机械工业出版社,2008.

[49] 张经.合同管理(上册)[M].北京:中国工商出版社,2007.

[50] 王利明.中国民法典评注[M].北京:人民法院出版社,2021.

[51] 崔建远.中国民法典释评[M].北京:中国人民大学出版社,2021.

[52] 史尚宽.债法总论[M].北京:中国政法大学出版社,2000.

[53] 江伟.中华人民共和国民事诉讼法[Z].中华人民共和国国务院公报,1991.

[54] 美国项目管理协会.项目管理知识体系指南[M].5 版.许江林,等译.北京:电子工业出版社,2013.

[55] 科兹纳.项目管理:计划、进度和控制的系统方法[M].11 版.杨爱华,王丽诊,洪宇,等译.北京:电子工业出版社,2013.

[56] 杨侃,等.项目设计与范围管理[M].2 版.北京:电子工业出版社,2013.

[57] 康路晨,胡立朋.项目管理工具箱[M].2版.北京:中国铁道出版社,2016.

[58] 丁荣贵.项目管理:项目思维与管理关键[M].2版.北京:中国电力出版社,2013.

[59] 强茂山.成功通过 PMP[M].3版.北京:清华大学出版社,2013.

[60] 陈关聚.项目管理[M].北京:中国人民大学出版社,2011.

[61] 李跃宁,徐久平.项目时间管理[M].北京:经济管理出版社,2008.

[62] 鲁耀斌.项目管理:原理与应用[M].大连:东北财经大学出版社,2009.

[63] 李淑英.准公益性事业单位成本控制研究:以公立高校为例[D].长沙:长沙理工大学,2008.

[64] 盖拉特.21世纪非营利组织管理[M].邓国胜,译.北京:中国人民大学出版社,2001.

[65] BINNER P R. Needed for Mental Health Management:A New Measurement Paradigm [J]. Administration and Policy in Mental Health,1991(18):355 - 366.

[66] 白思俊.现代项目管理概论[M].北京:电子工业出版社,2006.

[67] 成虎,陈群.工程项目管理[M].4版.北京:中国建筑工业出版社,2015.

[68] 邱小平,徐玖平.项目采购管理[M].北京:经济管理出版社,2007.

[69] 彭小兵.公益慈善事业管理[M].南京:南京大学出版社,2012.

[70] FORSBERG K,MOOZ H,COTTERMAN H. Visualizing Project Management:Models and Frameworks for Mastering Complex Systems[M]. Indianapolis:John Wiley and Sons,2005.

[71] 龚国华.采购与供应链[M].上海:复旦大学出版社,2005.

[72] 李爱民.项目采购管理[M].北京:对外经济贸易大学出版社,2007.

[73] 阚祖平.商品采购管理[M].沈阳:东北财经大学出版社,2008.

[74] 刘尔烈,刘戈.项目采购与合同管理[M].天津:天津大学出版社,2010.

[75] AKINGBOLA K. Contingency,Fit and Flexibility of HRM in Nonprofit Organizations [J]. Employee Relations,2013,35(5):399 - 432.

[76] 邓国胜.公益慈善概论[M].济南:山东人民出版社,2015.

[77] 共青团中央.中国注册志愿者管理方法(中青发[2006]55 号)[Z].2006.

[78] 张健.中国慈善项目发展分析报告[C]//.载杨.中国慈善发展报告.北京:社会科学文献出版社,2010.

[79] YLVA,ULFSDOTTER,ERIKSSON. Global HRM Standards as Boundary Objects:Adevice to Enhance Legitimacy and Status [J]. Personnel Review,2017,46(6):178 - 189.

[80] 程斌.非营利组织受薪员工的人力资源管理与开发研究[D].成都:西南财经大学硕士论文,2012.

[81] BALUCH A M. Employee Perceptions of HRM and Well-being in Nonprofit Organizations:Unpacking the Unintended[J]. International Journal of Human Resource Management,2017,28(14):1 - 26.

[82] WORTH M J. Nonprofit Management:Principles and Practice[M]. Los Angeles:SAGE,2017.

[83] AKINGBOLA K. Strategy and HRM in Nonprofit Organizations:Evidence from

Canada[J]. International Journal of Human Resource Management，2006，17(10)：1707 - 1725.

[84] LIU F，CHOW H S，XIAO D，et al. Cross-level Effects of HRM Bundle on Employee Well-being and Job Performance［J］. Chinese Management Studies，2017，11 (3)：133 - 156.

[85] FREEMAN E. Strategic Management：A Stakeholder Approach[M]. Cambridge：Cambridge University Press，1984.

[86] WELLENS L，JEGERS M. Effective Governance in Nonprofit Organizations：A Literature based Multiple Stakeholder Approach[J]. European Management Journal，2014，32(2)：223 - 243.

[87] WATERS R D，BURNETT E，LAMM A，et al. Engaging Stakeholders through Social Networking：How Nonprofit Organizations are Using Facebook[J]. Public Relations Review，2009，35(2)：102 - 106.

[88] BALSER D，MCCLUSKY J. Managing Stakeholder Relationships and Nonprofit Organization Effectiveness ［J］. Nonprofit Management&Leadership，2010，15 (3)：295 - 315.

[89] 陈津利. 中国慈善组织个案研究[M]. 北京：中国社会出版社，2008.

[90] 孙晓. 利益相关者理论综述[J]. 经济研究导刊，2009(2)：10 - 11.

[91] 吴官芸. 利益相关者合作逻辑下的我国城市社区治理结构[J]. 城市发展研究，2007，14 (1)：82 - 86.

[92] 苏永华. "依附式"合作与双重推动：中国慈善组织与政府、企业的关系研究[D]. 厦门：厦门大学，2007.

[93] 胡象明，唐波勇. 论利益相关者合作逻辑下的公共危机治理：以汶川"5.12"地震为例[J]. 武汉大学学报(哲学社会科学版)，2010(2)：214 - 219.

[94] 陈美冰. 中国非营利组织的保障型公益项目运作与管理机制研究：以国际小母牛组织中国项目为例[D]. 武汉：武汉科技大学，2011.

[95] 陈慧. 论政府与非营利组织和谐互动合作关系的构建生产力研究[J]. 生产力研究，2011 (8)：109 - 111.

[96] 张祖平. 中国慈善组织资金筹集问题研究[J]. 中国社会组织，2011(1)：33 - 37.

[97] 李敏. 治理视角下政府与慈善组织的互动探究[D]. 苏州：苏州大学，2014.

[98] 孙亚锋. 利益相关者视角的民间慈善组织治理机制分析[J]. 北方经贸，2012 (10)：110 - 111.

[99] 崔炜，周悦. 论中国慈善组织的角色定位与发展路径[J]. 长沙民政职业技术学院学报，2010，17(4)：2 - 4.

[100] 谢钰敏，魏晓平. 项目利益相关者管理研究[J]. 科技管理研究，2006(1)：168 - 194.

[101] 郭俊. 工程项目风险管理理论与方法研究[D]. 武汉：武汉大学，2005.

[102] 刘国靖. 现代项目管理教程[M]. 北京：中国人民大学出版社，2009.

[103] SIEBER J E. Fatal Remedies：The Ironies of Social Intervention[M]. New York：Plenum，1981.

[104] 崔佳颖. 组织的管理沟通研究[D]. 北京：首都经济贸易大学，2006.

[105] 赛云秀.工程项目控制与协调机理研究[D].西安:西安建筑科技大学,2005.

[106] 魏江.管理沟通:理念与技能[M].北京:科学出版社,2007.

[107] 崔建远.合同法[M].北京:法律出版社,1998.

[108] MICHEAL J W. Nonprofit Management:Principles and Practice(2nd)[M]. Los Angeles:Sage Publiction,2012.

[109] 罗西,弗里曼,李普希.项目评估:方法与技术[M].6 版.邱泽奇,译.北京:华夏出版社,2002.

[110] 方巍,祝建华,何铨编.社会项目评估[M].上海:格致出版社,上海人民出版社.2012.

[111] 罗伊斯.公共项目评估导论[M].3 版.王军霞,涂晓芳,译.北京:中国人民大学出版社,2007.

[112] RUSSEFT D,PRESKILL H. Evaluation in Organizations A Systematic Approach to Enhancing Learning,Performance,and Change[J].Journal of Multidisciplinary,2001(6):108-112.

[113] 波萨瓦茨,凯里.项目评估:方法与案例[M].7 版.于忠江,译.重庆:重庆大学出版社,2014.

[114] ROTH J. Needs and the Needs Assessment Process[J]. Evaluation Practice,1990(11):141-143.

[115] 李健.如何破解政府购买服务绩效评价的难题[J].中国社会组织,2017(4):28-30.

[116] 果佳,王海玥.社会投资回报:一种社会影响力评估的工具[J].中国行政管理,2016(6):71-75.